一帶一路研究叢刊

中國和巴基斯坦

的·故·事

陸樹林 主編

序
一

能為退休大使陸樹林主編的歷史性的《我們和你們：中國和巴基斯坦的故事》作序，我感到十分榮幸。這本書是由許多中國的傑出人士撰寫的關於他們長期同巴基斯坦及其人民交往的故事編輯而成的文集。

這本書是在巴中雙邊關係歷史的特殊時刻出版的。二〇一五年是兩國商定的友好交流年，兩國政府已決定舉行一系列的活動來慶祝兩國的持久關係和可靠的友誼。我預見二〇一五年將把我們兩國引入更高的合作和共同發展的新時期。

歷史，正如我們知道的，是在不斷地形成之中的。時間圍繞歷史運轉，給歷史以回味。我們生活在另一個經濟和社會快速發展的時代。中國和巴基斯坦總是休戚相關、患難與共，我們是一個身體的兩個延伸。這一令人驚異的業績是我們兩國多年來在政府和人民兩個層面密切的夥伴關係和互信關係的結果。讀了這本書，我感到，我們的友好關係是何等的特殊和獨一無二啊！

陸樹林先生是巴基斯坦的老朋友。他曾任中國駐巴基斯坦大使，積累了關於巴基斯坦歷史和遺產的豐富知識和經驗。這對於他主編一部中國的重要和著名人物從自己長期相處和合作的角度觀察巴基斯坦的書是有利的。我很高興地讀到他們在巴基斯坦那麼多城鎮的極為豐富的經歷。使我感到極為滿意的是，除了我們的戰略夥伴關係之外，我們兩國的人民之間存在著持久的相互關愛的密切關係。

本書的文章是作者們以坦率和直接的風格寫出來的，既沒

有隱藏什麼東西，也不粉飾塵世的現實，而是對巴基斯坦的各個文化和族群的分析的如實描述。我相信這本書可以成為從外國人的角度更多地了解巴基斯坦的一本有趣的手冊。

僅僅幾個月前，我榮幸地成為在上海復旦大學舉行的《烏爾都語漢語詞典》發行儀式的嘉賓。這部詞典的出版是促進我們兩國之間語言聯繫的重要一步。而今，《我們和你們：中國和巴基斯坦的故事》在以英文、中文出版的同時，陸樹林先生也在努力推動烏爾都文版儘快出版。我對他致力於使此書能為更多人閱讀十分讚賞。

在戰略層面上，具有歷史意義的中巴經濟走廊的構建使我們兩國的關係更加密切了。這一里程碑式的走廊將給我們今後的行動重新定調，這是我們兩國決心相互學習長處和把雙邊經貿關係推向新的高度的嘹喨的號角。站在歷史的轉折點上，我為自己能見證我們兩國所採取的這一新的戰略行動而深感榮幸。我們將把兩國悠久友誼的這一新的遺產留給我們的下一代們去珍惜。

人會一代代地更替，但他們留下的語言和文化印跡將在許多世紀里長存。我相信，這本書將成為我們共同的遺產的一部分，並在未來的日子裡提醒兩國人民記起我們曾經的並繼續共享的美好的友誼。

馬姆努恩·侯賽因

巴基斯坦伊斯蘭共和國總統

二〇一四年十一月

序
——
二

對許多中國人而言，一提起巴基斯坦，就會自然而然地想到「老巴」、「鐵桿兒」這樣親切的稱呼。的確，中巴友誼膾炙人口、深入人心。兩國之間建立了全天候友誼，開展了全方位合作，是不折不扣的好朋友、好鄰居、好夥伴、好兄弟。

來到巴基斯坦工作一年多，我時時刻刻都感受到巴基斯坦人民對中國的友好感情，深深沉浸在中巴友誼的海洋之中。我曾出席一些中巴合作項目的開工儀式，走訪巴基斯坦的大中小學，參加孔子學院「漢語橋」比賽活動，多次目睹巴基斯坦老百姓發自內心地高呼「中巴友誼萬歲」。我更聽到很多巴基斯坦朋友常常自豪地說，「中巴友誼比山高、比海深、比蜜甜」、「中國是巴基斯坦最親密、最值得信賴的國家」、「對華友好是巴基斯坦各界的最大共識」。這些真誠而又樸實的話語，猶如一股股暖流滋潤著我們的心田。

我深深地感到，中巴友好深植於兩國民眾心中，融入了人們的血脈，成為屬於兩國最廣大人民的寶貴精神財富。作為中國駐巴基斯坦大使，我對此倍感自豪，更感到責任重大，時刻提醒自己必須以百倍的努力去傳承和發揚這種來之不易的信念，推進和開創兩國友好的新局面。

此次即將出版的《我們和你們：中國和巴基斯坦的故事》一書，作者都是曾長期從事中巴友好交往的資深外交官和各界知名人士，包括曾經擔任中國駐巴基斯坦大使的耿飈副總理的女兒耿瑩、陸維釗大使、周剛大使和夫人鄧俊秉參贊、陸樹林大使、張春祥大使，還有我的父親孫宗強參贊等。他們通過自

己的親身經歷，從不同角度生動回顧了自己和巴基斯坦各界民眾的真摯友誼，講述了中巴兩國和兩國人民的不解之緣。這些故事或娓娓道來，或以小見大，或激情洋溢，或嚴謹莊重，樸素中透露出真情，平凡中蘊含著深刻，唱響了中巴友好深入人心、歷久彌堅的主旋律。這些故事如同盞盞明燈、涓涓細流，將照亮中巴友好的未來，匯成中巴友好的長河。飲水思源，我願向各位前輩和師長的辛勤付出和不懈努力致以深深的敬意！

陸樹林大使是本書的主編。我同陸大使相識甚久，他對於外交事業的堅定執著和真誠質樸的人格魅力，都讓我受益良多。十五年前，他出任中國駐巴基斯坦大使，為推進中巴兩國友好合作、增進兩國人民友誼殫精竭慮，不辭辛勞；離任退休後，他長年為中巴友好奔波，對中巴友好傾注了巨大心血和持久投入，更在古稀之年以極大的熱情主編本書，令人感動。

二〇一五年是中巴兩國領導人確定的「中巴友好交流年」。我深信，《我們和你們：中國和巴基斯坦的故事》一書的出版，將是獻給「中巴友好交流年」的一份厚禮，必將極大地增進兩國人民之間的了解、互信與友誼，也必將鼓舞和激勵更多有識之士投入到中巴友好事業中來。

巍巍喀喇崑崙山見證了中巴友誼的歷史。讓我們共同努力，迎來中巴友好合作更光明的未來。

中國駐巴基斯坦大使　孫衛東
二〇一四年十一月於伊斯蘭堡

篇 友誼

憶周恩來總理首訪巴基斯坦

孫宗強

（中國文化部離休幹部，曾在駐巴基斯坦使領館任
隨員、領事達十一年，後任駐比利時、菲律賓使館
文化參贊）

　　我們敬愛的周恩來總理生前曾五次正式或順訪友好鄰邦巴基斯坦，無數次接待過巴基斯坦領導人和各種團組，為中巴友誼做了大量具體的工作，為增進中巴友誼作出了突出的貢獻，受到巴人民的真誠熱愛和尊重。我當年作為駐巴基斯坦使館的一名年輕館員，有幸目睹了周總理首次訪問巴基斯坦的全過程。時隔五十八年，他在巴各地受到巴人民極其熱烈歡迎的情景，他的精神風貌，至今回憶起來仍然歷歷在目，使我激動不已。

　　一九五五年萬隆會議期間，周總理同巴基斯坦總理穆罕默德‧阿里‧博格拉進行了兩次會晤，周總理開誠布公的談話，以及他在會議期間表現出的博大胸懷和求同存異、以理服人的風範，博得了巴總理的好感，雙方一致認為應加強兩國的交流和合作。兩國總理的首次會晤增進了相互了解，促成了一九五六年兩國總理的互訪。

　　一九五六年十月，應周恩來總理的邀請，巴基

斯坦總理蘇拉瓦底排除各種阻力和障礙訪華，受到中方熱烈隆重的歡迎和接待。毛澤東主席會見並宴請，周總理同他進行了四次會談。毛主席、周總理還以親筆題名的肖像相贈，訪問取得圓滿成功。同年十二月，應蘇拉瓦底總理的邀請，周總理就對巴基斯坦進行了回訪。

那年冬天，周總理在賀龍副總理的陪同下，率領中國政府代表團訪問南亞八國，其間第一次訪問巴基斯坦。根據工作需要，使館決定一些同志參加代表團隨團活動。我是一九五二年被派去駐巴使館工作的，有幸成為代表團的最後一名成員。使館給我的任務是近身保衛和必要時作簡單的烏爾都語翻譯，因此，在訪問過程中我要儘可能地靠近總理或先於總理抵達現場，還攜帶一架捷克產的 16mm 電影攝影機進行拍攝，這樣我便有幸近距離地目睹了周總理無產階級革命家的風采、獨特的外交風格和感人的人格魅力。現在回想起來，總理的瀟灑英姿、音容笑貌仍然栩栩如生地顯現在眼前。

巴基斯坦當時的首都是卡拉奇，雖已十二月，卻晴空萬里，溫暖如春。高高的旗杆上飄揚著中巴兩國國旗，機場上人潮如湧，鼓樂喧天，周總理在檢閱台上神采奕奕地向歡迎的人群揮手致意，賀龍副總理身著元帥服站在總理的右後方。在整個歡迎儀式過程中，賀龍元帥始終與總理保持一定距離，以突出總理，而周總理則常常停下來回頭照顧賀龍元帥。這種相互尊重、水乳交融的革命情誼令人深

受感染。

　　周總理這次訪問，除了卡拉奇外，還訪問了海得拉巴、白沙瓦、拉合爾和當時東巴基斯坦的首府達卡。他每到一處，都受到熱烈的夾道歡迎，許多地方常常是人山人海，其熱烈隆重的場面令我十分感動，我都用電影機拍攝下來。我至今還珍藏著許多巴方贈送給代表團成員的珍貴照片。

　　從下飛機起，周總理就投入到夜以繼日的工作中。在巴方安排的拜會、會談、宴會、茶會、招待會、群眾大會、參觀訪問等各種活動中，周總理抓緊一切機會做巴政府高級官員和社會各界人士的工作，但又始終不忘記巴人民群眾。當時新中國成立不久，西方的反共反華宣傳甚囂塵上，對巴方接待中國總理的這次訪問，也是多方阻撓，施加各種負面影響。周總理的這次訪問，本著尋求友誼、尋求和平、尋求知識的真誠願望，按照求同存異、和平共處五項原則，從反帝、反殖的大局出發，充分理解巴的實際情況和處境，做了大量深入細緻的工作，贏得了巴朝野的信任和尊重，才從根本上改變了這種狀況，使中巴關係沿著新型國家關係的道路向前發展，幾十年來成為不同社會制度國家友好相處的典範、全天候的摯友。

　　周總理有著過人的精力和非凡的記憶力。已經連續訪問了幾個國家的他每天三四點鐘就起床，很晚才休息。使館給總理送電報的機要員常說，真不知道總理什麼時候休息。在招待會上，有些官員第

周總理乘敞篷車接受巴群眾夾道歡迎。坐在副駕駛位上的是巴基斯坦總理蘇拉瓦底。

二次見面他就能叫出對方的名字，使對方甚為驚
訝，說總理一天見那麼多人，怎麼能記住我的名字
呢？總理與人談話，不搞外交辭令，態度誠懇親切
又坦率自然，既有鮮明的原則立場，又不給人以絲
毫的強加於人的感覺。有時在招待會上，因為站得
時間久了，總理喜歡雙臂抱在胸前，身體稍往後
傾，像老朋友聊天一樣和人家談話，談到高興處會
爽朗地開懷大笑，使談話的氣氛十分融洽。在強光
的照射下，總理粗重的眉毛、炯炯有神的目光和和
藹可親的笑容極具感染力，不論在什麼場合，他都
像磁石一樣吸引著周圍的人們。

　　當然，周總理也有嚴厲的時候。那是在耿飈大

使在使館草坪為總理訪巴舉行的答謝招待會上，巴總統、總理等不少官員，以及社會名流、記者等雲集現場，招待會持續時間很長。在主要的客人都已走了，招待會快要結束的時候，突然聽到總理用英語嚴厲地對一個人說：「No Formosa, No Formosa! Taiwan, Taiwan!」接著就看到兩個巴基斯坦人把這個人架了出去。事後聽說，那是一個印度記者，在向總理提問時幾次稱台灣為「福摩薩」，總理糾正了他幾次，他還是堅持用「福摩薩」，總理才當面打發了他。當時在場的人都說那個記者不對。

周總理不僅管大事，對涉外的小事也非常注意。在離開卡拉奇到西巴的海得拉巴、白沙瓦、拉合爾和東巴的達卡訪問前，總理傳下話來，要隨團的每個人都要買一件 morning gown（晨袍），那時我才知道，按當地風俗，住旅館或賓館時從起床到穿上西裝出門前要穿晨袍。

在文化名城拉合爾，當地進步人士米安·伊夫蒂卡魯丁在著名的夏麗瑪公園裡為周總理舉行市民招待會。公園裡冠蓋雲集，風景如畫。午餐開始前，代表團的秘書找到我說，總理講話稿的最後一句——「中巴兩國人民的友誼萬歲」要用烏爾都語。我告訴他後，他當時就用漢語拼音寫了下來，念了一下覺得不大好念，我們又改成英文拼音。後來，總理在講話中說到最後一句時稍微停頓了一下，然後用烏爾都語很清楚聯貫地念出了「中國和巴基斯坦人民友誼萬歲」，立即引起全場熱烈的掌聲。

周總理在巴群眾歡迎大會上講話。身後就座的是巴基斯坦總理蘇拉瓦底。

從西巴到東巴，代表團乘坐的是巴國內航線臨時改為專機的小飛機，快到達卡時遇到大風，飛機顛簸得很厲害，一會兒被風抬了起來，一會兒又深深地跌下去，連巴方陪同人員都有些緊張，而周總理卻若無其事一般，與周圍的人談笑自若，下飛機前還專門走到機艙前部與巴機組人員握手表示感謝，稱讚他們的駕駛技術好。

到達達卡時天已逐漸黑了下來，只見下面黑壓壓的人群在移動，聽說是巴總理蘇拉瓦底動員了二十萬群眾迎接周總理，這在巴歷史上是史無前例的。我們一下飛機，車隊就被歡迎的人群擠散了，只能跟著人群緩緩地移動。後來車子一點都走不動了，只看到巴方已安排周總理一個人站在機場中央的檯子上，四周的強力探照燈打在他的身上。周總

理的衛士成元功同志只能站在台下，而總理則泰然自若地在上面站了約十多分鐘，直到巴方人員請他上車。

我忘不了達卡的人，房上、牆上、車上、船上、橋上到處都是歡迎周總理的人，總理的訪問成了東巴人民歡樂的節日。

在東巴，感人的一幕發生在一個火柴廠裡。工廠比較破舊，設備也很落後，僅是半機械化的。但周總理按照巴方安排，像在巴各地參觀一樣，仍是興致勃勃、認真仔細地觀看每一個工序，並不停地詢問著，以表示對主人的尊重。走到包裝工序時，看到一個十四五歲的小男孩站在機器旁，雙手以超乎尋常的速度把機器上不斷送過來的火柴裝進火柴盒裡，周總理便在他旁邊站住，仔細地看了一會兒，又問了陪同人員幾句話。小男孩頭也不回地做他自己的事，因為機器不容許他有半點分心。這時就聽總理對身邊的人說：「我要給他一點獎勵。」至於小男孩最後能得到多少錢，那就不得而知了，但一個社會主義大國的總理對一個資本主義世界童工的關心，顯得那麼親切自然，又是那麼令人回味。

訪問結束了，那是一九五六年年底，十二月三十日，周總理下一站要訪問印度。巴總理等巴方人員和耿飈大使夫婦等中方陪同人員在飛機旁排成一行歡送總理、賀龍元帥和代表團，我站在最後一個。上飛機前，周總理一直走到隊伍的最後和送行的人一一握手告別。在和總理握手的時候，我想到

總理十個日日夜夜的辛勞，心裡有一種說不出來的感覺。總理的一舉一動、一言一行，使我懂得了什麼叫全心全意為人民服務，什麼叫「鞠躬盡瘁，死而後已」，什麼叫置個人安危於度外。總理心裡裝著黨、國家和人民，裝著全世界人民，唯獨沒有他自己，因此受到全中國和全世界人民的愛戴與尊崇。十天中，我親身感受並沉浸在這種精神之中，這就是偉大的「周恩來精神」，令我終生難忘。

我在上世紀五〇年代和七〇年代兩度在中國駐巴基斯坦使領館工作，深深感受到了巴基斯坦人民對周總理的熱愛之情。巴朋友常稱周總理是中巴友誼的奠基人，我想這是非常貼切的。

巴基斯坦朋友憶周恩來

孫蓮梅

（中國國際廣播電台烏爾都語部前主任）

　　二〇〇四年九月，巴基斯坦政府決定把首都伊斯蘭堡使館區的主幹道「大學路」更名為「周恩來大道」。這是伊斯蘭堡第一條以外國領導人名字命名的街道，意味著巴基斯坦人民將世世代代記住周恩來這一偉大的中國朋友。

　　在首都伊斯蘭堡的夏克巴裡安小山公園國際友誼林裡，每日參觀的人絡繹不絕。一九六四年二月，中國總理周恩來在這裡種下了第一棵友誼樹。當我訪問巴基斯坦，在城市街頭徜徉時，常有人跑到我面前高呼：「周恩來萬歲！巴中友誼萬歲！」當我作為訪問學者在校園裡與師生交談時，他們提到最多的是周恩來；在我任駐外記者時的採訪中，同樣感受並看到了那些會見過周恩來總理的巴黨、政、軍高級領導人以及有關工作人員至今對周總理仍懷有深厚的敬意和無比的熱愛，他們珍藏著與周總理的合影，珍藏著對周總理的深刻懷念。

布托家族與周總理的情誼

　　前總理貝娜齊爾，布托一家父女兩代人與周恩

來總理有著深厚的友誼。貝·布托的父親佐勒菲卡爾‧阿里‧布托是周恩來總理和陳毅外長的好朋友。周恩來總理和陳毅外長訪問巴基斯坦時在布托家做客，以及貝·布托和弟弟妹妹在周總理家做客的照片，一直被布托家族珍藏著，並且經常隨紀念性文章發表於報端。

一九九八年二月中旬的一天，我到議會大廈採訪貝·布托，事前被告知她只能書面回答兩個問題。在一個門外排著五六個人等待接見的房間裡，我終於見到了貝·布托。她不施粉黛，是一位有氣質、端莊、漂亮的知識女性。她很客氣地說：「你的兩個問題已經寫好書面回答，是否照著念就可以了？」我快速準備好錄音機說：「非常感謝，可以。」開始，貝·布托還照著稿子唸。沒唸幾行，她就放下了稿子，侃侃而談。

貝·布托說：「巴基斯坦人民非常敬仰周恩來總理，也無限懷念他。當中國總理逝世的消息一公布，時任總理的父親當即發表聲明，沉痛哀悼周總理，痛惜巴基斯坦失去了一位可靠的朋友。」她說：當今世界發生著巨大的變化，中國和巴基斯坦的年輕一代人可能不太知道自己的前輩們所處的時代是多麼的艱難困苦。中國在革命勝利後，面臨的幾乎是世界範圍內的經濟封鎖。巴基斯坦國家領導人，其中也包括她的父親佐·阿·布托，頂風與中國合作，使中國得以通過巴基斯坦國家銀行與其他國家發展對外貿易。這種間接方式多少打破了西方對中

一九九八年二月，孫蓮梅採訪巴基斯坦前總理貝·布托（右）。

一九六三年，周恩來總理、彭真副委員長（右1）、陳毅副總理（右2）和賀龍副總理（左1）在北京人民大會堂會見巴基斯坦外長佐·阿·布托。（供圖：中新社）

國的經貿封鎖。為此，巴基斯坦也經受了來自外界的巨大壓力，遭到西方國家的指責和刁難。但是，父親卻堅定地相信：在毛澤東主席和周恩來總理領導下的中國一定會成功，一定會成為一個強國。

　　貝‧布托說：「父親曾經說過，就國家和地區安全來說，巴基斯坦與中國保持友好關係是非常必要的。在中國有困難的時候，巴基斯坦幫助了中國，同樣在巴基斯坦面臨困難的時候，中國也無私地伸出了援助之手。」「當巴基斯坦被肢解時，父親在聯大奮力爭辯，中國站在了巴基斯坦一邊。一九七二年，中國否決了安理會關於孟加拉國加入聯合國的決議草案，給了剛剛失去領土的巴基斯坦人民巨大的精神支持。巴全國上下熱烈歡呼中國主持了正義。」

　　不僅是父親佐‧阿‧布托，她們一家人都對中國有著深厚情誼。貝‧布托說：「父母希望自己的孩子多了解中國，讓孩子看看這個國家的人民怎樣通過勤勞努力來獲得成功。為了實現對共產黨領導

一九九〇年五月八日，巴基斯坦人民黨主席努‧布托夫人到北京中南海西花廳拜望鄧穎超。（供圖：中新社）

國家的直觀觀察，他們把我們送到中國來度假。一次，我們姐弟四人在周恩來總理家做客。周總理知道我在哈佛讀書，聊家常似地問了我在美國的感受，並問我下一屆美國總統能是誰？我肯定地回答說：喬治·麥戈文。周總理卻說：根據他得到的情況，下屆美國總統可能是理查德·尼克松。」

貝·布托面帶羞澀地說：「我那時還是個學生，對競選之事估計不成熟，但他認真聽我的每一句話，還讓我回到學校把得到的印象再寫信告訴他。我照做了，還是強調喬治，麥戈文。這就是我那時的政治敏感。」貝·布托露出了微笑說：「在周恩來總理家做客就像在自己家裡一樣，周總理還親手剝糖給我們吃。」

貝·布托說：「母親努斯拉特，布托是巴基斯坦訪華最多的女性，她與父親一樣熱愛中國，信任中國。母親與鄧穎超女士關係非常密切，友情很深。」講到周總理去世後她的母親專程去北京看望鄧穎超，兩位政治家遺孀擁抱痛哭的情景時，貝·布托的眼睛濕潤了。我也被她流露的真情深深感動。

她說：現在自己不是總理了，但她領導的人民黨會永遠與中國人民友好。她也相信，巴基斯坦的任何一屆政府都會把與中國的友好作為外交政策的基石。

原定幾分鐘的書面採訪變成了半個多小時的提問採訪，兩個問題變成了多個問題，我從中感到了貝·布托對周總理的深情。因為，兩個問題不足以

讓她把情感表達得淋漓盡致。

古哈爾·阿尤布·汗外長談周總理

前外長古哈爾·阿尤布·汗是我駐站期間採訪次數最多的巴政要。他始終帶著慈善和藹的微笑，對中國有一種深情。在談到中國總理時，他說：「周恩來總理是世界上最傑出的外交家。如果僅僅從中國的範圍來衡量他的功績，那將有損於對這位非凡英才的紀念。」

古哈爾說：「我的父親（巴前總統阿尤布·汗）經常讚揚周恩來總理，說他分析問題敏銳，處理外交問題果斷；說他博學又很謙虛。周恩來總理的影響不僅僅在中國，他的影響還在我們巴基斯坦，也可以說在全世界。」「我非常贊同父親的觀點，因為周恩來代表中國執行的外交政策，是讓包括巴基斯坦在內的第三世界國家稱讚的真正的符合和平共處五項原則的政策。中國對內走的是獨立自主、自力更生的道路，對外從不欺負壓榨別的國家。與那些強權國家相比，中國更能贏得世界人民的心。」

古哈爾介紹說，他對中國人民的友情，有其家族的淵源。他多次隨父親阿尤布·汗總統訪問中國，每次訪問都受到異常熱烈的歡迎。他的父親也多次接待了訪巴的中國總理。在他父親執政期間，中巴關係已經進入了良好的發展時期。在總統父親與毛澤東、周恩來等老一代中國領導人間的深厚友

誼的影響下，他在學生時期就喜歡收聽中國的對外廣播，努力獲得來自中國的信息。在他成年後擔任國民議會議長、外交部長等職務時，更是以巴基斯坦政要的身分多次訪問中國。

古哈爾說：「周恩來作為偉大的外交家，給人的感覺卻是那麼親切，平易近人。第一次吃北京烤鴨的時候，我不知道是用餅捲起來吃，周總理親自教我吃法，讓我心裡無比激動。在盛大的宴會上，竟讓我感到像在家裡吃飯那麼親切，那麼暖意融融。」說到這裡，他陷入了深深的回憶，半天沒有言語，那沉思的表情表達了他對周總理的深深哀思和懷念。

採訪結束時，古哈爾外長還送給我幾張他與周總理和陳毅外長的合影，並告訴我說：「在鄉下老家，樓上樓下掛滿了我和父親與中國領導人的合影。這些照片作為歷史的見證，將永遠掛在我的家裡，永遠保存在我的記憶裡。」

老情報局長憶周總理訪巴

　　老情報局長阿克拉姆先生對我講的一件事，至今令我感動不已。他談到一九六四年二月周恩來總理訪問巴基斯坦，在拉合爾市遇到異常熱烈歡迎的情景：「總統讓我一定做好對來自偉大中國的政府首腦的安保工作。可是周恩來總理到訪的那一天，歡迎的人群早早地站滿了街道兩旁，有的手裡揮舞著彩旗，有的向車隊拋撒著玫瑰花瓣。大樹上、房頂上、大花車的頂篷上，總之，凡是能站人的地方全站滿了人，凡是能爬上人的地方也全爬滿了人。他們熱情地高呼『周恩來萬歲』，高呼『巴中友誼萬歲』。如此眾多的人群是我始料不及的。我無法控制湧來的人群，事先預備的安全措施也無法有效實施。周總理的車子彷彿是被數萬群眾抬著送到國賓館的。但讓人驚奇的是，到達國賓館時，前排的人還互相挽起臂膀，形成了堅實的人牆，自覺為貴賓留出了通道。這種情形使我對於眾多歡迎群眾的恐懼變成了心裡從未有過的感動。這是巴基斯坦人民在發自內心地歡迎中國的總理呀。」

　　阿克拉姆先生說：「什麼安全措施呀，人民就是銅牆鐵壁！那種場面是空前的也是絕後的。在我任期之內從來沒見到其他國家的領導人能享受到這種發自民間的友好歡迎。在我離任之後，在巴基斯坦也沒出現過。什麼是奇蹟？傾城出動的人群用真情創造了安全的奇蹟！」老局長的真情流露同樣讓

我感動。

伊夫迪哈爾准將與周總理的情緣

一九九八年二月初，當我來到時任巴中友協資深主席、退休陸軍准將伊夫迪哈爾位於拉瓦爾品第的家中時，頓時被客廳的中國文化氛圍所吸引。中國式的家具、工藝品、屏風、掛畫等，無一不散發著主人對中國的熱愛。最醒目的是主人與周總理的合影照片。

一九五六年末，周恩來總理第一次訪問巴基斯坦時，年輕的上尉伊夫迪哈爾是儀仗隊隊長，受到了周恩來總理的親切接見。從此他下定決心學習漢語，要為中巴友誼作貢獻。一九六四年一月開始，伊夫迪哈爾在中國學習了兩年漢語。幸運的是，一九六九年到一九七二年間，他又在巴駐華使館武官處任武官。這期間，周總理數次接見並與他商量大事。那時，由於巴基斯坦的國家安全受到了威脅，國家被肢解，他多次向周恩來總理匯報或商量工作。周總理經常是在凌晨兩三點時緊急召見他，了解情況，與他商量對策。周總理對問題的精闢分析，使他覺得周恩來既是外交家，又是軍事家。

伊夫迪哈爾先生回憶著往事，非常激動地說：「周恩來總理對我說，巴基斯坦有任何情況和困難你都要及時告訴我，有任何要求，你也要及時告訴我，中國人民絕不會袖手旁觀巴基斯坦的危難。」

回憶到這裡，他熱淚盈眶，哽咽著說：「那個時候的中國很不富裕，眾所周知的『文化大革命』讓周恩來總理日理萬機，身心疲憊。他顯得很憔悴，很瘦，我看出他身體不好。但在巴基斯坦面臨危難的時候，拖著病體的周恩來代表中國堅定地站在巴基斯坦身後！每當我想到周恩來總理，內心就無比的感動和痛惜。」

伊夫迪哈爾先生深情地回憶說：「不管在什麼場合，周恩來總理見到我，總是遠遠地向我招手，走上前來緊緊地握著我的手或拍著我的肩膀，問我工作怎麼樣，身體好不好，夫人孩子可好。我內心暖暖的，對這個慈愛可親的長者充滿深深的敬意。」

伊夫迪哈爾先生說，聽到周恩來總理逝世的消息時他驚呆了，立即請假從外地趕往伊斯蘭堡的中國大使館弔唁。使館外面人山人海，很多巴基斯坦老人捶胸頓足，哭喊著：真主為什麼不讓自己替周恩來去死？他說：「一個中國領導人能在巴基斯坦人民心中留下如此巨大的影響，這種景像我是從來沒有見過的，恐怕在世界上也少有。」「看到這種情景，讓你感到一種心靈的震撼！這種震撼就是巴中友好的根基，它會世世代代傳承下去。」

伊夫迪哈爾先生說：「特殊的歷史原因讓我有幸多次接觸了周恩來總理。這是一生的自豪！我非常崇拜周恩來。像周恩來這樣偉大的領導人，幾個世紀都很難出一個。」

二十六次見到周總理的攝影師拉吉

　　著名攝影師拉吉先生在周恩來總理每次訪問巴基斯坦和巴領導人訪問中國時，都是負責拍照的首席攝影師。他自豪地告訴我：「我是非常幸福的人，有幸二十六次見到周恩來總理。」

　　在首都伊斯蘭堡 G6 區拉吉的家裡，我看到了掛在牆上的他與周總理的多張合影，以及他拍攝的周總理訪巴的照片。他說：「周恩來總理第一次訪問巴基斯坦的時候，我很年輕，第一次擔當這麼重要的攝影任務，心裡忐忑不安。看到中國總理那麼英俊、帥氣，氣質又很陽剛，對歡迎的群眾又是那麼和藹可親，我真是吃驚得有點發呆了，手裡的照

相機也不大聽使喚了。周總理看出我的緊張，走到我面前，親切地握著我的手，問我叫什麼名字，多大歲數了。一個大國總理如此親切地對待一個普通攝影師，讓我激動萬分。那感激之情就通過照相機的咔嚓、咔嚓聲表現了出來。」

拉吉說：「一九六四年，周恩來總理又一次訪問巴基斯坦的時候，我就不緊張了。當看到周恩來總理走向人群，與狂呼的群眾握手時，我抓緊搶拍這些珍貴的畫面。我被人們的狂熱包圍著、鼓舞著，當時只覺得能為周恩來總理拍照真是太幸福了。」「拍到最後，中國總理還是走近我，與我握手，說辛苦了。我激動地連聲說：NO! NO! 周總理並未馬上離開，還問我結婚了沒有，有沒有孩子。」

拉吉說：「再後來，我見到周恩來的次數越來越多。他每次見到我，都能喊出我的名字，『拉吉、拉吉』地叫我。這是我擔任攝影記者給那麼多其他外國領導人拍照從沒遇到過的。」「一個大國的總理竟然能記住一個普通攝影師的名字。這是我終生難忘的榮譽。」

在巴基斯坦的親身經歷讓我深刻感受到：周恩來不僅屬於中國，也屬於巴基斯坦，他永遠活在巴基斯坦人民的心中。

我與馬姆努恩・侯賽因 總統二三事

唐孟生

（北京大學巴基斯坦研究中心主任、教授）

　　二〇一四年元月中旬，巴基斯坦駐華大使館透露，應中國國家主席習近平邀請，巴基斯坦總統馬姆努恩・侯賽因閣下將於二月十八日至二十一日對中國進行為期四天的國事訪問。訪問期間，總統百忙之中將抽出時間專門會見中國學者。使館政務參贊恩德拉比先生反覆強調，要我這期間不要離開北京，並且說總統先生希望見到我，至於為什麼，他說他也不知道。可是，我心裡非常明白。

　　回想起來，我和馬姆努恩・侯賽因總統相識已有十八年之久，這期間，我們曾在伊斯蘭堡機場候機室偶遇，可惜時間非常短暫。作為與他相識十八載的老朋友，能在北京釣魚台國賓館受到已是巴基斯坦國家元首的他的接見，也是非常榮幸的。

相識卡拉奇

　　一九九七年九月，我被文化部借調，派往中國駐卡拉奇總領事館，出任文化領事。當時，中國駐

卡拉奇總領事館總領事是安啟光先生，另外，總領
館本部有兩位領事，一位負責行政事務，一位主管
簽證業務。卡拉奇是巴基斯坦第一大城市、最大的
海港和軍港，也是全巴工商業、貿易和金融中心，
同時還是文化和教育中心。由於卡拉奇的特殊地
位，加上中巴全天候的友誼，駐卡拉奇總領事館的
對外活動非常之繁忙。因而，我這個負責文化的領
事除了本職工作，經常還要參與和出席許多對外活
動和宴會。

馬姆努恩，侯賽因總統就是當時我結交的一位
非常友好的朋友。時隔十八年，至今仍讓我記憶猶
新，那是在卡拉奇俱樂部的一次宴會上，一位身材

唐孟生教授在發布會
間隙與馬姆努恩‧侯
賽因總統和馬蘇德‧
哈立德大使交談。

魁梧、面帶微笑的巴基斯坦朋友向我伸出友誼之手。我們相互簡單地寒暄、問好，交談的時間沒有多長，但是彼此都感到十分親切。記得臨別時，馬姆努恩·侯賽因先生半開玩笑地對我說：「你們中國人的名字非常難記，以後稱呼你『Khan Sahib』（翻譯成漢語即「汗先生」可以嗎？」我回答道，名字只是稱謂，只要您能記得住，我高興接受。從此，我們成了真正的朋友，有機會遇見，我們便相聚一起談天說地。他讓我給他介紹中國文化，我向他學習巴基斯坦文化。當然受益最多的還是我了，記得當時工作之餘，我還在寫一本有關南亞蘇非神祕主義哲學思想的書，因而經常會向他請教蘇非詩歌等學術難題。

和馬姆努恩·侯賽因先生相識兩年多後，一九九九年六月，他出任信德省省督。不久，他在省督府宴請了我和中國駐卡拉奇總領事館的同事。一九九九年是中華人民共和國成立五十週年，國慶前夕，展示新中國偉大成就的「光輝的歷程」大型圖片展在卡拉奇藝術委員會展覽大廳舉行。為保證時任省督的馬姆努恩·侯賽因先生能出席並為圖片展剪綵，安啟光總領事安排辦公室發函給巴外交部駐卡拉奇辦事處的同時，讓我直接打電話邀請馬姆努恩·侯賽因省督。回想起來，當時我通過秘書接通了馬姆努恩，侯賽因先生的電話，他給我的答覆是那樣的肯定：「我的一切活動為朋友的活動讓路，你的展覽就是我的展覽。」展覽開幕之日，馬姆努恩·侯賽因先生為展覽開幕剪

綵並發表了熱情洋溢的講話，然後懷著極大的興趣在每張圖片前駐足仔細觀看，一邊詢問，一邊感嘆中國五十年取得的輝煌成就。

伊斯蘭堡機場偶遇

二〇〇〇年，我結束在卡拉奇總領事館的任期回國。三年後，由於我在巴基斯坦文化研究方面做出一些成績，出版了幾本書，發表若干論文，被巴基斯坦政府授予「貢獻之星」勛章。二〇〇三年三月二十一日，我和夫人孔菊蘭教授受巴基斯坦政府邀請，赴巴出席二十三日在伊斯蘭堡總統府舉行的授勛儀式。

授勛儀式結束的第二天，巴外交部禮賓司一位副司長陪同我們從伊斯蘭堡國際機場出發，乘飛機赴拉合爾參觀訪問。作為巴基斯坦總統邀請的客人，巴政府為我們提供了飛機頭等艙的高規格待遇。由於飛機晚點，陪同人員為我們安排了茶點，在機場貴賓候機室等候飛往拉合爾的航班。突然間，有人從身後拍拍我的肩膀。我回頭一看，一位身材魁梧、腰板挺得筆直、笑得滿面開花的巴基斯坦人站在我坐的沙發後面，我驚喜地大聲脫口而出：「馬姆努恩・侯賽因閣下！」

此時，巴基斯坦陪同拽拽我的衣服，小聲問我：「你認識他嗎？」我明白陪同的意思，馬姆努恩・侯賽因先生已不再是省督，現在是在野領導

人。我告訴陪同，他是我要好的巴基斯坦朋友。

多年不見的朋友能在此偶遇，誰能說這不是一種緣分呢？

由於馬姆努恩·侯賽因先生所乘坐的去卡拉奇的飛機也晚點了，我們一起在候機室聊了許久，回顧了多年前的往事，也暢談了各自目前的情況。

直到機場廣播說去拉合爾的旅客可以登機了，我們好像還意猶未盡。分手時，我感覺到他送別的目光裡還飽含著一份對朋友的祝福。

釣魚台國賓館會見

二〇一三年七月，馬姆努恩，侯賽因先生參選巴基斯坦總統，並以超出競選對手三百五十五票當選；九月九日，他宣誓就任巴基斯坦第十二任總統。馬姆努恩，侯賽因先生就任總統後的首次正式出訪就選擇了中國。出訪前接受中國記者採訪時，他說：「中巴兩國是全天候的朋友，兩國關係緊密、深厚和熱烈。兩國的戰略合作關係還會在未來幾十年中不間斷地向前邁進。」

開篇提到，此次馬姆努恩·侯賽因總統訪華，專門安排時間在釣魚台國賓館會見中國學者，我也在被邀之列。

二〇一四年二月二十日，困擾北京多日的霧霾消散了許多，天空一片湛藍，陽光又是那樣的明媚，好像老天也知道有尊貴的客人到訪。中午一點

半左右，巴駐華使館參贊恩德拉比先生帶著我們四名中國學者進入總統下榻的釣魚台國賓館會客廳。

不一會兒工夫，馬姆努恩‧侯賽因總統步入會見大廳，我們隨即迎上前去。總統和我第一個握手，並向巴駐華大使馬蘇德‧哈立德先生和他的隨行介紹說：這是我的朋友「Khan Sahib」。接著，總統先生和我相互擁抱表示親密。

總統先生和中國學者、大使館的官員一一握手問候之後，祖胡爾公使引導大家入座。就在大家準備就座時，總統先生突然示意，請巴大使讓座與我，讓我坐在緊挨他右手的第一個座位。就座後，會見理應正式開始，可總統一直拉著我回憶卡拉奇的美好往事。為了不失禮於他人，我重起話題，向總統報告了北京大學巴基斯坦研究中心的科研工作，以及我本人這些年的學術研究情況。聽了我的匯報，總統先生親切地說：現在我作為巴基斯坦總統訪問中國，為推進巴中友誼健康發展，為打造巴中命運共同體而努力；你是大學教授，努力做好學術研究，多出書，我們一起為巴中友誼努力工作。

出席《烏爾都語漢語詞典》發布會

二〇一四年初，北京大學孔菊蘭教授主編的《烏爾都語漢語詞典》，由高等教育出版社正式出版。這部詞典凝聚了中國幾代烏爾都語專家學者的心血，是國內多家單位的烏爾都語學者通力合作的成果。它的出版，不僅彌補了國內此類詞典的空

Warm Welcome to
HE Mr. Mamnoon Hussain
President of the Islamic Republic of Pakistan
occasion of inauguration of Urdu/Chinese Dictionary
Fud... University

馬姆努恩·侯賽因總統（前排中）與出席《烏爾都語漢語詞典》新書發布會的嘉賓合影。前排左1為巴基斯坦駐華大使馬蘇德·哈立德，左2為中國駐巴大使孫衛東；後排左4為孔菊蘭教授，右4為唐孟生教授。

白，而且將在高校外語教學、自學烏爾都語以及涉外需要等諸多方面發揮重要作用。巴駐華大使館非常重視這部詞典的出版，大使馬蘇德，哈立德先生提議，在二〇一四年第四屆亞信峰會在上海舉行期間，邀請馬姆努恩·侯賽因總統出席《烏爾都語漢語詞典》的新書發布會。經過使館與總統府及總統本人聯繫，總統先生欣然同意參加發布會。

二〇一四年五月二十日上午，《烏爾都語漢語詞典》新書發布會在復旦大學舉行，巴基斯坦總統馬姆努恩，侯賽因應邀出席並致辭。總統先生在致辭中對《烏爾都語漢語詞典》的出版表示衷心祝賀，並對以北京大學南亞系孔菊蘭教授為首的字典編纂團隊的努力表示感謝。他指出，中巴兩國的交

往源遠流長。近代以來，兩國相繼獨立後，在幾代領導人持續努力下建立起牢固的友誼。《烏爾都語漢語詞典》的正式出版，將進一步鞏固雙方交流，為雙方往來提供便利。他特別指出，中巴兩國友誼能否世代相傳，主要取決於三個方面的共識：第一，兩國共享和平共處、睦鄰友好的共同信念，並集中力量關注減少貧困、提高人民生活水平等基礎問題；第二，兩國之間經貿領域的合作與交往，如建設中巴經濟走廊遠景規劃的提出，將為兩國經濟發展提供便利；第三，依託兩國人民之間的天然友好情誼，增強在文化交流方面的合作，而此次《烏爾都語漢語詞典》的出版定將增進兩國文化、教育、藝術、體育等各個領域的交流。他進一步指出，《烏爾都語漢語詞典》的編纂和出版是巴中友好交往的一項重要成就，將進一步加強兩國之間的聯繫，為兩國人民和政府的友好往來提供便利。

總統先生還特別提到了他本人與我多年來的深厚友誼，並對我在推動中巴文化交流合作方面作出的努力表示讚揚和感謝。

發布會結束後，主辦方安排茶歇招待總統閣下。根據接待預案，由於會客室較小，只能安排少數領導參加，拿三本詞典請總統簽字留念。可是，從會場到茶歇室，總統和與會者親切交流，帶著許多人進入茶歇室。一時間，詞典的編纂者和一些讀者也進入了茶歇室，請總統先生簽名留念。當時主辦方感到場面有點失控，非常著急，一是擔心安

全，二是擔心總統無法用茶。他們找到我說，你是總統先生的朋友，是不是上前向總統解釋一下。於是我們上前向總統解釋，但總統說，中國朋友熱情，他們希望我簽名，我不能讓他們失望。他還有點開玩笑似地說：這會兒我的任務是簽名而不是喝茶，我簽名也是在傳播友誼啊！

伊斯蘭堡總統府會見

二〇一四年八月四日，應中國駐巴基斯坦大使孫衛東之邀，我飛往伊斯蘭堡參加中巴智庫學術研討會。

八月六日，研討會茶歇時，出於禮貌，我打電話給馬姆努恩・侯賽因總統的秘書，請他轉告總統先生，我來到伊斯蘭堡參加中巴智庫研討會。我之所以打這個電話，是因為二月在北京釣魚台會見時，總統先生和我約定，今後到了巴基斯坦一定打電話告訴他。

電話打出一個多小時後，總統秘書回電話說，總統先生要會見我，他們馬上派車到我下榻的飯店，接我去總統府。

來到總統府，進入寬敞明亮的會客廳，我頓時有些拘謹了。總統先生一眼就看了出來，為了緩解我的緊張，他對我說：你是我最好的中國朋友，這裡就是你的家，請不要客氣。

時間過得真快，不知不覺我們談了將近一個半

小時。總統先生向我詢問了中國的烏爾都語教學情況，以及中國有哪些大學設有巴基斯坦研究中心，主要研究哪類問題；並且說，如果需要幫助，作為總統他一定會盡力的。

此次，馬姆努恩・侯賽因先生作為國家元首在總統府接見我，可謂規格高、形式新。但是，我們的交談還像往常那樣輕鬆愉快。

離開總統府時，總統先生再三叮囑我，下次一定帶夫人一起來，要提前通知他，他和夫人將在總統府宴請我們。

馬姆努恩，侯賽因總統閣下對他的一位中國老朋友，對一個中國普通教授的深情，不能不使我深深地感動。十八年的友好交往中，無論作為工商界人士，還是省督，還是在野黨的領導人，或者是至尊的國家元首，他自始至終那樣謙和至善、質樸厚道、和藹可親、平易近人，他的這種人格魅力不能不使我肅然起敬。我慶幸十八年前結識了這位誠摯的朋友，我想我們之間的情誼也折射了比山高、比海深、比蜜甜的中巴友誼。願友誼長存！

前人栽樹後人乘涼

——憶父親耿飈和巴基斯坦

耿瑩

（中國國務院原副總理耿飈之女，華夏文化遺產
基金會理事長、中巴友好協會副會長）

父親的一生是驚濤駭浪的一生，是風馳電掣的一生，是七彩錦繡的一生，是光彩奪目的一生。因為他永遠是中國人民的戰士，也是新中國的栽樹人之一。

新中國剛剛成立，父親拍掉滿身的戰灰，就接受了新的任務，不是拚殺的任務，而是「外交」任務。任務的重要和特殊，對他這個十二歲就拿槍桿子的紅軍戰士而言，是前所未有的。當然，他心裡也想著，建立了新中國絕不意味著革命的終結，而是標誌著更艱巨的新的征程的開始。

從泥腿子到外交官

一九五〇年初，天氣特別冷，父親來北京報到，就帶了兩名警衛員。父親除了去周總理處接受任務外，還多次去毛主席那兒談話。記得一次父親回來後帶我們全家去天安門及隆福寺一帶遊玩，父

親一路上都在想著毛主席的教導。

　　主席在戰爭年代就稱我父親「小老鄉」、「伢子」。父親見到主席時的心緒，一下子就被主席揭穿了，說：「小老鄉，怎麼想不通，怕啦？」父親馬上坦白：「主席，你看我是個泥腿子，如何去外國與洋人打交道？」主席看了看父親說：「你這個伢子，天不怕地不怕，洋人有什麼可怕？誰規定的共產黨人泥腿子就不能當大使、外交官，進聯合國？我們不是去打槍戰，而是去打口戰，去交朋友，去尋求和平，為什麼泥腿子就不行？要在國際舞台上尋求新中國的立足之地，是建設新中國的重要任務，你個泥腿子沒這個膽？那我毛澤東看錯人了。」一番話說得父親立正行軍禮，向主席報告：「保證完成任務！」主席笑了：「對頭！耿猛子又回來了。」

　　一路上，父親給我們講了很多北京的故事：隆福寺是怎麼回事，東四牌樓是哪年建的，護國寺是哪個朝代、為什麼建的……聽得我們如痴如醉。我心想，父親怎麼懂那麼多，他每天打仗這些又是從哪兒學的？他不斷地說，並要我們記著：這是我們中國老祖宗的聰明才智，是給後人的福祉。你們長大了，要學習這些都是中國人幾千年積累的經驗和中國人自己的科學與哲學。

　　一九五六年初，毛主席和周總理命父親和韓念龍大使對調，他到巴基斯坦當大使，而韓念龍到瑞典當大使。在北歐六年的父親，以最快的速度交接

一九五六年十二月周恩來總理首次訪問巴基斯坦期間，與巴總統伊斯坎德爾·米爾扎（前排右2）和總理蘇拉瓦底（前排右1）共同出席在中國大使館舉行的答謝招待會。周總理和米爾扎總統身後正中是耿飈大使。（供圖：孫宗強）

了工作。總理在給父親交代任務及聽取匯報時說：「六年北歐工作很紮實，為我國與北歐的關係打下了堅實的工作基礎，我們的武將學會了文攻了。」

第二天，毛主席給父親交代任務。一見面，主席就高興地拉著父親坐下，開口就說：「你這個泥腿子膽子很大，還發揮創造力，創造了駐外大使自己開車逛街的先例。這個行為你是世界第一，好！我們新中國的大使就是不一樣。」父親站起來給主席行了個軍禮，就說：「謝謝主席。」主席拿著煙做了個叫他坐下的手勢，又說：「小老鄉啊，你在北歐的工做作得好，對我們在朝鮮作戰的志願軍幫助很大。別的不說，就只一件，有關細菌戰的事，

你給美國佬當頭一棒！」（這裡我要說明一下：一九五二年一月，美國不顧國際公法，在朝鮮進行了持續一年之久的細菌戰。他們用飛機投撒和大砲射布的方法向半島北半部以及中國東北一些地區投撒攜帶細菌和病毒的老鼠、兔子、蒼蠅、昆蟲及雜物。我父親作為一名中國軍人，一定要揭穿美國人的惡毒行為。為此他在斯德哥爾摩市拜訪了醫學博士安德烈女士，後者支持正義，親自去朝鮮蒐集證據。回來後，她發表了調查報告，用她親手收集的第一手證據剝開了西方「民主和人道」的外衣。西方媒體大量轉載，影響很大。）

隨後，主席話頭一轉，問父親：「這次把你調回來可是我的主意，是要你從冰窟到火爐裡去噢！這個火爐是我們的西南大門，你要守好。做好安定四鄰的工作，對我們很重要，鄰居處好了，對我們國家建設很重要。巴基斯坦與中國有千年以上的歷史交往，他們對中國很友好，你過去後除了安定四鄰的方針外，要把我們與巴基斯坦的國界劃好，親兄弟明算賬。西南門口戰略位置很重要，你是軍人不用我多說。」父親說：「主席，你放心，保證完成任務！」

父輩們就是這樣從接受任務到完美地完成任務的。他們用幾十年的浴血奮鬥解放了全中國，建立了新中國，也就像在中華大地上用鮮血和心力栽種了一棵高大的樹，使四萬萬中國人民在這棵大樹下建設新的美麗家園。為保衛這個新建的家園，還要

做好安定四鄰的工作，由他們親自在新中國的周邊「植樹造林」，形成綠色保護帶。

紮根友誼

　　巴基斯坦位於南亞次大陸西北，本是英國殖民地，為英屬印度的一部分。第二次世界大戰後，亞洲的一些殖民地陸續擺脫其宗主國的殖民統治而宣告獨立。一九四七年八月中旬，實行分治的巴基斯坦和印度同時掙脫殖民鎖鏈，成為獨立國家。剛獨立的巴基斯坦，是英聯邦的自治領，其國家元首為總督，由英國國王任命。一九五一年，中國和巴基斯坦建立外交關係，派出的第一任駐巴基斯坦大使是韓念龍。到一九五六年初，巴基斯坦決定廢除自治領制，成立巴基斯坦伊斯蘭共和國，由選舉產生國家元首。這一舉動是巴基斯坦的重大事件，也是該國政治中的一個轉折點。

　　由於巴基斯坦的東北部與中國毗鄰，所以周總理才強調「安定四鄰」為當時外交之重要任務，睦鄰政策是中國的重要國策。總理同時指出：「巴基斯坦參加了東南亞條約和巴格達條約組織，但它並不敵視我們國家，而且有著和我國交往的良好願望，這就為我們兩國建立友好關係提供了基礎。只要我們按著萬隆亞非會議的精神及在會議上通過的十項原則來處理兩國之間的問題和關係，中巴友誼一定能得到發展。認識上的分歧可以求同存異，如

有歷史遺留問題，可以通過和平協商互諒互讓地妥
善解決。」因此，中國派去參加巴基斯坦總統就職
典禮的特使就是一位高級別的官員——國務院副總
理賀龍元帥。這個消息對巴基斯坦來說是一份驚
喜——中國的特使是一位久經沙場的元帥。

即將就任巴基斯坦總統的米爾扎總督興奮之
餘，要求接見還未正式遞交國書的新任中國大
使——我的父親耿飆。這是破例的接見，也使父親
看到巴基斯坦對中國政府及其代表的重視。接見
時，米爾扎總督對父親說：「賀龍副總理是著名的
元帥，中國政府派遣這樣高級別的領導人來參加慶
典，是對巴基斯坦的尊重和友好，我對此深表謝
意。」這次是破格會面，米爾扎總督的興趣大增，

一九七八年六月，耿
飆副總理率中國代表
團訪問巴基斯坦，巴
首席執行官齊亞‧哈
克將軍在機場陪同出
席歡迎儀式。

以至會見時間超長。他對中國工農紅軍長征的興趣濃得像個孩子，一連串地提問，要求父親給他講長征的故事，問四渡赤水如何要一條江來回渡，以及戰役的細節，等等。聽完，他深情地說：「你是長征中的英雄，是一位名副其實的將軍。等賀龍元帥來巴後，我們三個軍人去打獵，打獵是軍人最好的體育運動。」他還對這個破例接見的將軍大使說：「我歡迎耿將軍出使我國，以後大使有什麼困難和問題，無論白天黑夜，任何時候都可以找我，我都願意接見，幫你解決。」

友誼就這樣開始生根。心的交往是永恆的，米爾扎用真心真情認同中國和中國政府，父親用真心和誠懇對待巴總統。心和心相見，心和心相貼，中國到巴基斯坦是尋求和平、尋求友誼的。後來，周總理訪問巴基斯坦，中巴建立了深厚的友誼，一直到今天成了好鄰居、好朋友、好兄弟、好夥伴，祖國西大門的友誼之樹一代一代延續、成長、壯大，如今已成為雄偉的參天大樹。

二〇一一年秋末，我帶領中國華夏文化遺產基金會代表團訪巴，正值中國與巴基斯坦建立外交關係六十週年之際。時任中國駐巴大使劉健、武官王吉良都為我們訪問的成功做了很多工作。

我們一行是四十多人組成的文化交流團。代表團受到巴基斯坦高規格的接待。由於當時巴國內安全形勢欠佳，為保證我們的安全，巴方派出部隊荷槍實彈地為我們警衛，一週多時間裡從無間斷。當

時我就想，我們的這個兄弟幫助中國守護西大門幾十年如一日，為了這份兄弟情誼，我們該做點什麼呢？

當年的前輩們，用心去對待這份友情，心與心的互通建立起了牢不可破的友誼之根；今天的我們，應該用點兒心，出點兒力，為祖國的西大門加新瓦、砌新磚，讓我們的鐵桿真朋友更富強、更幸福。

心裡駐著天安門

父親牢記著毛主席又一次的接見，那是在中國共產黨第八次全國代表大會期間。有幾位駐外大使應邀出席大會，父親當時任駐巴基斯坦大使剛過半年，也應邀回國出席。毛主席在中南海游泳池接見他，老人家游了幾圈後，上來邀父親共進早餐。主席的早餐很簡單，一碗麵條、兩碟小菜，其中有他最愛吃的青辣椒，在火上烤一下，蘸著鹽吃的。

毛主席一邊給我父親夾菜一邊說：「你和韓念龍一個是冷處理，一個是熱處理，好得很。」馬上又轉話題：「你在國外知不知道國內情況？」父親告訴主席：「知道一些，外交部每月給使館來通報，但內容可能不全面。」主席說：「噢，知道就好。那你說說，近來國內經濟建設方面有些什麼重要事情啊？」父親就講了關於生產資料所有制的社會主義改造基本完成、經濟建設有較大發展等。但主席說：「不僅要看到順利的一面，還要看到困難

的一面。」

主席神情莊重地放下筷子，接著說：「今天我找你來，就是要談這個問題。我們進行經濟建設，主要靠自力更生，但也要爭取外援，也要和別國有經濟貿易往來。因此，我們要想盡辦法打破帝國主義的經濟封鎖。在這個方面，你這個駐巴基斯坦大使要起作用啊！」當時父親馬上說：「巴基斯坦的地理位置很重要，這體現在兩方面，一方面：聯結西亞和南亞，因此，帝國主義把它作為對我國實行軍事包圍的重要環節，而中巴友好則有助於打破這個反華軍事圈⋯⋯」父親是軍人，也曾是很多戰役的指揮官，他心裡清楚，巴基斯坦的西部地區與西亞相連，而其東部地區（當時稱東巴，現在的孟加拉國）靠近東亞，所以，上世紀 50 年代中期美國在拼湊針對新中國的軍事包圍圈時，便選中了巴基斯坦這個聯結中東和東南亞的南亞國家，作為構成其軍事鎖鏈的重要一環。

一九五四年九月八日，在美國的策動和組織下，美國、英國、法國、澳大利亞、新西蘭、菲律賓、泰國和巴基斯坦八國代表在菲律賓的馬尼拉開會，討論訂立軍事同盟條約的問題。按美國的解釋，訂立該條約的目的之一是「抵抗共產黨的侵略」，這就暴露了其反對新中國的實質。各締約國成立了「東南亞條約組織」，該條約於一九五五年二月十九日生效。

同樣，一九五五年二月，伊拉克和土耳其在巴

格達簽訂了《伊拉克和土耳其間互助合作合約》即
「巴格達條約」，英國、巴基斯坦、伊朗隨後也加
入了該條約組織。美國雖然是觀察員的身分，但是
已控制了該組織。以上兩個組織通過巴基斯坦連接
起來，形成了新型的反華軍事包圍圈。

但在一九五五年四月舉行的亞非會議（即萬隆
會議）上，周恩來總理以微笑、坦誠、和解以及尋
求和平、友誼、團結、合作的真摯願望，贏得了很
多國家的讚譽和尊敬，消除了很多國家對中國的疑
慮和誤解，再加上中巴友誼的牢固發展，重重地砍
了以上兩個條約一刀。後來，周總理與父親詳細懇
談和研究了中巴之間的交通問題，這才有了後來打
開中國西大門的中巴航線和中巴公路，更加深了兩
國友誼。而這，也是毛主席要讓他這個駐巴基斯坦
大使「起作用」的意圖所在。

父親是個說幹就幹的人，他從來不在不相干的
事情上浪費時間。打開西大門，就要推動兩國的民
航、交通部門建立中巴航線。為此，父親多次拜訪
巴基斯坦領導人，得到了米爾扎總統的贊同，從而
拉開了建立中巴航線和建設中巴公路的序幕。父親
一九五九年離巴後，後繼的巴基斯坦總統阿尤布·
汗也積極支持建立中巴航線和建設中巴公路。這兩
條線為中國打開了西大門，成為中國通向中東、歐
洲和非洲的國際通道。

但建設中巴公路是何等的艱難啊！中國新疆和
克什米爾的巴基斯坦實際控制區之間的邊境地帶，

一九七八年六月十八日，中巴公路二期工程竣工典禮在塔科特大橋舉行，巴首席執行官齊亞・哈克將軍和中國國務院副總理耿飈出席剪綵儀式。

海拔數千米的喀喇崑崙山脈從西北向東南綿延數百公里，是個天然屏障，僅在喀喇昆侖山脈北段有山口可通行。古代的絲綢之路，就是通過這些山口把中國和西亞及歐洲聯繫起來。

經過一系列的測量、勘探、設計，中巴雙方決定就在這個雪山高原區經過紅其拉甫山口建設公路。兩國建設者與風鬥，與沙鬥，與惡劣的高原氣候鬥，歷經十二年的艱苦努力，終於在世界屋脊上架起了這座聯結中巴兩國的「友誼之橋」。

特別值得一提的是，一九七八年，應巴基斯坦政府的邀請，中國政府派我父親作為特使出席中巴公路全線竣工典禮，他和巴基斯坦首席執行官齊亞・哈克將軍一起為公路剪了彩。巴基斯坦政府還給父親授了勳，並邀請他在首都伊斯蘭堡的友誼山上親手植下一棵友誼樹。本來，能到友誼山植友誼樹的，只有國家元首和政府首腦級的貴賓。我父親當時是副總理，巴基斯坦這樣做，是因父親為中巴友誼作出的重要貢獻而給予的特殊禮遇。

父親出使巴基斯坦三年多，所做的一切都是巴人民親眼目睹的。巴遇天災糧荒，美國援助的糧食袋上印著「美國援助」，而中國的糧袋上只印「中國」二字，這也是巴人民樂道之事。

　　父親在巴的故事太多，我不一一述說，只感到我們的前輩們為後代造福之多、之深，不勝枚舉。真乃是，飲其流而思其源，學其成而念吾師。先輩們用鮮血和青春換得了子孫後代的福。

　　記得在一九五六年底，周總理和賀龍副總理率領中國政府代表團訪問了越南、柬埔寨、印度、緬甸和巴基斯坦五個鄰國。代表團在巴基斯坦停留了十天，從十二月二十日到三十日，到機場的歡迎人群就有十萬之眾。父親是湖南人，酷愛竹子，在訪問的最後一天，他在達卡發現這裡的竹子長勢非常好，而且竟是楠竹，堅挺向上，很有象徵意義。據說這個竹子長在東巴，西巴地區沒有見過，他突發奇想，決定買回一些種在使館。他向賣竹人詳細了解了種植方法，把四段楠竹帶回卡拉奇，按種竹人指點的方法種到使館院子裡，結果竟長成了一片小竹林。他選了一棵最粗的刻上字，作為周總理訪問巴基斯坦的紀念。一九七八年，父親在出席中巴公路竣工大典後重返卡拉奇，在卡拉奇總領館內重睹了這片竹林。他扶竹追思一代代中國共產黨人為守護中巴友誼所做的工作，更回顧了周總理的豐功偉績。

　　二〇一一年，我在巴基斯坦訪問時專門去追尋父親留下的印記。在伊斯蘭堡友誼山上，我看了他

和幾乎所有中國領導人親手栽下的樹，看著這些樹，感覺就像前輩們列隊站立，是他們的靈魂在列隊為新中國站崗。我們又去卡拉奇尋訪原來的使館所在地，仔細看了那片竹林，我妹妹發現了父親的刻字。我們挖了兩棵竹苗帶回中國，想讓它在中國生根發芽，茁壯成長。現在，我們正精心培育著。

這就是傳承，不同時代有不同的內容，不同時代有不同的戰略含義。先輩們用心血給我們培育了友誼之樹，為中國的後來人擋風遮雨，保證了子孫後代的幸福生活。這棵大樹是友誼之樹、精神之樹、永固之樹，我們有責任保護它，延續它，使它永遠根深葉茂，蔭庇後人。

巴基斯坦——中國的鐵哥們兒

陳若雷

（中國前駐巴基斯坦 P711 & P781 項目專家組首席
翻譯）

　　多年來，我曾因公務訪問過亞非、歐美、澳新等三十多個國家，但沒有哪個國家能有巴基斯坦那樣親、那樣真，沒有哪個國家能有巴基斯坦那樣使我魂牽夢繞，直視為第二故鄉的了。我曾三訪巴基斯坦，加起來在那裡待了四年多的時光。塔克西拉、瓦赫坎特、密揚丹姆等南亞名鎮的青石板路印滿了我的足跡，我一生最為精彩的青春回憶不少也留在了巴基斯坦。

　　我忘不了卡拉奇阿拉伯海上的碧波；

　　我忘不了拉合爾那高聳入云的獨立塔；

　　我忘不了旁遮普塔貝拉水壩的雄渾；

　　我忘不了斯瓦特山谷旖旎的山光水色；

　　我忘不了阻拒亞歷山大鐵騎的塔克西拉；

　　我忘不了似蜜甜、比乳濃的中巴友誼……

巴鐵，令人魂牽夢繞的親兄弟

　　巴基斯坦是一個令人著迷的國度。在先後八年

的歲月裡，我曾在正式場合參與陪同李先念、劉華清、田紀雲、張積慧等會見過老布托總理、齊亞‧哈克總統等許多高級官員，見過尚在唸書的巴基斯坦前總理、號稱「鐵蝴蝶」的貝娜齊爾‧布托，見過瑪格拉部落的大酋長，見過旁遮普的工友農夫，也見過興都庫什山脈剽悍的帕坦族山民。

巴基斯坦位於中國的西南方，東北部與中國新疆毗鄰，東接印度，西鄰阿富汗和伊朗，南部瀕臨浩瀚的阿拉伯海。這裡地處亞熱帶季風氣候帶，森林茂密，沃野千里，物產豐富，花香四季。最奇特的要屬這裡的植物了，只要是還沒死，隨便往土裡一插好像就能活，就連茉莉花也是重瓣的，像袖珍牡丹似的。巴基斯坦意為「清真之國」，百分之九十五以上的居民信奉伊斯蘭教。巴基斯坦原是英屬印度的一部分，一九四七年六月英國公布了「蒙巴頓方案」，實行印巴分治，同年八月十四日巴基斯坦宣布獨立。

二十世紀六〇年代後，巴基斯坦歷屆政府積極奉行對華友好政策，堅持在聯大推動恢復中國在聯合國的合法席位，曾出色地協助李宗仁先生過境回歸祖國。一九七一年七月八日，美國總統國家安全事務助理基辛格在巴基斯坦政府的巧妙安排下，佯裝「貴體染恙」，其車隊大張旗鼓地駛往避暑勝地穆裡山，他自己卻在夜裡暗渡陳倉，登上一架波音專機開始了對中國的傳奇般的訪問。消息公布以後，整個國際社會為之大嘩，一些政治家驚呼「一

覺醒來發現整個世界變了樣」。從此中美關係揭開了嶄新的篇章。周恩來總理曾在各種場合對美國政府提到：「可別忘了我們兩國關係開始正常化的橋樑巴基斯坦啊。」

是的，可別忘記了巴基斯坦。

當年，我揮手告別到北京機場為我們送行的巴基斯坦駐華使館武官和兵器工業部外事局的領導，搭乘巴航班機開始了首次巴基斯坦之行。七個小時後，班機穩穩地降落在伊斯蘭堡機場。前來機場迎接的中國使館秘書老張正巧是我大學的高年級校友，「他鄉遇故知」，此亦人間一大樂事。在機場大廳的短暫交談中，張先生對我說：巴基斯坦是非常友好的國家，到了這裡就像到了友誼的海洋。無論走到哪裡，只要說是中國人，就會受到禮遇和尊敬。

我以後的親身經歷證明，此話不虛。

無論是在風景如畫的納薩爾嘎裡，還是在雪山皚皚的喀喇崑崙山區，只要憑一副黑眼睛、黑頭髮、黃皮膚的臉孔，中國人就可以在山民家裡享用熱騰騰的奶茶和外酥裡軟的喬巴迪（一種烤麵餅），這在當年絕不是浪得虛言。中巴兩國人民超越意識形態和宗教，經過半個多世紀血與火的考驗，確確實實成了全天候的朋友和兄弟。這一點，我在巴基斯坦塔克西拉度過的一千多個日日夜夜裡，確實是感同身受啊！在現今世界政治版圖上，巴基斯坦地處戰略要衝，對中國西部疆土的安危真可謂是生死

陳若雷在巴基斯坦納薩爾嘎裡風景區。

攸關。

只有巴基斯坦，支持建立中巴經濟走廊，使我們今後有可能不再完全依賴波詭雲譎的馬六甲海峽海上運輸通道；

只有巴基斯坦，會在七〇年代手把手地教我們駕駛「三叉戟」等高性能大型飛機；

只有巴基斯坦，會與我們合作研製開發「梟龍」戰機等頂尖國防系列利器；

只有巴基斯坦，肯動員全國戰略後備資源，在四川的抗震救災中幫死忙、下死力……

我時常遙望著西部連綿的雲山，真誠地為巴基斯坦兄弟們的國運昌盛、人民幸福而默默地祈禱上蒼，眼前一一掠過我那些巴基斯坦鐵哥們年輕的面龐：塔巴松、拉希德、奧克拉姆、伊斯哈克……

我的巴基斯坦兄弟庫希德

我曾先後在巴基斯坦住過四年多，先是在塔克

P781 專家組全體人員在瓦赫廠。（後排右2為陳若雷）

西拉重型坦克廠，後來在離拉瓦爾品第不遠的瓦赫兵工總廠五百一十項目軍工專家組。其間，結識了不少巴鐵朋友，拉赫曼—庫希德就是其中的一位。

拉赫曼—庫希德濃眉大眼，瀟灑奔放，當年正近而立之年，從拉合爾大學機械製造學院畢業後，又被公派來中國學過一年中文。他的膚色是南亞次大陸少見的白皙，一看就知道是來自斯瓦特的山地人。

記得他剛從北京學習回來不久，有一天用中文對我說：「諾爾曼，我中午吃了一隻雞，雞的年齡很大，吃過以後，我的牙齒好累啊。」他說的就是這種要把人笑翻的中文。

那年春天，與庫希德一起去下料工段看下料，我覺得工人揮錘下料的力度不高不低正合適，便操著一口生澀的烏爾都語連連誇他：「梯克（好）！梯克！」誰知工人以為我說他用力不夠或打得不好，他猛地用大力，結果壞了事。

那年夏天，我與庫希德一起去伊斯蘭堡機場迎接來訪的田紀雲副總理。我們在停機坪上等候，一邊談著莫臥兒王朝的舊事，一邊遠望著夏克巴利安山腰那片原生態密林。我的目力只能見到堆砌的蒼翠，而他竟然能隱隱約約看到在枝葉間跳躍的猴群，令我好一陣羨慕。

那年秋天，巴官方安排庫希德等官員陪同我們去穆裡山和納薩爾嘎裡風景區小住。路途五個小時，那盤鄧麗君專輯就一直沒有換過，讓專家們聽

陳若雷與巴方瓦赫 P781 項目總經理庫希德（左）

得如痴如醉。庫希德說這是專門為中國專家準備的，因為那時國內還不允許聽，當然，庫希德本人也是特蕾莎‧鄧（鄧麗君的英文名）的歌迷。納薩爾嘎裡盤旋的山路幽幽，興都庫什的群峰冰雪熠熠閃光，穆裡的原始大森林一望無涯，都在迴蕩著鄧麗君天籟般的歌聲。

那年冬天，伊斯蘭堡和瓦赫地區罕見地下了一場大雪，玉龍飛舞，銀裝素裹，青黛悠悠的馬格拉山脈變成白雪皚皚的冰峰，巴鐵們欣喜若狂，拉瓦爾湖畔、瓦赫密林，全是奔走相慶的人流。這時，庫希德與他的女友佳絲敏小姐駕著紅色菲亞特來到專家駐地，盛情邀請我們去雪原兜風。我們一路高喊著「吉維巴基斯坦」（巴基斯坦萬歲），闖進了風雪之中⋯⋯

如今，多年歲月流逝，聽說庫希德已經是一家大企業的技術總監了。

庫希德，我的巴鐵，祝你好人一生平安！

中國專家組與巴方軍代表合影。（左1為陳若雷）

喀喇崑崙公路巡禮

冰峰巍峨，怪石嶙峋，急流濺珠，陡壁如削。

在帕米爾、喀喇崑崙和興都庫什三大山脈的結合部，一條神奇的公路在重巒疊嶂間起伏跌宕，如插翅的猛虎，穿幽谷，越深澗，氣勢磅礴，一往無前。這就是舉世聞名的喀喇崑崙公路，像夢一樣飄逸，像金子般閃爍。它喚醒了冰川千年的沉睡，它編織著絲綢之路新的傳奇。

這也是一條凝結著中國——巴基斯坦兄弟情誼的路。

一九八〇年仲夏，我們中國專家組與幾位巴方軍人乘坐軍用吉普，從吉爾吉特切上喀喇崑崙公路。這條公路是沿著絲綢之路的南支線修築的，起點在新疆的喀什，經紅其拉甫山口（平均海拔近5000米）進入巴基斯坦後穿洪扎，進吉爾吉特與奔騰的印度河並行，可以到哈維里昂。喀喇崑崙公

陳若雷在 P711 工廠。

路在巴境內長八百八十多公里，在哈維里昂銜接上通往伊斯蘭堡的高速公路。公路為碎石水泥路面，寬約二十米，沿途大型橋涵達一百多座，中巴兩國政府動員了十幾萬工程兵部隊和民工，耗時十多年方才合作建成。

我們的越野車在喀喇崑崙公路上疾馳，山從人面起，雲傍車頭生，一路高峽深谷，開鑿的艱辛可想而知。突然，車停住了。拉希德准將領著我走到路旁一個高約三公尺的石碑前，碑上赫然刻著幾行英語大字：「此點距北京六千五百公里，距卡拉奇二千五百公里。」

不遠的山脊上屹立著一座烈士陵園，園內林木蔥郁，芳草萋萋，數十座墳塋依次排列。我在墓碑間仔細辨別，除巴方的外，共有十七名中國工程兵戰士長眠於此。拉希德准將和庫洛西德上校感慨地說：「為修建這條公路，我們兩國共傷亡了近千名士兵，中國士兵就有近二百人，他們都是值得永遠崇敬的英雄啊。」

機靈的巴基斯坦司機、陸軍中尉弗洛扎已用松柏和山花扎成了兩個花環，遞給了我們和拉希德准將。我們肩並著肩，誠摯地把花環擺在烈士墓碑之下，寄我們的哀思於九泉，以清水為酒祭奠英魂。此時，我不禁想起了一樁往事：

八〇年代末，我在瓦赫兵工廠工作，與我共事兩年多的巴陸軍少校阿米爾親口告訴我一件他畢生難忘的事情：幾年前，阿米爾少校曾率巴工程兵部

陳若雷（左2）與巴
方POF 軍工代表團在
成都。

隊在喀喇崑崙公路施工，一天晚上突然發生強烈地
震，工區山搖地動，房屋倒塌，死傷慘重。阿米爾少
校被埋在鑽磚石下面，頓時昏迷過去。他在醫院裡
甦醒過來後，護士告訴他說，他是被 9 名中國工程
兵戰士用手拼命地從廢墟中救出來的，送他到醫院
時，中國工程兵戰士身上傷痕纍纍，十指鮮血長流。

　　幾年過去了，阿米爾少校一天都沒有忘記這件
事。他很想知道救他的 九位中國工程兵的姓名，
以便當面致謝。他到處打聽，甚至去了幾趟中國大
使館。然而，由於人員調動頻繁，邊遠山區信息不
靈便，查找非常困難，這件事只能成為中巴友誼的
一段佳話。

　　幾年後，我重訪巴基斯坦，在卡拉奇陸軍學院
的一次慶典招待會上，意外地又見到了當年的阿米
爾少校，他已經晉陞為陸軍少將。老友重逢，欣喜
萬分，擁抱久久，勝似親人。言談之中，阿米爾仍
然深深地懷念那幾個救過他的中國工程兵。阿米爾
將軍的經歷正是中巴全天候友誼的最好佐證。

彌足珍貴的記憶

陸樹林

（中國前駐特立尼達和多巴哥、巴基斯坦大使，
中巴友好協會常務理事）

　　中國和巴基斯坦是山水相連的友好鄰邦，兩國之間存在著全天候全方位的戰略合作關係，兩國人民一貫相互同情、相互支持，結成了深厚的情誼。我從留學生到大使，在巴工作、學習、生活了二十多年，經歷的友好事例不勝枚舉，從中深深體會到了巴基斯坦人民對中國人民懷有的深情厚誼。下面，我就列舉五則故事，說明巴基斯坦是一個詩禮之邦，中巴友誼是何等深厚、何等深入人心。

我和清真之國的詩緣

　　巴基斯坦國名的意思是「清真之國」。我在巴基斯坦學習、工作的過程中，深感清真之國的人酷愛詩歌，把巴基斯坦稱為「詩國」是不過分的。

　　我在卡拉奇大學學習時學了一些烏爾都文詩歌，並從此愛上了烏爾都文詩歌。烏爾都文詩歌很發達，歷史上曾產生過不少深受人民喜愛的詩人，他們的許多詩句膾炙人口，常被人們在言談中引用

或演唱。巴基斯坦立國思想的倡導者、備受巴人民推崇的大詩人伊克巴爾的有關中國的詩句「沉睡的中國人啊，已在覺醒；喜馬拉雅山的源泉啊，就要沸騰」更是幾乎家喻戶曉，為巴朋友津津樂道。我已記不清楚曾有多少人對我朗誦過這句詩。巴人民為這句詩而驕傲，他們說，這句詩表明，在上世紀三〇年代，他們的先賢就已經預見到：中國人民就要站起來了。

巴基斯坦常常舉辦詩歌演唱會，在過去沒有廣播、電視的時代，詩會更是最主要的文娛形式。詩會常常很熱鬧，一句妙詩念出或者唱出，台下觀眾立即一邊搖頭（巴基斯坦人以搖頭表示讚賞），一邊興奮地高喊「哇哇哇」、「讚美真主，讚美真主」、「再來一遍，再來一遍」。

巴朋友常能背誦許多詩句。一九九九年我就任大使後，去拉合爾禮訪旁遮普省首席部長謝巴茲·謝里夫（現總理納瓦茲·謝里夫的弟弟，現仍任該省首席部長）。他設午宴款待我，並請拉合爾巴中友協主席蒙塔茲等人作陪。宴會交談過程中，他一句接一句甚至一段接一段地朗誦烏爾都文詩歌，他對烏爾都文詩歌的熱愛和熟稔使我感到驚異。不久後，我在伊斯蘭堡回請他和他的家人，他同樣念了不少詩歌。

我出任駐巴大使之後，一次回訪母校卡拉奇大學，受到時任副校長（實為校長，因巴大學的校長名義上都由總統或省督兼任）的熱情歡迎。在為我

舉行的宴會上，他邀請了包括我的老師在內的不少客人朗誦詩歌，把宴會辦成了一場小型詩會。

有一次，我去拜訪巴新任外長阿布杜爾‧薩塔爾。在他多年前任外交部輔秘時，我曾許多次陪大使去見他，並為他們當翻譯，因此我們早就認識。他見到我，開口就是一句古代詩人紹格的烏爾都文名詩：「見到老朋友，賽過會神仙。」他用這句詩來表達對我的歡迎。

我因為懂烏爾都語，對文學也有較濃的興趣，所以無論在巴任參贊還是大使，一些文學組織的活動，像詩會等，常邀請我參加，有時還請我講話和朗誦詩歌。起初，我念一些名詩人如伊克巴爾的詩句，後來我竟班門弄斧，自己也做起烏爾都文詩來。我的一句用「厄扎爾」形式寫的諷刺美國等西方國家利用人權問題干涉中巴兩國內政的詩句——「自己的庭院並不乾淨，幹嘛無端去打掃別人家的屋子？」竟在一定範圍內流傳開來。

二〇〇一年是中巴建交五十週年，兩國都舉行許多活動隆重慶祝。我想到巴前駐華大使扎基先生曾多次在北京舉行詩會，邀請中國烏爾都語界朋友參加，我也多次應邀出席並朗誦過詩歌，於是便突發奇想，想舉辦一場詩會來歌頌中巴友誼。我先把這一想法對薩塔爾外長和巴文學院院長阿里夫說了，他們立即表示完全支持。五月八日，在巴文學院的大力支持下，詩會在使館順利舉行，除外長薩塔爾、內政部長海德爾作為主賓出席外，巴時任駐

華大使霍哈爾聞訊也主動趕來參加，二十餘名巴著名詩人和我館幾位懂烏爾都語的同志朗誦了自己的詩作。我自己除了講話外，也朗誦了兩首較長的詩。詩會開得很成功，巴媒體作了廣泛報導，有的報紙還登載了我在會上朗誦的詩。有報紙評論說，這是外國使節第一次在巴舉行這樣的活動，很有意義。巴文學院還把在詩會上朗誦的詩編輯出版了一本詩集。我離任回國時，有一位巴朋友還把我登在報上的詩用精美的鏡框框好，作為禮物贈送給我。

由於常出席一些文學性的活動並朗誦自己寫的烏爾都文詩歌，我在巴基斯坦還得了一個詩人的美名，有時自己也感到很好笑和有趣。我雖然從小對詩歌感興趣，但過去只在黑板報、牆報、校刊上發表過詩作。在國外長期工作的過程中，雖也寫過一

陸樹林大使在慶祝中巴建交五十週年詩會上朗誦詩歌。坐者右起：巴外交部長薩塔爾、詩人法拉茲、內政部長海德爾、駐華大使霍哈爾。

中國和巴基斯坦 的·故·事 ┃

些詩，但都是為了抒懷和勵志，沒想拿到報刊上去發表，因此我在國內沒有詩名。因為學了外文和工作的需要，我不僅成了外交官，也在不經意中在國外成了「詩人」，這是我始料未及的。當然，我心裡十分清楚，我在國外被稱為「詩人」，不是我的外文詩真寫得好，而是因為駐在國的人民對我用他們的語文寫詩的尊重和厚愛。

我這裡也想特別提到的是，我同巴基斯坦兩任總統塔拉爾和穆沙拉夫的友誼，除了工作上的原因之外，在一定程度上也有「詩交」的意味。

外國使節向巴總統遞交國書，一般都使用英語。然而在我向塔拉爾總統遞交國書時，他一開口就用烏爾都語對我說：「我知道閣下能講我們的國語，因此我今天不用英語而用烏爾都語同閣下談話。」我們除了國書遞交儀式上的「規定動作」外，還親切而愉快地談及詩歌、語言、文化和歷史等話題，以至談話遠遠超出一般這種儀式所需要的時間。

塔拉爾總統酷愛詩歌，他在接見中國代表團時，喜歡引用烏爾都文詩句來表達對中國人民的深情厚誼。此時，他就面朝向我，意思是要我幫他翻譯。記得他多次引用這樣一句詩：「朋友的美好形象，就在我心的明鏡之中，稍一低頭，就能看見。」他引了這句詩後總還說：「中國朋友就是我們心中這樣的朋友。」當我把詩句譯成中文而在場的中國客人反應熱烈時，他會很高興，有時還會說：「這

穆沙拉夫總統給陸樹林大使授勳。

說明大使閣下把我的意思全翻譯出來了。」在一次接見中國一青年代表團時，他還引用過伊克巴爾「我熱愛敢上九天攬月的青年」的詩句，也受到好評。塔拉爾總統見到我時，總用烏爾都語談話，有時還會風趣地問一句：「你的烏爾都文詩怎麼樣啦？」

　　我同穆沙拉夫總統的「詩交」始於上面已提及的那句詩。一九九九年五月，還是陸軍參謀長的穆沙拉夫應邀訪華，我為他設宴餞行。宴會上，談及美國等西方國家用人權問題干涉別國內政時，我念了我寫的那句「厄扎爾」形式的諷刺詩。穆沙拉夫聽後立即大加稱讚，連說這句詩寫得好，並也跟著念了一遍。想不到他竟把這句詩記住了。二○○○年七月，唐家璇外長訪巴，當時已任巴首席執行官的穆沙拉夫會見並宴請。宴會上，他向唐外長提及我的那句詩，並要我翻譯給唐外長聽，唐外長聽後說：「這句話的意思不錯。」

　　二○○二年三月二十三日，巴基斯坦國慶節，按慣例，由總統為各方面有貢獻人士授勳。為表彰

我長期為中巴友好所做的工作，巴政府也決定授予我「巴基斯坦新月勛章」。穆沙拉夫總統一邊把勛章掛在我的胸前，一邊講了不少感謝我的話，最後還加了一句：「也感謝你熱愛我們的語言，並用我們的語言寫詩。」

三月底，我向總統作辭行拜會時，將上面說到的關於詩會的書贈送給他留作紀念，並告他，上面有我寫的兩首詩。他高興地說：「太好了，這本書我一定珍藏。」

二〇〇三年，穆沙拉夫總統再次訪華，我作為退休大使，應外交部邀請出席歡迎宴會。宴會結束後他看到我，立即向我走來，一邊同我擁抱，一邊在我耳邊悄悄地說：「我前幾天還讀過你的詩呢。」我後來想，也許他把我贈送給他的那本詩集一直放在案頭了吧。他的深情使我感動不已。

二〇〇九年四月，已不再擔任總統的穆沙拉夫應中國外交學會之邀再次訪華，我應邀出席歡迎宴會，在會上他還再次提到了我的詩。

從上面的事實中可以看出，巴基斯坦這個清真之國真是詩禮之邦。受詩禮之邦氛圍的感染，我對詩的愛好更強烈了。我的一首題為「再見吧，巴基斯坦」的烏爾都文詩，有一句就是：你詩一樣的語言，也使我充滿詩意。二〇一一年，外交部成立老外交官詩社時，我毫不猶豫地欣然加入了，並且從此開始正式在國內發表詩歌。

一直亮到年底的燈綵

　　二〇〇一年是中巴建交五十週年，巴政府、軍隊和民間團體都舉行了熱烈隆重、豐富多彩的慶祝活動，給我留下了不可磨滅的印象。

　　一天，我應邀出席巴軍方舉行的慶祝活動，和時任首席執行官並兼任陸軍參謀長的穆沙拉夫將軍一起做主賓，巴軍方主要首長、中國使館武官和其他主要外交官夫婦也應邀出席。慶祝活動是在三軍情報局的花園內進行的。我一進活動場地，就有一種特別歡樂的感覺。很顯然，場地是經過精心設計和布置的，美麗而隆重，兩國國旗並排懸掛著，還有許多體現中巴友誼的綵帶、彩花、綵燈點綴。連餐桌上用布織成的桌花都是一半中國國旗的紅色、一半巴基斯坦國旗的綠色。藝術家演出的是讚頌巴中友好的歌曲和民樂，氣氛熱烈、祥和。

　　令我更沒有想到的是，在宴會進行的過程中，主持人突然站起來宣布：現在請穆沙拉夫首席執行官和中國大使一起為一個工程竣工揭幕。我聽後感到十分納悶：這裡是花園，除了許多圓餐桌和四周的樹木花草之外，並沒有什麼工程呀。我站起來同穆沙拉夫一起，被主持人請到一張方桌旁，主持人掀開桌上的蓋布，然後請我們分別同時按下兩個按鈕。就在按下按鈕時，我感到眼前一亮，然後身後爆發出熱烈的歡呼聲和掌聲。我抬頭一看，前面幾百米外馬爾格拉山的半邊山坡都亮了，用燈光組成

的巨大的「巴中友好五十年」的英文字赫然在目。此時，我的疑惑也迎刃而解了，原來巴基斯坦朋友別出心裁地想出以這種獨特而又隆重的方式慶祝巴中建交五十週年，以表達對巴中友好的珍視和對中國人民的深情厚誼。我想，這在巴基斯坦恐怕也是史無前例的。

後來，這一燈綵每晚都亮，一直到那年年底才熄滅。從那天以後，我晚上出門參加活動，汽車開出使館不久，遠遠地看見山坡上的英文大字，心裡就很感動，也為中巴友誼感到無比驕傲。

一位熱愛中國的小姑娘

二〇〇一年的一天，一位巴基斯坦人從巴中部城市費薩拉巴德給我打電話，他說：「非常抱歉打擾您，但我沒有辦法。我的小女兒在課堂上常聽老師說，中國是巴基斯坦最好的朋友，中國在巴困難的時候總幫助巴，她就提出要我帶她去見中國大使。我對她說，中國大使很忙，怎麼有時間見你一個小孩呢。可她總是不依，我沒有辦法了，只能給您打電話。」我對他說：「來吧，我將很高興見到你們。孩子是最純真的，不能讓他們失望。」

第二天，那位巴朋友開了四個多小時的車，按時趕到了使館。我一看，原來是個只有十來歲的小姑娘，長得十分秀氣和可愛。我用中國茶水和糖果招待他們，他們很高興，講了很多話。小女孩告訴

我，她的老師常給他們講中國在巴困難時提供幫助的故事，使她很感動。她還對我說，老師告訴他們，巴有很多朋友，但有些朋友是不真誠的，是自私自利的，而中國是巴最真誠的朋友。

小女孩臨走時，我贈她一些中國出版的兒童讀物和中國產的糖果，她表示很感謝，說：「我回去後一定把在中國大使館受到大使熱情招待的事講給同學聽。」

這件事我後來在外交活動中多次向巴朋友提起，他們說這個故事很好，傳達了我們巴基斯坦人對中國的感情。

巴基斯坦朋友為我過生日

二〇〇二年，我在巴任職到期。回國前，很多巴朋友為我設宴餞行。巴前陸軍參謀長阿斯拉姆‧貝格將軍同我聯繫稍晚一些，就排不上了，但排不上也要餞行，他只能給我安排了吃早餐。

米爾扎‧阿斯拉姆‧貝格將軍是巴軍高級將領，一九八八年巴總統兼陸軍參謀長齊亞‧哈克因飛機失事遇難時，他是陸軍副參謀長。以後，他先後任參謀長和參聯會主席，成為巴軍隊的最高領導人。一九九一年退休後，組建巴國家安全與發展、國際環境研究基金會（Friends），並任主席。該會同中國多個智庫建立了交流合作關係。貝格將軍還經常把他寫的文章寄給我參閱。他的文章寫得好，

很有文采，我很喜歡閱讀。我也很喜歡找他交流對一些問題的看法，因而建立了深厚的友誼。

那天的早餐過程中他問我：「你的生日是哪天？」事也湊巧，那天正好是我的生日，我就脫口而出：「啊呀，今天不正是我的生日嗎？」將軍立即祝我生日快樂，然後問我下一家宴請的是誰，我如實告訴他是前參議長瓦西姆·薩賈德。我哪裡知道，他隨後就悄悄打電話把那天是我生日的消息告訴了薩賈德。

我和夫人從貝格將軍家回來不久，就趕去出席薩賈德的午宴。薩賈德是我的老朋友，一九八九年我到巴任參贊時他就是參議長；一九九九年我任大使時，他也是參議長。他在任參議長期間還兩次代理過總統職務，我們有過許多接觸和交往。他對中國十分友好。一九八九年九月，就在西方宣布對中國實行制裁，斷絕同中國的一切高層往來時，他毅然率參議院代表團訪華，用他的說法：「沒有別的任務，就是為了表示對中國的支持，打破西方對中國的制裁。」

我們趕到薩賈德府邸時，只見許多客人已經到場，包括早上請我吃早餐的貝格將軍，以及許多老朋友，其中還有我結交幾十年的老友。宴會是冷餐式的，大家自取食物，然後找一個位置坐下用餐。開始一切如常，等到開飯的時候，主人突然站起來宣布：「我們高興地獲悉，今天還是我們的老朋友大使閣下的生日，因此我想給他一個驚喜，我們要

為他慶祝生日。」然後他讓招待員推出一個相當大的蛋糕，並請我切這個蛋糕，這時賓主紛紛鼓掌，氣氛十分熱烈。此時我才恍然大悟，我在貝格將軍家用早餐時無意中洩露了今天是我的生日，才有了現在這一幕！朋友們的情意和細緻令我感動，於是在切蛋糕之前，我講了這樣一番話：

「我是一個不重視自己生日的人，也不慶祝自己的生日，如果今天早上貝格將軍不問我的生日，我壓根兒也不會記起今天是我的生日。朋友們在獲悉今天是我的生日後盛情地為我過生日，是對我的厚愛，更體現了朋友們對中國人民的深情厚誼。我很感動，我的心被朋友們的情意融化了，謹向薩賈德先生，向貝格將軍和在座所有朋友，表示衷心的感謝。」

這件事已過去十二年了，因為體現了中巴兩國人民之間親人般的情誼，至今我還記憶猶新。

把一生獻給中巴友誼的兩位親兄弟

在我的巴基斯坦朋友中，有兩位朋友占有特殊的地位，一位是曾為中美關係解凍作過特殊貢獻的阿迦，希拉利，一位是他的親兄弟阿迦，夏希。

兄弟倆都是巴基斯坦著名的外交家，在巴基斯坦外交史上留下了濃墨重彩的篇章，被稱為「巴基斯坦外交的雙璧」；他們又是中國人民的老朋友，為增進中巴友誼作出過重要的貢獻。我同他們都有

過密切的交往，並且留下了終生難忘的記憶。

希拉利外交生涯的重要一頁，就是他在任駐美國大使時參與了上世紀七〇年代初發生的後來震驚世界的中美通過巴基斯坦進行的祕密外交。希拉利大使極其重視這項特殊的任務，由於要求絕對保密，他事事親力親為，不讓任何助手參與，連對當時正任巴駐聯合國大使的弟弟夏希都不透露任何信息。每次通過葉海亞·汗總統從中方得到信息，他都孤身一人前往白宮面見總統國家安全顧問基辛格或尼克松總統本人，通過口述的方式傳達；從美方獲得任何信息，他就返回使館後立即親自打印出來，加上自己的報告，封好並寫上「絕密，總統親啟」字樣，通過特殊途徑報送葉海亞·汗總統，再由總統親自向中國駐巴大使張彤傳達。這方面的工作量很大，據巴基斯坦著名學者艾賈祖丁的相關著作記載，葉海亞·汗總統本人所保存的有關「巴基斯坦渠道」的祕密文件就有四十九件之多，其中很多是希拉利大使給他的報告。由於三方保密工做作得好，消息未被洩露。為了感謝希拉利為中美祕密外交所做的大量具體的工作，中國外交部於一九七三年十月專門邀請希拉利偕夫人訪華，周恩來總理於十月十日晚接見了他們夫婦，並進行了親切友好的交談。周總理高度評價巴基斯坦領導人和希拉利本人所做的工作，說：「在中美關係緩和方面，巴做了大好事，作出了歷史性的貢獻。」

希拉利大使退休後雖定居卡拉奇，但他每年都

來伊斯蘭堡幾次，而每次來，都會到中國使館。記得他說過，他來伊斯蘭堡是為了探親訪友，會見中國朋友是必不可少的項目。他來時，我大使或代辦總設便宴熱情款待，邊吃邊談，或敘舊，或縱論天下和中巴兩國的大事小情，其樂融融。我作為翻譯或後來作為代辦，曾多次參與這種聚會，留下了深刻而美好的記憶。記得一次在談到他為中美祕密外交所做的工作時，他非常高興地說：他有幸參與這項工作，不僅為中美關係出了一點力，也為巴基斯坦爭了光，這是他外交生涯中最值得自豪的一頁。

希拉利退休後還一直擔任卡拉奇巴中友協主席，為推進巴中友好盡力。一九八七年十月，他率領卡拉奇巴中友協代表團訪華，受到全國政協主席鄧穎超的接見。

二〇〇一年二月，希拉利在卡拉奇逝世。那時我正在巴基斯坦任大使，在報紙上讀到消息後，立即向他的家屬和巴外交部發去唁函，表示沉痛的哀悼。我還在不久後往見住在伊斯蘭堡的夏希，向他表示誠摯的慰問。阿迦兄弟手足情深，記得夏希對我說：哥哥享年九十，已經高壽，但一想到以後再也見不到他了，心裡就特別難受。他說著說著，竟潸然淚下。

弟弟夏希的中國淵源比哥哥希拉利還要深遠。早在任外交部處長級官員時，他就開始主管中國事務，一九五五年擔任出席萬隆會議的巴基斯坦代表團秘書長，目睹過周恩來總理和陳毅副總理的風采。一

九六一年任司長後，曾參加中巴邊界會談。一九六七年至一九七二年任巴常駐聯合國代表期間，他為恢復中國在聯合國的合法席位作過積極的努力。一九六六年至一九七一年，巴每年都是關於中國提案的聯合提案國。他從聯合國離任後立即到中國任大使，這使他同中國的關係更加密切。以後在任外秘、外交顧問和外長期間，他多次訪華。一九七六年訪華正遇上毛主席逝世，他因而參加了悼念活動，並瞻仰了毛主席遺容。他退出外交第一線後領導的智庫，像巴戰略研究所和伊斯蘭堡世界事務理事會等，同中國的智庫如外交學會、國際戰略學會等都建立了交流合作關係，因此他有頻繁訪問中國和接待中國代表團訪巴的機會。二〇〇一年中巴慶祝建交五十週年，派友好代表團互訪，他任巴方代表團團長，李鵬委員長會見了他和巴代表團。二〇〇三年巴基斯坦總理賈邁利訪華時，中巴兩國總理宣布成立「中巴友好論壇」，以進一步增強兩國的友好紐帶。鑒於夏希的聲望和影響，巴方推舉他為論壇巴方主席，夏希欣然接受。當時他已八十三歲高齡。

夏希在任駐華大使和訪華期間，曾受到中國領導人毛澤東主席、周恩來總理、鄧小平同志、華國鋒同志等的接見或多次接見。夏希特別尊崇周恩來總理。他在同我談話時，多次充滿敬意地提到周總理。在二〇〇四年第二次「中巴友好論壇」會議結束時，他高興地告訴大家，為了表彰周恩來總理為巴中友誼作出的突出貢獻，讓巴基斯坦人民永遠紀

念週總理，他和一些朋友一起，已致函穆沙拉夫總統，建議將伊斯蘭堡通向使館區的原叫「大學路」的主道改名為「周恩來大道」，此建議已獲總統的批准。後來，在論壇第三次會議期間，我親眼看到了在那條路上豎立的「周恩來大道」的路牌。

夏希對中國前副總理、前外長黃華同志也懷有深厚的情誼和敬意，這是因為他們在擔任各自國家常駐聯合國代表時，曾有過密切的合作。當時，在東巴問題上黃華堅決站在巴基斯坦一邊，在行動上密切同他配合，在被他稱為自己外交生涯「最緊張、最悲憤、最痛苦」的時刻，黃華的同情和堅決支持令他刻骨銘心。他們在主持各自國家的外交工作以後又實現了互訪。一九八〇年，黃華外長受巴外交顧問夏希的邀請訪問巴基斯坦，受到夏希和巴政府的熱情友好的接待。那時我正在駐巴使館工作，也參加了有關活動。黃華同志對夏希也有深刻的印象。黃華同志在他的回憶錄《親歷和見聞》一書中對夏希作了很高的評價，在寫到退休後特別高興見到的外國朋友時，第一個提到的就是夏希。

我自己同夏希的友誼也長達三十多年。我同他直接打交道是從上世紀七〇年代開始的，那時我在國內，多次參與接待他訪華的工作。有兩件事給我留下了深刻的印象。

一次，我走近他的房間，聽到房間裡發出「嗒嗒嗒」的聲響。進門一看，原來是他正彎腰坐在打字機前打字。他對我說，明天要見中國領導人，很

重要，我得準備好，原來有一個談話提綱，現在根據新情況要修改一下。一位像他這樣的高級外交官辦事一絲不苟，且事必躬親，這是我所沒有想到的。

另一件事是，夏希嗜吸煙斗，他的衣服也常常被煙火燒壞，當過駐華大使的他知道中國有高超的織補技術，因此在一次訪問時他帶來了兩套袖口燒了好幾個洞的西服，請我幫他送到王府井織補店織補。當我把織補好的西服送還給他時，他一邊仔細檢查織補的地方，一邊說：「太妙了，太妙了，一點補的痕跡都沒有，中國人的手真巧啊！」然後他把雙手一舉，高興得竟像孩子似的喊了起來：「哈哈，我又有兩套新西服啦！」他的這一率真的形象永遠地印進了我的腦海裡。

一九七九年，我到駐巴基斯坦使館工作，那時夏希正任外交顧問，不久又任外交部長。我因給大使當翻譯，而夏希又經常親自出面同大使談問題，因此同他多有接觸。一九八九年我作為使館參贊再回巴基斯坦時，夏希已退出外交第一線了，但在外交界和學術界仍很活躍，我們在各種外交場合經常見面和交談。我也曾幾次作為老朋友去他家拜訪。

一九九九年初，我出任駐巴基斯坦大使後對他進行了禮節性拜訪，他十分高興，對我講了許多親切友好的話，並表示將全力支持我的工作。在巴任大使期間，凡適合他出席的活動我都邀請他，而他也是每請必到。

我同夏希交往的最愉快的時刻，是二〇〇四年

我們同遊長江三峽。那年九月初，在北京舉行的第二次「中巴友好論壇」會議結束後，中方安排巴方代表團去長江三峽參觀訪問，我作為論壇中方秘書長陪同前往。一路上，夏希談笑風生，興致極好。他不顧年邁體衰，不要人攙扶，獨自登上罈子嶺最高點。在俯瞰三峽工程時，他由衷地讚歎：「宏偉！」參觀電站運行後，他愉快地留言：「這是當今世界工程的奇蹟！」他還高興地接受當地記者的採訪，盛讚中國改革開放取得的偉大成就。

也就在這次同遊中，我同他進行了相識以來最長的一次促膝交談，時間約二小時。我們對坐在「仙婷」號遊船的甲板上，一邊欣賞三峽兩岸的壯麗景色，一邊天南海北地開懷暢談，真是舒心極了。記得我們都談到了自己的人生經歷和感悟。他繪聲繪色地描述一九七一年聯合國恢復中國的合法席位時第三世界國家代表熱烈歡慶的場面，特別是坦桑尼亞代表薩利姆當場跳舞的情景，十分生動，

使我產生了身臨其境的感覺。「此情可待成追憶」，那次同遊成了我們共同的美好記憶。

夏希對於「中巴友好論壇」的工作十分認真負責。每次中方代表團到巴開會，他都親自到機場迎接。每次開會，他都事先召集巴方成員開會，進行調查研究，做好發言準備。在二〇〇五年論壇第三次會議上，夏希就中巴開展紡織工業合作問題作了長篇發言，以翔實的材料、確鑿的數據說明中巴開展紡織工業合作的條件、可能性和前景，內容充實，令人信服。發言後，他還把書面稿交給中方。聽完他的講話，我既感動又驚異：他從哪裡收集到這麼多材料，是怎麼收集的？一個八十六歲的老人，做這麼細緻的工作，是多麼不容易啊！

然而，就在那次會議以後，我開始對他的身體狀況備加擔心。因為我感到他的身體已經明顯不如以前，一次竟暈倒在會議桌上。不久，噩耗傳來。

二〇〇六年九月六日，為慶祝中巴建交五十五週年，中巴雙方聯合舉辦的研討會正在北京中國國際問題研究所舉行。在下午的會議開始時，巴方代表、前外交國務部長、前駐華大使伊納姆·哈克先生站起來，以沉痛的聲音向大家宣告：「我剛剛得到消息，我們大家的老朋友阿迦，夏希先生，已於今天上午在伊斯蘭堡逝世了！」聽到這個消息，與會的人都很悲痛，會議主席立即提議大家起立，為阿迦·夏希先生默哀三分鐘。我也立即同「中巴友好論壇」中方主席徐敦信商量，以論壇中方主席和

秘書長的名義聯名向巴基斯坦外交部發了唁電，對夏希逝世表示沉痛的哀悼。

阿迦·夏希就這樣離開我們了，他把他的一生全部獻給了巴基斯坦的外交事業，也為巴中友誼奮鬥到最後一息。

阿迦兄弟是我的良師益友，他們去世已多年了，但我常常想起他們。正像塔拉爾總統喜歡引用的詩句：朋友的美好形象就在我心的明鏡之中，稍一低頭，就能看見。

中巴友誼佳話

中國人在巴基斯坦受到貴賓的待遇

凡是在巴基斯坦待過的中國人，都會感到巴基斯坦給予的貴賓（VIP）待遇。不少人還到過別的國家，有了比較，他們更認為中國人只有在巴基斯坦才得到了貴賓的禮遇。

我們假日購物或者逛商店，店主都主動請我們進商店坐坐。我們說不買東西，他們還是熱情不減，讓我們坐下，並以冷飲或奶茶招待。他們說，我們都是周恩來，是他們的朋友。

這種發自內心的情誼在拉合爾更是熾熱。因為在一九六五年印巴戰爭中，拉合爾的火車站遭到印軍的炮擊，而中國對印的嚴正警告和對巴的全力支援使得當地百姓避免了進一步的戰火塗炭，他們對中國的感恩之情回報在所有長得像周總理的中國人身上。

一位在卡拉奇機場工作的移民局官員為表示他對中國的友好，甚至說他對每一個入境的中國人都會多加關照。我們馬上告訴他，十個指頭伸出來還

不一樣齊呢，中國人裡好人多，但也有壞人，你可別放過壞人。

有一次，我們去遊覽勝地穆里山玩。下山時，發現車輛走不動，原來前面發生了車禍。當地官員指揮所有巴基斯坦車輛一律拉運傷員下山去醫院，但放行了我們這輛使館車。是幫助拉傷員，還是離開，實在拿不準主意，我們也只好「客隨主便」，按照他們的指揮，開走了。有很長的一段路，就我們一輛車在行駛。

前總理外孫女熱心巴中友好

一九九七年秋，我到卡拉奇出任總領事，有幸結識了首位訪華的巴基斯坦總理侯賽因·沙希德·蘇拉瓦底的外孫女賈米爾夫人。她和丈夫喬德里先生都是卡拉奇著名的大律師，但在我們中國總領館的心目中，這對伉儷首先是中國的摯友。他們和我們總領館多有往來，就像走親戚一樣。

賈米爾夫人家的客廳裡，毛主席和周總理的大幅織錦肖像非常醒目，那是蘇拉瓦底總理一九五六年訪華期間毛主席和周總理親筆題名相贈的。賈米爾夫人很自豪地告訴我們：她的外祖父蘇拉瓦底總理一九五六年十月應周恩來總理的邀請到中國進行正式訪問，開創了巴基斯坦總理訪華的先河。蘇拉瓦底總理訪華期間，毛主席會見並宴請他，周總理同他進行了四次會談。同年十二月，周總理回訪巴

基斯坦。一年內兩國總理的成功互訪,極大地推動
了兩國友好合作關係和兩國人民友誼的發展。

賈米爾夫人感慨地說:外祖父當年果斷地排除
了諸多的壓力和阻撓,堅定地邁出了訪華的步伐,
實屬不易。他對訪問的成功十分欣慰,回國後對我
們說:「這次訪問訪對了。」蘇拉瓦底總理熱愛中
國,這次訪問增加了兩國間的善意、了解與信任,
為後來兩國友好合作關係穩定和持續的發展打下了
彌足珍貴的基礎。

賈米爾夫人是大家閨秀,也是活躍的社會活動
家,在社交場合經常見到她。她是巴基斯坦英語協
會的秘書長,經常邀請我參加協會的活動,使我增
加了對巴基斯坦的了解,更讓我有機會見到並結識

卡拉奇的各界軍政要員和社會名流。

　　回首往事，我清楚地認識到，賈米爾夫人對中國友好，滿懷善意，真是祖孫性情一脈相承。她處處想到中國，時時不忘幫助中國。她有意邀請中國總領事參加社交活動，不就是為了讓我有機會多結交巴各界的朋友嘛？

懷念一起翻譯毛選的巴基斯坦專家

　　一九六六年底，外交部部分外語幹部被外文局借調參加《毛澤東選集》的翻譯出版工作。這些幹部主要是學非通用語的，當然主要來自我們翻譯隊，我也是其中一個。這樣一來，我同烏爾都語筆譯竟結緣了八年，有幸接觸到巴基斯坦專家扎希德‧喬德里、拉希德‧巴特和阿法茲‧拉曼等，從他們身上看到了巴基斯坦知識分子對中國的熱愛和對中巴友好的執著。

　　這些專家在巴基斯坦新聞界都是很有名氣的。喬德里先生來華前是巴基斯坦主要英文報紙《黎明報》的駐倫敦特派記者，除了參與毛選翻譯以外，他還想在中國研究中國。他對新華社每日英文電訊稿十分珍視，哪天沒有收到，就會失魂落魄、坐臥不安；一旦得到，則又眉開眼笑，如獲至寶。但他絕對務正業，按時上班，聚精會神搞翻譯，認真回答我們的「問題」，下班後才或在辦公室或回住處研究電訊稿。他的英文水平很高，但卻從不自恃，

說自己是在工作中學習英文的。由於英文好，理解原文自然也好。可是，《實踐論》和《矛盾論》兩篇毛澤東思想的代表作，他請了他人來翻譯，並且告訴我們他理解原文不成問題，但對烏爾都語的哲學術語和表述拿不準。中國自古就有「文人相輕」的說法，可這位不苟言笑的巴基斯坦文人在跟我們說這些話時卻很坦然、淡然，顯示出一個外國人對翻譯毛主席著作的虔誠、認真、嚴肅的態度。

拉曼和巴特兩位年輕專家是巴基斯坦主要烏爾都文報紙《戰鬥報》的記者，還同是巴著名進步作家肖克特，西迪基的門生，文筆精彩，對華友好，至今同我們這些中國老同行保持聯繫。他們在華完成毛選翻譯任務後又繼續翻譯中國文學著作，對漢語能聽會說，據說《人民日報》的頭版新聞也能猜個八九不離十，都是地道的「中國通」。拉曼初來中國時還是個單身漢，晚上活動多些，因此白天上班筆譯時免不了打盹，我們看到後有時捅捅他，有時當作沒看到。但他的敬業精神體現在他的工作效率和信、達、雅的譯文上。後來他結婚了，夫人美娜士也是記者，來華工作期間寫了系列報導刊登在《戰鬥報》上，向巴基斯坦讀者介紹中國，獲得了中國外國專家局頒發的「友誼獎」。他們的女兒也在父母的薰陶下寫小文章介紹中國。拉曼全家人都是中巴友好大廈的建設者。

說起巴特，他還當了中國的女婿。他初次來華時已經結婚，夫人很富態，跟我們好像沒有搭過

話，是一位典型的穆斯林家庭婦女。後來，巴特再次來華工作時已經是光棍，但有個女兒。借中國改革開放的春風，他續弦娶了一位中國女工。據說，他們的結合還是經中國領導人批准的，成為一段佳話。他們的婚禮招待會在北京友誼賓館舉行，數百人出席，好不熱鬧。

拉曼和巴特珍視中巴友誼，更熱愛他們用自己的青春年華作代價所參與的中國烏爾都語翻譯事業和同他們多年朝夕相處的中國同行們。後來，無論我在伊斯蘭堡使館還是在卡拉奇總領館常駐時，拉曼和巴特都是我的好朋友，對我們的外交工作給予莫大的幫助與支持。

田丁大使為中巴友誼鞠躬盡瘁，死而後已

一九九一年五月二十二日，中國人民外交學會副會長兼秘書長、原駐巴基斯坦大使田丁在陪同來訪的巴基斯坦國民議會議長阿尤布・汗參觀訪問時，因隱性冠心病突發，猝然逝世，終年六十三歲。

阿尤布・汗議長訪華是來慶祝兩國建交四十週年的。當時我在國內，從電視上看到大使一次次陪同老朋友議長，覺得作為一位前大使參加一次活動就禮數到了，我在電話中還請大使保重。因為我在駐巴使館期間兩度在他的領導下工作，深知老領導古道熱腸，事必躬親，而且自己又會英語。田大使有隱性冠心病，隨身帶著急救藥。那天，陪議長登

慕田峪長城時，在纜車裡他身體疲乏，將頭枕在了議長肩上。議長以為老朋友困頓，沒有好意思馬上提醒。後來發覺異常，可田大使的急救藥放在西服兜裡，而西服丟在轎車裡了，從而錯失了第一時間的搶救。

六月五日，《人民日報》報導說：中國人民外交學會副會長兼秘書長、原駐巴基斯坦大使田丁的遺體告別儀式今天（6月4日）在北京醫院舉行。李鵬、吳學謙、姬鵬飛、王漢斌、王芳、錢其琛等送了花圈。送花圈的還有巴基斯坦議長阿尤布·汗和巴基斯坦駐華使館臨時代辦沙默德。吳學謙、王漢斌、錢其琛、外交部和有關單位負責人、田丁同志的生前友好以及沙默德臨時代辦參加了遺體告別儀式。

田丁同志逝世後，巴基斯坦總統伊沙克·汗、總理謝里夫、議長阿尤布·汗等先後發來唁電或唁函。

上世紀八〇年代，巴基斯坦首任駐華大使並在以後再次任駐華大使、為兩國邊界問題解決作出過重要貢獻的退役少將穆罕默德·羅查在訪華期間病逝，曾經出任過巴基斯坦駐華大使和孟加拉國駐華大使的凱瑟先生也在來北京舊地重遊時駕鶴西去，退休後擔任全巴基斯坦巴中友協主席的前駐華大使蒙塔茲·A·阿爾維在率友協代表團訪華期間突然病重並在回國後不久逝世。阿爾維大使非常敬重周恩來總理。我的朋友陸樹林先生曾告訴我，一九七

六年周總理逝世的消息宣布後，阿爾維大使未經事先約定，在早晨八點前趕到外交部表示沉痛哀悼。韓念龍副部長得悉後接待了他。在會客廳裡，阿爾維大使邊流淚邊讚揚周總理為發展巴中友誼所作的卓越貢獻和周總理與他的個人情誼，以至韓副部長、翻譯陸樹林和他一起淚流不止。這四位大使的故事說明了中巴兩國的外交官是如何為發展兩國關係工作到最後一刻的。他們的名字應該被兩國人民代代相傳。願他們在天之靈安息！

我和巴基斯坦的故事

宋德亨

（中國駐巴基斯坦大使館原政務參贊、
原駐印度孟買總領事）

宋德亨夫婦在拉合爾巴德夏希大清真寺留影。

　　我一九七〇年九月畢業於四川大學外文系英語專業，畢業後分配到外交部。當時正值「文化大革命」期間，遵從周恩來總理的指示，外交部把我們送到唐山軍墾農場勞動、鍛鍊、儲備。次年七月返回北京參加出國學習班，兩個月之後，我被分配到巴基斯坦學習烏爾都語。打那以後，一發不可收拾，我與巴基斯坦結下了不解之緣──先後在巴三任，學習和工作共計十四年。

　　外交工作千頭萬緒，最重要的是交朋友。「海內存知己，天涯若比鄰」，這是外交的最高境界。朋友越多越好，敵人越少越好。人之友有好有壞，國之友有真有假。國之友跟人之友一樣，也是「路遙知馬力，日久見人心」。假朋友慣於錦上添花，真朋友才會雪中送炭。假朋友吃你拿你心安理得，到時候打你也不會有任何顧忌，這就是俗話說的「白眼狼」。中國寓言「東郭先生和狼」裡的那隻狼就是「白眼狼」，恩將仇報；伊索寓言裡的「農夫與蛇」的故事也告誡人們：蛇蠍一樣的惡人救不

得，否則會反受其害。據本人愚見（不少人也應該有同感），對於中國，巴基斯坦這樣的真誠朋友不可多得，也不多見。

回想起上世紀五〇年代到七〇年代，西方國家對紅色中國實行全面封鎖，政治上孤立打擊，經濟上、科技上實行封鎖禁運。當時除社會主義國家之外，真朋友、好朋友不多，巴基斯坦就是其中最突出的一個，她成了中國通往外部世界的最重要的通道和獲取信息的重要窗口。可想而知，身為西方世界的一員，卻與當時被西方國家看作洪水猛獸的紅色中國交往，並且擔當對中國來說十分重要的角色，巴基斯坦要承受多大的壓力，作出怎樣的犧

宋德亨夫婦在拉合爾巴基斯坦獨立紀念塔前留影。

牲。這樣的朋友難能可貴。

　　一九七一年，在聯合國恢復中國合法席位的過程中，巴基斯坦功不可沒。如果沒有以巴基斯坦為代表的亞非拉中小國家駐聯合國代表（當時巴駐聯合國代表是阿迦‧夏希大使），以中國使命為己任，奔走呼號，據理力爭，「盯人」拉票，在大會上主持正義，仗義執言，曆數恢復中國席位的雄辯理由，力挺中國，我敢說，中國在聯合國席位的恢復不可能是在一九七一年，而可能是一九八一年，甚至一九九一年。關於這一點，我外交部國際司的同事們可以作證。對巴基斯坦在中國恢復聯合國席位中的作用，他們體會最深，最有發言權。巴基斯坦這樣的朋友不可多得。

　　二〇〇八年五月十二日，汶川發生特大地震，巴基斯坦傾全力相助，出動全國所有的戰略運輸機，動用軍用物資庫存，第一個向災區運來了全部儲備帳篷等急需物品。當巴基斯坦醫療隊抵達汶川地震災區的時候，當地人員忙著為醫療隊安排吃住等後勤保障，醫療隊領隊馬上說，不用操心醫療隊的吃飯問題，我們是來救人的，有菜葉吃就行。這才是雪中送炭的朋友！

　　在涉及中國核心利益和重大關切的問題上，巴基斯坦一以貫之地與中國保持一致。在台海兩岸對立的日子裡，巴基斯坦始終只承認中華人民共和國，並經受住了經濟利益的巨大誘惑，從不與台灣發生任何關係。特別是在打擊以分裂恐怖組織「東

突」等三股勢力的鬥爭中，巴基斯坦二話不說，堅決並真心實意地與中國合作。須知巴基斯坦是伊斯蘭國家，中國新疆是穆斯林聚居區，巴沒有因為同教同宗而產生絲毫猶豫和遲疑，義無反顧地與中國配合，顯示出大局意識和對兩國友好關系的高度重視。

進入二十一世紀，油氣資源戰略日益重要和突出，怎樣保障能源供應足夠和輸送暢通，是各國特別是能源需求大國面對的重要課題。中國百分之六十的進口石油來自中東地區的沙特、伊朗和科威特三國，傳統的海運路線是出波斯灣，經阿拉伯海和印度洋，走馬六甲海峽入南中國海。馬六甲海峽是必經之路。同樣，中國對歐洲、西亞和非洲的外貿和海洋運輸量占外貿和海洋運輸總量的百分之七十，而這些航線無一例外都要經過馬六甲海峽。所以，不僅日本把馬六甲海峽看作生命線，馬六甲海峽也是中國的生命線。然而，馬六甲海峽的地理環境、人為控制以及海盜為患都是安全隱患，換言之，安全係數不理想。和平時期還馬馬虎虎，一旦有事，能源運輸就會受阻。而有事之時又是需要大量能源的時候。怎麼辦？有沒有變招？答案是肯定的。那就是建立「中巴經濟走廊」，其主線是從中國新疆的喀什沿中巴喀喇崑崙公路，經紅其拉甫山口入巴基斯坦，走鐵路公路均可抵達巴基斯坦俾路支省南部海岸的瓜達爾港。瓜達爾港面臨阿拉伯海，西距霍爾木茲海峽僅四百公里，正好是中國進

口油氣路線的中轉站。瓜達爾港由中國援建，已於二〇〇五年建成三個二萬噸級的深水港碼頭。瓜達爾港運營權已於二〇一三年二月十八日移交中國企業。中巴經濟走廊建成，兩國之間實現鐵路、公路和油氣管道相通之後，中國油氣進口就可以不必完全依靠馬六甲海峽。因此，巴基斯坦在中國能源戰略中的地位沒有別的國家能夠替代。

凡此種種，筆者認為，說到中巴關係，用「全天候」、「比山高、比海深、比鋼硬、比蜜甜」（巴基斯坦前駐華大使馬蘇德‧汗語），以及「好鄰居、好朋友、好夥伴」來形容都不過分，但最重要的是風雨同舟，患難與共。朋友不僅僅是花前月下，觥籌交錯，而更應該是「A Friend in Need is a Friend in Deed」（患難之交乃真交）。關鍵時刻能幫到你、危難關頭能向你伸出援手的國家才是真正的友邦。巴基斯坦就是這樣的朋友，彌足珍貴，值得珍視。

我在巴基斯坦學習和工作的十四年時間裡，親身感受到中巴友好不是外交辭令，而是巴國朝野上下的共識：巴參議院和國民議會中，無論在野黨還是執政黨都主張並支持中巴友好；巴國領導人，無論軍人還是文職總統，上台伊始的首訪國家都是中國。中巴友好在巴基斯坦已經深入人心，「國之交在於民相親」這句話在巴基斯坦得到了最好的體現。我在這裡要講幾件凡人小事，以饗讀者，希望讀者們能從中體會到中巴友誼的精神風貌。

我的烏爾都語老師納西姆

一九七一年九月，我受外交部委派到巴基斯坦學習烏爾都語。烏爾都語是小語種，巴基斯坦的國語，也在印度、孟加拉國的部分地區使用。烏爾都語對我來說——對其他許多人來說也一樣——是從前聞所未聞的語言。其實，「矮子裡頭拔將軍」，烏爾都語還算是小語種中的較大語種，因為過去的《人民畫報》用十七種語言出版，其中就有烏爾都語。以烏爾都語為母語的人口有將近二億，能使用烏爾都語的就更多了。儘管如此，我當時心裡還是沒底，擔心會很難學。

那幾年，被派去巴基斯坦學習烏爾都語的就我和李健生兩人，安頓在使館文化處駐地。因是成人啟蒙學習語言，故不便去當地學校學習，而是如私塾一樣，請老師到文化處施教。文化處不在伊斯蘭堡使館本部，而是在拉瓦爾品第衛星城被稱為「洪扎王府」（Hongza House）的洪扎土邦王別墅。洪扎王府」是巴基斯坦北部地區洪扎土邦王建在品第的「冬都」。該王府是三層樓的古堡式建築，大門口左右兩株木棉樹（在廣州又稱「英雄樹」）高七八米，早春二月，英雄花開花時節，滿樹紅紅火火，好看而又喜性。園內綠樹成蔭，花草繁茂，清幽雅靜，偶爾鳥兒唧啾，打破沉寂，是理想的學習環境。

我們的老師名叫穆罕默德·納西姆，是一名中

學教師。最初，我們壓根兒不知烏爾都語為何物，老師又不懂漢語，故而只能用英語作為媒體教學，待到後來入門後才扔掉拐棍，直接用烏語教習。

納西姆老師老家在印度勒克瑙。懂烏爾都語的人都知道，勒克瑙是烏爾都語的發源地之一，所以，他的烏語十分地道。而他的英語也相當流利。因此，我們是一舉兩得：學習烏語的同時，英語也得到提高。納西姆老師為人謙和，具有中學老師的特質——細心、耐心，循循善誘。須知，教我們兩個大男人尤其是外國爺們學烏語，比之教本國小學生難得多：一是兩種語言相距甚遠，二是我們早就過了學習語言的年齡，三是烏爾都語有三十五個字母、五十四個音素，發音部位繁複，有的發音特別難，如小舌、舌根、硬顎和喉部發音等，在漢語中找不到對應的發音。烏語中還有彈音，猶如俄語的彈音，也是漢語中沒有的。納西姆老師並沒有因此而打退堂鼓，而是信心滿滿，耐心地一遍又一遍地教我們發音，不厭其煩的程度使我們都覺得過意不去，直到我們發音基本過關才露出滿意的微笑。發彈音困難，他就讓我們嘴裡含一口水，舌頭在水中打嘟嚕，效果果然不錯。這說起來簡短，而當時的教和學卻是一個長期而反覆的漫長過程——我們的烏爾都語學了兩年半。他的這種認真而負責任的態度，如果沒有對中巴友誼的執著追求和奉獻精神，是難以做到的。我們兩個深深地為納西姆老師的敬業精神和工作態度所打動。

老師是壯年男子，家裡有妻子和四個孩子，當了我們老師後不久，他的妻子又懷上了第五胎。不到四十歲的他就有五個子女，這在巴基斯坦並不少見。一個中學老師，除了學校工作外，每週二、四、六共三個下午來教我們烏語，還要養活一家七口，難免力不從心。特別是孩子老婆有個病痛的時候，家裡沒有保姆，難免缺課。對此我們充分理解，老師來不了，我們就複習、自學。經濟上使館盡量幫助，缺課也不扣工錢，開齋節和古爾邦節還給一定的獎金，以資鼓勵。文化處辟有一塊菜地，我們種出的白菜、蘿蔔、黃瓜、茄子、豇豆、辣椒、西紅柿，有收穫就有老師一份。中國的大白菜巴國沒有，大白蘿蔔也比他們的大，黃瓜碧綠水靈，看著就令人嘴饞，所以，大白菜、白蘿蔔和黃瓜等蔬果特受巴基斯坦朋友的歡迎，蔬菜外交也成了外交工作的手段之一。

納西姆老師清瘦但精神，來去自駕摩托車，飛快但穩健。老師喜好抽菸，總是煙不離手，上課時也一樣，所以，做學生的在他來上課之前要準備兩樣東西——煙缸和茶水。因經濟條件有限，他抽的煙沒有什麼名牌，通常是 K-2 牌香菸，一種十支裝的廉價大路貨。煙味特沖，我們就把門窗都大開著，好在伊斯蘭堡基本沒有冬天，省去關門閉戶，空氣也就清新了許多。

在兩年半的時間裡，我們和老師相處融洽，師生之情甚篤。我們從老師身上不僅學到了語言，而

且學到了他的兢兢業業、一絲不苟、待人和氣、寬容包容等優秀品質，這些使我們終身受用。納西姆老師沒有豪言壯語，有的是細心、耐心和恆心，和對學生的諄諄教誨。不然，我們可能學不成烏爾都語。他是千千萬萬為中巴友誼添磚加瓦而又默默無聞的巴基斯坦人，是中國人民的真誠朋友。

尊師重道是中國人的美德，一日為師，終身為父；師父師父，師即是父。學業結束後，我們並沒有人走茶涼，仍然與納西姆老師保持著聯繫，文化處一有電影招待會，我們就把老師一家也請來，邊看電影邊敘友情，還可以討教烏爾都語問題；使館有大型招待會，如國慶招待會、春節招待會，都會請上老師一家。只是在我結束在巴基斯坦的第三任轉赴印度孟買任總領事之後，才失去了與老師的聯繫，不能不令人遺憾。也不知納西姆老師一家近況如何，套用一句老話：好人一生平安，這是我對老師的良好祝願。

忘年交阿爾斯蘭

在巴基斯坦學習和工作的十四年中，結識的巴朋友無數，從政府官員、外交部官員到文化、新聞、科技等各界人士，直到平民百姓中的各界友好人士，應有盡有，但印象最深值得一提的人士中，忘年交阿爾斯蘭就是一位。

阿爾斯蘭全名叫穆罕默德・汗・阿爾斯蘭，巴

基斯坦人和烏茲別克人混血（母親是烏茲別克人），身材高大健碩，儀表堂堂，身材長相隨其母。其父是布店老闆，在拉瓦爾品第開了一家中等綢布店，家境小康。他家在品第衛星城，是一個獨門獨院不帶樓的院落，後有帶鳥屋的小花園。阿爾斯蘭子承父業，也經商，但比之乃父規模要大。

我和阿爾斯蘭是因他到使館申請簽證而認識的。他因生意同中國關係密切，經常跑烏魯木齊、廣州、義烏等地，購買中國商品回巴基斯坦銷售。我當時任使館政務參贊（副館長），也管簽證的事。開始時我對他並未在意，簽證由手下人員辦理，我一般不直接插手。後來，因簽證要得急，有時又是時限較長的往返簽證，一個月甚至三個月，須由主管的我簽批，我才同他有了直接接觸。一來二往，對他有了更多的了解，得知他對中國感情深厚，是巴中友好的積極支持者，只做中國生意，對中國也十分了解。除經商外，阿爾斯蘭也從政，屬穆斯林聯盟謝里夫派，也就是現任總理謝里夫的穆盟。他是拉瓦爾品第穆盟的召集人，曾為謝里夫出謀劃策。在穆盟中，他極力主張巴中友好。

在距伊斯蘭堡五十三公里的東北方向，有一座穆裡山（Murree），是著名的避暑和旅遊勝地，山上風景優美，夏日涼爽，適於避暑；海拔雖然最高處只有二千二百四十米，但在冬季滿山積雪，蒼松翠柏銀裝素裹，吸引大量賞雪尋梅的遊客。一九七一年基辛格博士打開美中關係大門的破冰之旅，為

避人耳目（特別是媒體），就是佯稱去穆裡山休息養病，金蟬脫殼，神不知鬼不覺地飛往北京的。阿爾斯蘭在穆裡山建有一棟別墅，一樓一底，建築材料和室內裝修全部使用中國產品，瓷磚、地板、吊燈、窗簾、門窗、暖氣片，以至家具、沙發都是中國貨。他把這棟樓得意地稱作 China House（中國宅邸），足見他對中國情有獨鍾。

阿爾斯蘭和他的妻子、父母、弟弟都十分好客，經常邀請大使、我和使館人員到他家做客，每次都是傾其所有，用巴基斯坦風味飯菜盛情款待我們。我們都喜歡他家的巴式燒烤（Pakistan BBQ）和脂油餅（油煎的囊）。他母親還學著包「中國餃子」給我們品嚐，味道不錯，就是個頭太大，類似包子。來而無往非禮也，大使和我也適時回請。但凡使館有國慶招待會、春節招待會以及電影招待會，都會邀請他們參加。外交不只是正式場合與官方人員之間的觥籌交錯，民間往來也是構築兩國友好關係的重要組成部分，而民間外交更是國家關係中實實在在的內涵。

阿爾斯蘭當時雖然不到三十歲，卻已有了三個孩子。在我二〇〇四年離開巴基斯坦時，他妻子又懷上了第四胎。他的妻子也是烏茲別克人，很可能是他母親當年為他物色的。其妻白淨靚麗，性格溫順，彬彬有禮，有巴上層社會婦女的氣質，只知相夫教子，生意和政治一概不問，是典型的賢妻良母式女性。三個孩子中，老大是個男孩，叫夏陽

（Shayang），那時只有兩歲多，走起路來像企鵝，
搖搖晃晃而不倒，說起話來呀呀嗚嗚，語焉不詳，
十分活潑可愛。老二是女孩，才一歲多，尚不會走
路，明眸皓齒，小臉白裡透紅，招人疼愛。老三也
是女孩，仍在襁褓之中。

　　阿爾斯蘭的父親外表憨厚，不善辭令，但待人
接物不乏熱情，不過不是在嘴上，而是在表情和行
動上。據說其父有中國山西人的算計，善於理財，
精於商道。其母為人精明，能說會道，待客熱情，
有點像上海人。其弟代父料理布店事務，二十多歲
仍未婚配，可能是眼光偏高。他酷愛板球，經常帶
領一幫中學生在廣場上打板球，樂此不疲。

　　這是巴基斯坦的一個普通而又幸福的家庭，衣
食無憂，天倫之樂，其樂融融。這也是千千萬萬個
巴基斯坦家庭的縮影。國泰民安，安居樂業，是每

個國家的追求。可是，以「基地組織」（Al-Qaida）為代表的伊斯蘭原教旨主義者、極端和恐怖分子卻反其道而行之，到處製造恐怖襲擊事件，以犧牲無數無辜生命為代價，追求實現他們的無理訴求，引起人神共憤，為人類所不齒。

「王府」裡的文化處

一九四七年八月十四日，根據英國駐印度最後一任殖民總督蒙巴頓勛爵制定的「蒙巴頓方案」，穆斯林聚居的地域脫離印度，成立巴基斯坦（意為「清真之國」），使印度穆斯林建立自己獨立的伊斯蘭國家的理想得以實現。巴基斯坦獨立之初，首都在濱海城市卡拉奇。後因安全等方面的考慮（卡拉奇瀕臨印度洋，易受海上攻擊），決定遷都。一九五九年，巴基斯坦首都遷往拉瓦爾品第，而品第是座小城，於是在品第東北方向十一公里的地方、拉瓦爾湖左新建一城市，定名伊斯蘭堡，作為新首都。伊斯蘭堡自一九六一年開始興建，至一九七〇年全部建成。一九六七年，除軍方機關外，政府部門遷到伊斯蘭堡，伊斯蘭堡正式成為巴基斯坦首都。

中國駐巴基斯坦使館自然也從卡拉奇遷到了拉瓦爾品第，八年後又遷到伊斯蘭堡，卡拉奇使館舊址改為駐卡拉奇總領事館。使館遷到伊堡後，使館文化處仍留在品第衛星城。所以，我一九七一年九月到巴基斯坦學習烏爾都語的時候，因歸文化處管

轄，也就直接入住品第的文化處。

　　文化處是租住的房子，屬巴基斯坦北部的洪扎土邦王所有，是為「洪扎王府」。房東是洪扎王的兒子——尕曾法爾王子和王妃兩口子。兩人都已30多歲，但不知為何當時還沒有孩子，人家的隱私也不便詢問。小兩口平常除了收取房租外，與我們基本沒有往來。但我們種的蔬菜送給他們時，他們也樂於接受，文化處或使館的招待會他們也是有請必到。

　　這兩口子看上去不是矜持、格色的人，在中巴友好的大背景下，我們之間似乎不應有什麼隔閡。這些年我一直在思考，這是為什麼？後來讀到一段有關洪扎土邦的歷史，我才恍然大悟，原來他們是在避嫌——怕與我們走得太近引起誤會。

　　洪扎（Hongza）舊稱坎巨提，又譯罕薩，位於紅其拉甫山口以南。洪扎河北岸的罕薩（即洪扎，現稱卡里馬巴德）和南岸的那葛爾是兩個同源但相對獨立的部落，相傳是亞歷山大大帝馬其頓遠征軍的後裔，唐朝時稱為「小勃律地」，曾先後屬吐蕃和唐朝管轄，每三年向中國進貢一次砂金。一九六三年中巴劃界時劃歸巴基斯坦。一九七四年，此前一直自治的洪扎土邦併入巴基斯坦中央直轄的「北部地區」（吉爾吉特—巴爾蒂斯坦），傳統的「洪扎王」位仍被象徵性保留。洪扎王宮背靠雪山，雄踞洪扎最高處，相傳為洪扎王與巴爾蒂公主聯姻時興建，距今已有六百多年歷史，外形與拉薩布達拉宮

相似。洪扎當地居民現約有五萬人，大多信仰伊斯蘭教，屬什葉派中的伊斯馬儀派。該派現任最高精神領袖是阿迦，汗四世沙阿‧卡里姆‧侯賽因。

可能是因為上述歷史淵源，使得尕曾法爾王子同我們若即若離，對我們敬而遠之。其實，他的顧慮大可不必，歷史就是歷史，不能改變，但未來的歷史可以用友情來書寫，可以更完美。後來，隨著中巴關係進一步發展，他們同使館的關係也進一步密切了。

「洪扎王府」占地約四千平方米，主樓前面是花園，後面是一個可容納二百人觀看露天電影的草坪，文化處的電影招待會就在這裡舉行。我就是在文化處工作期間學會了放映電影。中國電影在巴基斯坦大受歡迎，一是巴基斯坦朋友樂於了解中國的發展變化、民俗民情，二是中國電影實話實說，沒有謊言編撰和欺騙宣傳。巴朋友尤其喜愛中國的雜技歌舞，因為較少語言障礙，較多藝術欣賞。再者，巴國除了街頭藝人耍蛇耍猴外，沒有雜技表演。巴基斯坦電影也有歌舞，但形式單一，內容雷同，電影故事仍處於反封建階段，反對包辦婚姻，提倡女性解放；多半是富家女孩愛上窮帥哥，或者富家子弟戀上美村姑，故事就圍繞家庭矛盾衝突展開。中國電影從題材到表演對他們來說都是新鮮事物，故而受歡迎。所以，文化處的電影放映總是座無虛席，電影放完觀眾還久久不捨得離去，拉著我們的人了解他們關心的問題。

「洪扎王府」右手一牆之隔的另一院落為新華社和人民日報社駐巴基斯坦分社共同租用。兩個院子的中間隔牆闢有一門相通。我和李健生住在「洪扎王府」，每天上午幫文化處做事：發放宣傳中國的書刊畫報，接待來訪的巴學生和友人；每週一、三、五下午自學烏爾都語，二、四、六下午上課學習烏語三個小時。教室設在新華社院內，食堂也在該院。除了文化處、新華社和人民日報分社的人員外，在伊斯蘭堡巴基斯坦語言學院教授漢語的老師（最多時有五人）每天中午也來這裡用餐，總共近二十人。大家聚在一起時聊聊天，有說有笑，談笑風生，或下棋打牌、打乒乓球。新華社院內闢有一塊菜地，估摸有一畝左右，劃分成小畦，每人負責一畦，適時播種，到時收穫。收穫的蔬菜瓜果除自用外還分送巴朋友，上至總統、部長（使館也有菜地，大使除了從事政治外交外還搞「蔬菜外交」），下到友好人士、黎民百姓，乃至外國使團，都知道中國的大白菜、大蘿蔔、鮮嫩的黃瓜和頎長的豇豆。

種菜需要肥料，巴基斯坦是伊斯蘭國家，只有牛羊糞，牛糞也湊合用吧。新華社司機老寇曾開車出去買牛糞，他不會外語，更不知道烏爾都語牛糞怎麼說。情急之下，老寇彎下腰，撅起臀部，作牛狀，兩隻手往身後直劃拉，嘴裡還「哞……哞……」叫個不停，然後拿出盧比（巴基斯坦貨幣）向人們展示。村裡人都樂得不可開交，但也明白了：他是要買牛糞。就這樣，老寇高高興興地在汽車後備廂

裝了一箱帶土的乾牛糞拉回來了。我們問他是怎麼克服語言障礙的，他就又給我們展示了一遍他那逗樂但實用的動作，大家樂不可支，同時又不得不佩服他的辦事能力。

睦鄰、友鄰、富鄰是中國外交政策的基石之一。中巴關係經歷了時間和國際風雲變幻的考驗，怎樣確保兩國患難與共的良好關係歷久彌新，以使我們實現中國夢的努力多一份正能量，是每一個中國人特別是外交人員應該著意思考和踐行的課題。以為中巴關係極好，可以高枕無憂的想法非但不現實，也是有害的。良田沃土還需要耕耘，長青偉樹也需要澆灌。隨著兩國關係的發展，巴基斯坦來華人員日見增多。可是在上海、廣州、義烏等地，有些人嫌貧愛富思想和大國情結作怪，看不起甚至歧視巴基斯坦人的言行和事例時有發生。這些人的思想和做法錯誤有三：一是忘本，好了瘡疤忘了疼，忘記了中國人屈辱的歷史，「華人與狗」的恥辱怎能忘記？二是缺乏包容，彌勒佛之所以笑口常開是因為大肚能容，容天下不容之事。北京人現在努力踐行的八個字「愛國、創新、包容、厚德」，一半都是講與人為善，寬厚待人。三是忘恩負義，受五千年歷史和文化薰陶的中國人。應該是受人滴水之恩當湧泉相報。上世紀六〇、七〇年代，巴基斯坦是唯一甘冒風險對處於困境中的中國伸出援手的國家。有人把巴基斯坦稱作「巴鐵」（鐵哥們兒），我認為這一稱謂是對中巴友誼的正確解讀。

二〇〇四年十月，中國水利水電第八工程局在巴基斯坦西北邊省承包修建水庫引水渠工程的兩名工程師遭部落地區武裝分子綁架，雖經中巴雙方百般努力營救，最後結果不理想，人質一死一獲救。事件發生之後，時任總統的穆沙拉夫向巴全國武裝部隊、警察和民兵發出命令，採取一切措施，確保在巴中國人員的人身安全；各種安全措施由巴三軍情報局牽頭落實。對巴方軍、警採取的防範措施，筆者有親身體會。當時，中國援建的瓜達爾港正在建設之中，時任政務參讚的我曾有機會去瓜達爾港了解工程進展情況。我和經濟參贊等一行三人，先飛卡拉奇，再從陸路前往瓜港。巴方擔心坐汽車安全係數不高，安排我們乘坐裝甲車前往。後來才知

道，中方在瓜港的援建人員來往瓜港和卡拉奇之間都是乘坐裝甲車。到了瓜港還進一步了解到，瓜達爾港周圍的安保措施到了無以復加的程度：海上有軍艦巡邏，天空有武裝直升機巡視，地面是三道防線——外圍有武裝民兵站崗放哨，第二層是武裝警察把守，接近港口核心是軍隊荷槍實彈二十四小時巡邏。立體安保措施可謂針插不進，水潑不進。可想而知，這樣的安全防範體系需要花多少人力物力。陪同我們的巴方官員說了，中國朋友的安全是第一位的，相比之下，人力物力和錢財都不重要。瓜港中方員工有了安全感，他們風趣地說，中國人在此成了「大熊貓」，受到特殊的保護。打那以後至今，綁架中國人員的事件再也沒有在巴基斯坦發生過。

　　誠然，友誼和友好是相互的。中國主持正義、扶弱抑強的外交政策是一貫的，中國支持巴基斯坦反對外來侵略、維護國家主權和領土完整，援助和幫助巴基斯坦發展經濟也是眾所周知的，塔克西拉重機廠和鑄鍛件廠、喀喇崑崙公路、恰希瑪核電站、瓜達爾港等，不一而足。雲南陽光道橋集團公司眼下正在信德省修複數百公里水毀公路，是新的援建工程。「中巴經濟走廊」將是又一巨大的建設項目。朋友就應該互相幫助，患得患失交不了朋友，施恩圖報也不是真朋友，互相幫扶、支撐才是真正的朋友。中國的古話「為朋友兩肋插刀」在中巴關係中得到了很好的印證。

二〇〇四年十月，宋德亨（中）在白沙瓦會見巴西北邊境省省督，商談營救中水八局被綁架的援巴員工事宜。

千言萬語彙成一句話：中巴關係友好，彌足珍貴，值得珍視。中巴齊心協力，共築友誼長城。友誼天長地久，國民共享太平。這就是我們對中巴友誼的希望和寄託。

回憶中巴兩國親如一家的故事

鄧俊秉

（中國前駐印度尼西亞、巴基斯坦、

印度使館參贊）

一九九一年五月十日，我隨丈夫周剛大使抵達巴基斯坦工作。我是半路出家的外交官，不像周剛那樣曾經長期主管過巴基斯坦事務，熟悉中巴關係的經緯和巴基斯坦的基本情況。赴任前，我雖然讀過一些有關材料，對巴基斯坦有些了解，但我真正認識這個中國最友好的國家，是在該國工作和生活四年之後。同巴基斯坦人的工作交往和生活接觸——從最高領導人、軍政高官、議員、社會菁英，到普通的教師、律師、醫生、記者、商人、學生、家庭婦女，以致使館的司機、花工等藍領僱員，使我對這個近鄰有了鮮活的印象。這是一個美麗的國度，一個友誼的海洋。在這裡的所見所聞，深深地刻在我的腦海中，不論離開多久，都不能忘懷。

巴議長為中國大使夫婦開車

每當回憶起在巴基斯坦度過的難忘歲月，巴前國民議會議長、前外長古哈爾·阿尤布·汗就浮現在我眼前。周剛於一九九一年五月十八日向巴總統

伊沙克‧汗遞交國書後，我倆接觸的第一位巴基斯坦領導人就是古哈爾‧阿尤布‧汗。次日清晨六點鐘，周剛和我從伊斯蘭堡驅車趕到拉瓦爾品第機場，為前往中國訪問的巴基斯坦國民議會議長古哈爾‧阿尤布‧汗夫婦送行。議長這次訪華是中巴建交四十週年慶祝活動的一部分。議長出身名門望族，其父是巴基斯坦前總統阿尤布‧汗元帥。我們為有幸結識這位著名的政治家而高興。議長和周剛同年，按中國的生肖，兩人都是屬牛的。雖是第一次見面，這一點卻無形中拉近了雙方的親近感。我們祝議長和夫人旅途愉快，訪問成功。

五月二十七日，周剛和我又去機場歡迎議長夫婦一行訪華歸來。古哈爾‧阿尤布‧汗議長對中國之行非常滿意。但是，讓他感到十分遺憾的是，在北京期間陪同他前去長城遊覽的中國前駐巴大使田丁，在賓主同乘纜車登頂的時候，因疲勞和過度興奮導致心臟病突發，頭倒在他的肩膀上，竟然與世長辭。六月四日晚，周剛和我為古哈爾‧阿尤布‧汗議長夫婦訪華洗塵。出席的客人還有議長的兒子塔利剋夫婦，以及代表團成員旁遮普省議會議長曼佐爾‧阿哈邁德。瓦圖、巴國民議會秘書長汗‧阿哈邁德‧戈拉亞。古哈爾‧阿尤布‧汗議長愉快地向我們介紹他的觀感，特別是同中國領導人會見的情況，盛讚中國的熱情接待和周到安排。

一九九一年六月底，古哈爾‧阿尤布‧汗議長夫婦派人給我送來一張頗有意思的請帖——請鄧俊

秉教授於七月五日光臨他們在白沙瓦府邸舉行的午宴。儀表堂堂的議長當時是巴基斯坦第四號領導人，他美麗端莊的夫人是一位著名將軍的千金，在上層社會享有盛名。這對新朋友對我的友好情誼令我深為感動，但請柬上只邀請我一人，這個不同尋常的做法確實令我覺得尷尬。為此，我不得不給議長夫人打電話。不愧為大家閨秀的她，回答既友好又「外交」：議長和她哪會忘記邀請中國大使？周大使是貴賓是不言而喻的，然而他們特別想請周大使的教授夫人作為這次家宴的主賓，想必大使閣下不會介意吧。

七月四日，周剛和我乘車前往西北邊省首府白沙瓦。我們首先拜會了該省省督和首席部長，然後出席首席部長的家庭午宴。首席部長阿夫扎爾‧汗同我們一見如故，交談十分親切友好。為了保護我

們的安全，他派了兩個班的警察分乘開道車和後衛車，陪同我們在白沙瓦的出行。

第二天早上，我們剛用完早餐，古哈爾‧阿尤布‧汗議長夫婦已來到飯店歡迎我們。議長雖興致勃勃，卻掩飾不住濃濃的倦意。夫人悄悄對我說，前一天晚上議長和她在伊斯蘭堡參加完美國大使舉行的國慶招待會後已是午夜，議長親自駕車三個小時，風塵僕僕趕回家鄉。在家休息了三四個小時，就來旅館看望我們。我們聽後感到非常過意不去，請他們回家再休息半天，然後陪我們去參觀遊覽。議長卻堅持立即帶我們離開飯店。請我們在他帥氣十足的「皮加羅」越野車後坐落座後，他十分幽默地說：「我為你們當司機，夫人給你們當嚮導，保管你們滿意。」這位軍人出身的議長酷愛駕駛，不僅是開車好手，也會駕駛飛機。

議長熟練地驅車帶我們遊覽了市容，之後將車停在白沙瓦古城堡前。他告訴我們，巴邊防軍司令部就設在這個城堡中。邊防軍司令欣然同意破例接待中國大使夫婦作為他們的貴賓參觀城堡，以盡地主之誼。司令為我們舉行了莊嚴而隆重的歡迎儀式。頭纏紅色頭巾、身著淺黑色短袍、腳蹬長筒皮靴的儀仗隊在軍樂聲中雄糾糾氣昂昂地向中國大使夫婦行軍禮，這種國賓級的待遇讓我感到受寵若驚。儀式結束後，司令帶我們登上這座氣勢雄偉的古堡，讓我們盡情飽覽了白沙瓦全城的風光。這座名叫巴拉希薩爾的城堡位於白沙瓦的西北邊緣，始

建於一五一九年，重建於一七九一年至一八四九年之間。它是巴西北邊陲幾百年來所經歷風風雨雨的最好的歷史見證。登上這座威武森嚴的古堡，我們舉目四望，具有獨特伊斯蘭建築風格的白沙瓦大學、酷似中國東北「乾打壘」的阿富汗難民營以及融匯東西方文化於一體的白沙瓦景色盡收眼底。

中午時分，議長驅車帶我們來到了他的府邸。等待我們的是一場熱鬧非凡的聚會，聚集了巴西北邊省的主要軍政要員和社會名流。他們個個都渴望結識新到任的中國大使夫婦，以表示對中國的友好之情。頓時，我倆即被這些熱情洋溢的新朋友團團圍住，興奮交談。他們對中國發生的巨大變化感到欣喜，盛讚中國所取得的舉世矚目的成就。議長夫婦特地為我們舉行的是帶有濃郁白沙瓦風味的午宴。用餐完畢，為感謝主人的盛情款待，我在朋友們熱烈的掌聲中，向議長贈送了一冊精美的畫冊《中國外交四十年》。我告訴大家，畫冊中有好幾幅中巴兩國友好交往的照片，其中一幅是議長的父親、巴前總統阿尤布‧汗在一九六五年三月訪華期間同毛澤東主席會見時的合影。如今，他的兒子古哈爾‧阿尤布‧汗繼承父業，正在為進一步鞏固和發展中巴兩國友好關係繼續作出貢獻。

萊加利總統訪華拾零

一九九四年十二月初，周剛和我返回北京，參

加接待巴總統萊加利夫婦訪華的工作。這是我們在
巴基斯坦工作近四年來，巴總統首次訪華，也是巴
人民黨政府執政短短一年多時間內，繼其總理、參
議院主席和國民議會議長相繼訪華後，巴國家元首
前來訪問。中巴雙方對此訪均很重視。

　　萊加利總統夫人出身名門，雖受過西方教育，
但仍是個虔誠的穆斯林。她嚴格遵守不公開拋頭露
面、不見家族以外男士的規矩。陪同她前來訪華的
還有總統的幼妹和侄女、一些部長和省督夫人，以
及其他達官顯要的女眷。她們之中，絕大多數人從
未到過中國。為此，中方特地為總統夫人一行制定
了另一套豐富多彩的訪華活動日程，還對總統和夫
人活動時間的銜接和協調（包括每天抵離賓館和抵
離往訪城市的時間）均作了周密的安排，以便總統
和夫人在同一時間進行不同的活動。不言而喻，這
次接待任務重、要求嚴。

　　我在陪同巴基斯坦總統夫人訪華期間，親歷了
以下幾件趣聞軼事。

　　總統夫婦抵京的次日上午，在總統夫人一行參
觀完故宮後，車隊按計劃於中午來到巴駐華大使官
邸。巴大使夫人將為總統夫人一行和中方陪同舉行
午宴，然後總統夫人車隊再直接前往長城遊覽。令
人不解的是，總統夫人端坐在車中一動不動。她拒
絕下車的原因是堅持要先回國賓館換裝後再來出席
午宴。這下可急壞了巴大使夫人和中方陪同。如總
統夫人再不下車，不僅要影響午宴的舉行，還會影

響遊覽長城的原定時間和沿途的安全保衛工作。我急中生智，立即做巴大使夫人的工作，請她不要介意午宴提前，以便擠出時間來讓車隊在去長城的途中順道在國賓館停車，請總統夫人進去更衣。只有這樣，方可午宴、遊覽兩不誤。這位午宴女主人如釋重負，一邊感謝我為她解了圍，一邊求我前去完成這項「艱巨」的任務。幸運的是，總統夫人很大度地採納了我的建議，隨即走下車。坐在總統夫人身旁的是中方主要陪同、農業部部長劉江的夫人高淑禎女士，她也微笑著下了車。事後才得知，巴外交部給總統夫人準備的訪華日程小冊子上，確有午宴前更衣這項說明。

巴總統夫婦一行飛抵杭州當晚，浙江省婦聯主席為巴總統夫人一行舉行了盛大的晚宴。宴會大圓桌上擺放著五彩繽紛的巨型花環和富有江南特色的美味佳餚，周圍坐著身穿漂亮民族特色服飾的貴賓和主人，光彩照人，交相輝映。坐在我身旁的是巴總統年輕美貌的姪女，她眨著明亮的雙眸悄聲對我

說道：「大使夫人，在此良辰美餐時刻，如有貴國優雅動聽的民樂助興，豈不更令人飄飄欲仙？」事後，我向當地有關接待部門反映了這一情況，並請他們轉告下一站。次日抵達西安後，在陝西省婦聯主席為巴總統夫人一行舉行的晚宴上，專門安排了身著典雅的中式裙襖、手彈琵琶和古箏的音樂學院女生特別為貴賓演奏中國民族和古典樂曲。總統夫人默默含笑朝我點頭致謝，總統侄女乾脆離開座位來到我身旁輕聲耳語說：「謝謝你，我的好朋友。你們安排得真周到。」這次安排完全滿足了總統夫人一行的願望，收到了意想不到的效果，增進了彼此的友誼。

在該代表團離開北京返回巴基斯坦的那天下午，總統夫人一行前幾天抵京時的拘謹和客套早已

無影無蹤，她們和陪同的中國姐妹們有說有笑，完全打成了一片。總統夫人親熱地招呼我和高淑禎女士到她身邊，興奮地張開雙臂簇擁著我倆拍了一張象徵著中巴兩國姐妹友誼的合照。隨後，她邀請全體中方陪同登上插著巴基斯坦國旗的專機，進入總統座艙做客。在向我們一一贈送了禮品之後，她風趣地說：「我在自己小小的『國土』上，略盡一點地主之誼。」接著，她衷心感謝我們為她們訪華成功所做的一切，並表示她們是乘興而來，滿意而歸；短短一週的訪問令她們大開眼界，獲益匪淺。最後，她希望我們今後作為她的客人像走親戚一樣前去巴基斯坦訪問，並祝願中巴兩國姐妹之間的友誼代代相傳，萬古長青。

「中國之晨」夫人活動

在完成接待萊加利總統夫婦訪華任務後返回伊斯蘭堡不久，巴總統府專門派人給我送來一封總統夫人親筆寫的熱情洋溢的感謝信。在致她的覆信中，我不失時機地鄭重邀請她作為主賓前來參加我擬於一九九五年一月十九日舉行的盛大的夫人活動。幾天後，總統軍事秘書打電話告中國大使館，總統夫人欣然應邀，屆時將帶女兒等人前來參加。這對中國大使館，尤其是對我領導的婦女小組來說確是一大喜訊。自一九九一年到巴基斯坦工作以來，每年我都要舉行一次名為「中國之晨」的大型

鄧俊秉（右）、高淑禎同萊加利總統夫人合影。

夫人活動。由於活動內容豐富多彩，形式新穎別緻，以往幾次「中國之晨」均受到巴各界和駐巴使團的好評，在伊斯蘭堡已經小有名氣。前幾次活動雖然我有幸邀請到巴參議院主席（巴第三號領導人）和巴軍參謀長聯席會議主席夫人出席，然而，近年來巴總統夫人從未應邀出席過任何使館舉行的活動。

　　一月十九日早上，中國大使館張燈結綵，喜氣洋洋，迎來了巴總統夫人和她的千金、總統幼妹、幾位部長夫人、眾多社會女名流以及駐巴使節夫人。夫人活動自始至終充滿歡聲笑語，貴賓們都被「中國之晨」歡樂而友好的氣氛所深深感動。絢麗多彩的中國工藝品展示、碧綠青翠的使館菜園、顯示華夏百花爭豔的藝術短片、富有中華特色的風味小吃，節目一個接一個，令她們目不暇接。最讓她們驚喜的節目是中國職業婦女服裝展示和清宮舞表演。這兩個節目是我帶領使館全體夫人們自編自導演出內容和自製自籌演出服裝，花了足足兩個多月排練出來的成果。

　　當舞台上亮起了明亮的水銀燈，隨著悠揚悅耳的中國民樂樂曲聲，我館十位年齡各異的夫人身著最能顯示中國女性氣質的典雅端莊的旗袍，款款朝台前走來時，所有貴賓的注意力霎時被吸引住了。台下一片肅靜，屏氣凝神；台上「模特兒」一次又一次地更換中國職業婦女在不同場合所穿的服裝。最後的壓軸戲是使館六位年輕夫人表演的清宮舞，

她們婀娜多姿的動作、含情脈脈的神情，令台下觀眾如醉如痴。演出歷時半個多小時，一氣呵成。

演出結束，全場響起熱烈的掌聲，貴賓們久久不願離去。總統夫人感慨萬分地對大家說：「只有像中國這樣歷史悠久、文化燦爛，近年來又取得舉世矚目成就的國家的姐妹們，才有能力組織好水平如此高、寓意如此深的活動。上台表演的雖不是職業模特兒，但她們的演出精彩極了，充分顯示了中國婦女令人讚歎的自強不息的精神。」

這次活動轟動了伊斯蘭堡，一時成為巴各界和使團的熱門話題。巴基斯坦的英文《新聞報》發表了圖文並茂的報導，中國的《人民日報》和《光明日報》也先後刊文報導了這次活動。

《阿尤布·汗──巴基斯坦首位軍人統治者》中文版如何面世

在巴基斯坦的將近四年任期中，我雖然購買了一本阿爾塔夫·高哈撰寫的《阿尤布·汗──巴基斯坦首位軍人統治者》（Ayub Khan-Pakistan's First Military Ruler），但是由於工作繁忙，只能草草地瀏覽一遍，更無暇想到把它譯成中文介紹給中國讀者。

一九九五年四月，周剛和我從巴基斯坦離任回國。周剛被任命為中國駐印度尼西亞大使，需要等候印尼政府的同意。在此期間，他忙於做準備，熟悉有關印尼和中印尼關係的情況，並同有關部門商

談工作。此外,他還要到北戴河參加中央召開的部分駐外使節會議,以及在吉隆坡舉行的東南亞使節片會。這段時間,我有空翻閱了這本反映巴基斯坦當代史上首位發動軍事政變,並成功上台執政的阿尤布・汗元帥統治時代的功過是非的名著。

這本書的作者阿爾塔夫・高哈不僅是知名的報人,還是阿尤布的親密夥伴、講話撰稿人,並在其政府任新聞廣播部秘書(相當於中國的常務副部長)。他根據阿尤布的日記和他本人的摘記所撰寫的真實故事,再次觸動了我的夙願——凡到一個國家工作之後,我總想翻譯一本有關該國的著作介紹給國人。於是,我決心同該書作者聯繫並徵得他首肯後,即刻動手翻譯。一九九五年八月下旬,隨同周剛抵達雅加達履新不久,通過巴基斯坦駐印尼大使西迪克的幫助,我同阿爾塔夫・高哈取得了聯繫。他同意由我翻譯此書並在中國出版。此後,我從繁忙的工作和活動日程中擠出有限的空閒時刻,從到印度尼西亞上任伊始,直到二〇〇一年從印度離任前夕,前後花了五年多時間,總算譯完了該書。

世界知識出版社願意出版《阿尤布・汗——巴基斯坦首位軍人統治者》的中文版,但條件是該書譯者應自己拉贊助。這事可真給我出了個大難題——我這輩子最忌諱的就是乞求別人。然而,為了實現自己多年的夙願,我不得不違心請人相助。中國東方電氣集團公司在巴基斯坦有合作項目,公司副總經理潘紀盛在巴基斯坦工作期間同我們相

識。二○○○年，他到印度訪問期間前來使館見周剛大使和我時，我向他提起了翻譯出書的困難。潘總表示，向中國讀者介紹巴基斯坦有影響的領導人很有必要，可以進一步增進兩國人民的相互了解。他說，東方電氣集團在巴工作期間得到周大使、鄧教授以及大使館的關心和幫助，現在，鄧教授翻譯出書有困難，公司完全可以幫助解決。他誠懇地說，「滴水之恩當湧泉相報。」

二○○一年六月底，我自印度離任回京。退休之後至二○○二年一月，世界知識出版社在接到我的手稿後，僅花了大半年的時間就讓《阿尤布‧汗——巴基斯坦首位軍人統治者》中文版問世。

時任巴基斯坦駐華大使霍哈爾（Khokhar）對該書譯著在中國出版發行十分高興，並願提供力所能及的幫助。雖然當時他即將離任回國，公務繁忙，但仍然擠出時間在當年六月三日為此書舉辦了首發式。為此，巴基斯坦大使館文化處和辦公室做了大量準備工作。當天下午，聚集在巴基斯坦使館的不僅有該館的外交官，還有中方的在任和退休外交官、南亞學者和媒體人士。霍哈爾大使親自主持儀式並致辭。他高度讚揚中巴兩國多年來形成的「全天候」友誼，以及阿尤布總統所作的貢獻，表示《阿尤布‧汗》一書中文版的發行有助於中國讀者對巴基斯坦的了解，鄧俊秉教授做了一件十分有益的工作。

我在答謝詞中衷心感謝霍哈爾大使和東方電氣

公司的幫助，強調我之所以翻譯此書，就是想為中巴友誼略盡綿薄之力，為中巴友好大廈增添一片磚瓦。首發式上，中巴朋友暢敘友誼，我卻在旁邊忙個不停，為向我索要此書的與會客人簽名留念。

　　二〇〇五年三月初，周剛和我應南亞地區研究中心（RCSS）邀請，在巴基斯坦拉合爾為該中心舉辦的專業人士論壇作完報告後，飛赴伊斯蘭堡訪問。三月五日早上，已從外交國務秘書崗位上退休的霍哈爾邀請我們打高爾夫球。老朋友重逢，格外高興，我們還一起愉快地回憶起了幾年前在巴基斯坦駐華大使館為此書舉行首發式的熱烈友好場面。更幸運的是，我倆的好友、阿尤布・汗總統的兒子古哈爾夫婦熱情邀請我倆去他們的府邸相聚，我們兩對老伴像一家人一樣談天說地，興奮不已。臨別前，我還將此書的中文版贈送了一本給古哈爾。

難忘巴基斯坦，想念卡拉奇

龐榮謙

（中國駐卡拉奇總領館原商務參贊）

上世紀九〇年代後期，我有幸在巴基斯坦的卡拉奇工作了三年半。我的工作崗位是駐卡拉奇總領館經濟商務領事（參贊）。

去那裡之前，我對巴基斯坦這個國家沒有多少了解。在此之前，我是對外經濟貿易部（現商務部）所屬的國際貿易研究所的研究員和副所長，我個人的主要研究方向是東盟國家，對巴基斯坦很少留意，對這個國家的印象是朦朧和陌生的。

但既然上級決定我去卡拉奇工作，我就趕緊做些準備：查閱圖書雜誌上的相關資料（那時還沒有流行上網）；找曾經在卡拉奇工作過的人員諮詢、請教；為了多一些感性認識，還專程跑了一趟新疆。

出國人員培訓班結束後，部裡組織我們分三條線路到東南、中南和東北的幾個省份參觀考察，以便在去到各自的國家之前，多了解一下實際業務。我沒跟大隊一起走，而是單槍匹馬去了新疆。為什麼去新疆？因為新疆是中國唯一與巴基斯坦接壤的省區，和巴基斯坦有較多的經濟貿易聯繫。去新疆，是為了從較近的距離認識巴基斯坦。我去了北

疆的烏魯木齊和南疆的喀什，同當地外貿廳局以及進出口公司的朋友座談了好幾次。最後沿著那條著名的喀喇崑崙公路，去了緊鄰巴基斯坦、海拔三千二百米的塔什庫爾干縣，到了紅其拉甫口岸。

一九九五年十月的一天，我生平第一次踏上巴基斯坦的土地，心情緊張、興奮，又有點忐忑。

友好的國度

到了卡拉奇之後，儘管環境艱苦，治安不佳，但我很快就愛上了這個城市，愛上了巴基斯坦，並且成為一個忠實的「巴粉」（巴基斯坦的粉絲），至今不渝。

一到卡拉奇，總領館的同志就非常認真地告訴我，巴基斯坦是中國最好的朋友。而在卡拉奇工作和生活了三年多，有了親身的體會之後，我確認此言不虛。我完全贊同這樣的認知，並且把這種認知轉告給其他沒到過巴基斯坦的人們。

巴基斯坦一九五一年與中國建交，是最早與中國建交的國家之一。中巴友誼經歷了時間的考驗，無論在中國發展順利的時候，還是在中國遇到困難和挫折的時候，巴基斯坦都和中國站在一起。長期以來，巴基斯坦在涉台、涉藏、涉疆和人權等許多重大問題上，都給了中國寶貴的支持。一九六五年，李宗仁先生取道巴基斯坦回國定居，巴基斯坦提供了方便和協助。「文革」時期中國對外關係全

面緊張，巴基斯坦成為中國與外界聯系的幾乎是唯一的渠道。一九七一年，正是由於巴基斯坦等發展中國家共同努力，中國恢復了在聯合國的合法席位。一九七一年，在巴基斯坦政府的斡旋和協助下，美國總統特使基辛格博士途經巴基斯坦祕密訪華，不久實現了尼克松總統打開中美關係大門的破冰之旅，震動了世界。

在巴基斯坦，無論執政黨還是在野黨，無論官方還是民間，對華友好已經成為人們的共識。巴基斯坦的領導人經常說：「巴中友好是巴基斯坦外交政策的基石。」中國方面也一直把巴基斯坦視為可信賴的朋友，認為中巴關係是世界上不同制度國家間友好關係的典範。

來到巴基斯坦以後，在很短的時間裡，我就親身體驗到巴基斯坦人民的友好情誼。不管是外出辦事還是街頭漫步，當聽說中國朋友來了時，巴基斯坦人立刻就會露出友善的笑容，並向你提供一切可能的幫助。

在卡拉奇的那幾年，和巴基斯坦政府部門或民間機構打交道，經常會得到特別的關照。一些難辦的事情，中國人有可能得到特別的通融。有一個時期，巴基斯坦由於經濟困難，外匯緊缺，拖欠了中國公司很大數量的承包工程款。受中國公司委託，在那段日子裡，我頻繁出入巴基斯坦國民銀行即中央銀行的大門，交涉欠款事宜，以至和銀行的幾位負責人都成了朋友。國民銀行的一位副行長誠懇地

對我說：「拖欠中國公司的工程款，確實不應該。巴基斯坦現在外匯極其缺乏，而到期的債務又很多。你放心，一旦有了外匯，我們會首先安排償還中國兄弟的錢。」當時我不知道這種表示究竟是他的真實態度，還是一種外交辭令。過了幾個月，從中國公司處得知，巴基斯坦政府的欠賬已經陸續在歸還。

東方電氣公司在巴基斯坦有一個電站承包項目，由於種種原因，工程拖了很長時間才完工。按照合同規定，這要處以三千萬美元的罰款。如果真的這樣罰了，東方公司數年的辛勞和汗水就會付之東流。經過多方努力，特別是由當時的張成禮大使出面做工作，最後三千萬美元罰款全部免除。巴基斯坦政府說，免除罰款是因為工程拖期有一定的客觀原因，更重要的是為了顧全巴中友好的大局。

我們駐卡拉奇總領館包括經商室工作很忙，來辦事的人特別多，邀請我們出席各種活動的也特別多。在許多社交場合，我發現除中國領館人員外，並沒有其他領館的人員。我想，這並不是因為我們這些人特別有人緣，而是中巴友誼深入人心，也是前任的幾代人長期做工作的結果。

實際上，巴基斯坦人不僅對中國人友好，對其他外國人以及對自己的同胞也都是友好的。巴基斯坦朋友待人接物總是彬彬有禮，陌生人見面相互間也會點頭微笑。公共場所人們都自覺地遵守秩序。服務業則出自內心地把顧客當作上帝。卡拉奇高度

商業化，但這裡的民風依然淳樸。人們喜歡幫助別人，遇到問路的總是熱心指引，有時候甚至會帶你走上一段。賣菜的小販買賣公平，從不缺斤短兩，對老外和老巴一視同仁。大多數巴基斯坦人都樂天知命，安分守己。無論高低貴賤，所有崗位上的人都會踏踏實實地盡好自己的職責。處在逆境，或者有什麼不如意的事，都是安之若素，並不怨天尤人。

誠摯的朋友

在卡拉奇工作期間，我曾經有過不少朋友，其中有些人隨著歲月流逝而漸漸淡忘，有些人只記得樣貌而想不起名字。但還是有幾位朋友印象非常深刻，我敢說終生都不會忘記。

首先要提到的是納賽爾先生，他是巴中商會的主席。一九五一年，他父親那一代就開始和中國做生意，主要經營輕工產品。他口才好，交遊廣，為人豪爽仗義，協調能力強，多年擔任商會會長的職務，在卡拉奇乃至巴基斯坦貿易界都有很高的威望。納賽爾的兒子也跟著他做中國生意，他們家可以說是巴中貿易世家。

納賽爾對商會的事情非常熱心，經常幫助巴基斯坦同行排憂解難。我們經商室有了困難，他也是全心全意地提供幫助。記得我初到卡拉奇時，他就為我們提供了從事對華貿易的商戶名單。有一次，為了解決巴中雙方貿易糾紛，他率領巴基斯坦商業和工業聯

合會代表團來我們經商室開會，就解決辦法坦誠而深入地交換意見，提出了不少切實可行的措施。

納賽爾先生是經商室的朋友，也是總領館的朋友。每年的中國國慶招待會，他都會送一個大蛋糕。蛋糕的重量隨中國的建國週年數而逐年增加。比如一九九七年中國建國四十八週年，他送一個四十八磅重的蛋糕；次年建國四十九週年，他就送一個四十九磅重的蛋糕。蛋糕上飾有巴中兩國國旗圖案，在招待會上十分引人注目。每逢中國國慶，納賽爾先生還會在自己家裡舉辦盛大的招待會，以茲慶祝。

接著要說說哈立克先生。他子承父業，與中國做五金生意，是中國的老客戶，也是總領館和經商室的老朋友。

在工作上，他給經商室幫過不少忙。哈立克幾次陪同經商室工作人員到海關，協助解決貿易糾紛。為防止一些行為不端的人到中國舉辦的交易會

1995 年 12 月，龐榮謙與哈立克在一起。

上詐騙，他會提醒我們事先加以防範。每年中國國慶，哈利克家都要舉辦規模數百人的招待會。有一年國慶時他不在國內，待回國後還要補辦。

每到宰牲節，哈立克家就會邀請總領館和經商室的人到家裡做客，觀看殺牛宰羊。宰牲節是穆斯林的重要節日，中國回族和維吾爾族等信仰伊斯蘭教的少數民族也過這個節日，稱為「古爾邦節」。在巴基斯坦，到了這一天，許多人家都會殺牛宰羊。牛羊提前買來，在家裡養上幾天，然後再行宰殺。宰殺之前先請客人觀賞，再由阿訇誦經禱告，此後才可動刀。按照古蘭經教義，未經阿訇禱告而宰殺的牲畜是不能吃的。哈立克家每次宰牲完畢，都要先由總領館和經商室的人挑選，喜歡哪塊拿哪塊。我們此時就會拿出事先準備好的大盆，把挑選的牛羊肉裝好，歡聲笑語，滿載而歸。

哈立克還帶我們去看過贖罪節，也叫「哀悼節」。在一個小廣場上，有一支數百人的隊伍繞著一個大圈遊行，外面是一層層圍觀的人群。遊行的人一邊走動，一邊用刀子砍自己的脊背。刀子不是一把，是一串用繩子穿起來的鋼刀，遊行的人們一邊走，一邊從肩頭上向後掄著刀串，砍向赤裸的後背，每個人都砍得鮮血淋漓。但是看他們面部的表情，絲毫沒有痛苦，有的只是平靜甚至愉悅。聽說他們這樣做，是為了悼念在一次宗教戰爭中犧牲的先知穆罕默德的外孫侯賽因，體驗他當時所受的痛苦。也有的說，這是對過去一年的罪過進行懺悔，

為了驅逐心靈中的魔鬼。只要心靈得到淨化，皮肉受苦是不在乎的。

哈立克會說相當流利的中國話，是到中國做生意時學會的。他說他曾經有一個中國女朋友，在寧波，人很漂亮，已經到了談婚論嫁的地步，無奈由於女方家長的阻撓，最後不得不勞燕分飛。我到卡拉奇時，哈立克剛結婚不久，幾年裡妻子為他連生了三個兒子。孩子十分可愛，有時他會帶到經商室來玩。

還有不可不提的馬季。馬季德先生是經商室的僱員，大家都叫他「馬季」。

馬季早在一九五三年就到經商室工作了，那時經商室還是中國駐巴使館的商務處。上世紀五〇年代，周總理和陳毅副總理訪問巴基斯坦，到中國使館時，曾經和馬季握過手。這件事使馬季終生引以為豪，聽到此事的人也都對他刮目相看。有人半開玩笑半認真地說，馬季是中巴友好的象徵。

我到卡拉奇時，他已在經商室工作了四十二年之久。他以前負責打掃衛生兼端茶送水，後來仍然打掃衛生，但因年紀漸長，端茶送水的事就不做了，更多地像是經商室的管家。什麼東西找不到，一問馬季，他準能很快就說出那件東西放在什麼地方。經商室的一草一木都裝在他的心裡。到訪經商室的客人，他幾乎全都認識。他為人誠實本分，公私分明，從來不占公家便宜。他能用英語和別人交流，但四十多年仍不會說中國話。我們問他，他

說：「我學會了中國話，你們之間說話就不方便了。」他和經商室的人建立了深厚的感情，哪個人任滿回國，只要工作離得開，他都會到機場送行。他兒子結婚時，經商室所有的人都去他家裡祝賀。

俗話說「鐵打的營盤流水的兵」，經商室的人員換了一茬又一茬，只有馬季一直在那裡堅守。若干年之後，當人們提起經商室時，往往會問的是：「馬季還在那裡嗎？」

我離開卡拉奇以後，至少在我下一任參讚的任期內，馬季仍然沒有退休。再後面呢？漸漸地就沒有得到他的消息了。

美好的記憶

在卡拉奇工作的三年半時間，是我人生中一段重要的經歷，領導信任，同事支持，上下和順，工作起來得心應手。那段時間留給我的，有許多愉快的美好的記憶。

我在卡拉奇工作時，遇到了兩位好領導。前一位是王修才總領事，學普什圖語的。王總為人本分，原則性強，有容人的雅量，是一位忠厚長者。他對我信任，我對他尊重，關係一直很融洽。

後一位是安啟光總領事。安總是一九九七年夏秋之際到卡拉奇的，比我年長六歲，瀋陽人，身材魁梧，性格中有一種東北人特有的豪爽。他是學烏爾都語的，一九六二年從北大東語系畢業，曾四次

在中國駐巴使館或總領館常駐，在外交工作特別是對巴事務中有著豐富的經驗。我非常希望從他那裡得到工作上的指導和啟示。安總對我則給予了充分的信任和全力的支持。和安總一起共事和相處，我總是感到很舒適，很輕鬆。總領館本部和經商室雖然分駐兩處，相隔約十公里，但來往很多，就像一家人一樣。

經商室有六個編制，包括輪換的，那幾年前後有十多位同事在這裡工作。這些人都是從外經貿系統的幾個不同的部門抽調來的，來之前基本上都互不相識。但大家在這遠離祖國的地方，都以大局為重，團結協作，忠於職守，圓滿地完成了各自承擔的任務。作為經商室的領導，我在工作上提出的要求，比如加強調研、增強服務意識、「有信必復」等，都得到大家的支持。室內同事坦誠相待，有分歧，但從不爭吵；有不同意見，但無人搬弄是非。為了中巴經貿關係的發展，大家心往一處想，勁往一處使，付出了許多的辛勞和汗水。

毋庸諱言，卡拉奇的環境有較艱苦的一面，我們想出辦法，克服了各種困難。

——天氣炎熱。卡拉奇一年中多數時間是炎熱的，四到六月間，最高氣溫經常保持在攝氏四十到四十三度。參加一些需要著正裝的大活動，常常汗流浹背。平時在烈日下面，也總感到灼熱難忍。

——治安形勢欠佳。由於種族矛盾、教派分歧、政黨爭鬥等原因，那幾年卡拉奇的治安情況不

理想，有時還有騷亂、搶劫和暴力事件。經商室曾專門召集在卡拉奇的中國公司開會，共商對策。大家達成的共識是，首先必須加強自身防範意識，遠離出事地點，一旦發生被搶的情況，則首先注意保護人身安全，不作任何無謂的反抗。至於財產方面，則儘可能避免損失。汽車事先上保險，以便在出事以後找保險公司理賠。

——缺水缺電。卡拉奇人口眾多，水資源缺乏，用的水主要是從印度河引過來的。本來卡拉奇有完備的自來水系統，但由於常年乾旱，自來水供應一直不正常。水不夠了，就要用車到水站拉水。後來有人做起專門送水的生意。水車來後，先把水放入水窖，之後用水泵把水送到樓頂的蓄水池，最後蓄水池的水再流到自來水水管。供電也不正常，拉閘限電是家常便飯。總領館和我們經商室都自備了柴油發電機，供電一停，立刻啟用。

我們經商室的同志忙於為雙方企業牽線搭橋，解決困難，同巴方政府部門商談問題，向國內主管部門報送信息和建議。每天循環往復，周而復始，工作生活也很緊張繁忙。為了豐富年輕人的生活，我們因地制宜，想方設法，組織一些娛樂活動。

首先是參觀遊覽。最常去的地方是真納墓、海軍教堂和月亮灣。

真納墓是卡拉奇第一景點，是巴基斯坦的建國領袖、被稱作「國父」的穆罕默德·阿里·真納的陵墓，位於卡拉奇市中心。墓頂冠以巨大的半圓形

曲面，四周是白色的圍牆，大理石砌成的台基呈四
方形，伊斯蘭風格的方形白大理石陵墓主體屹立於
棕櫚樹和各色鮮花之中。整體環境清新幽靜，給人
以莊嚴肅穆之感。這裡必須提到的是，陵墓大廳中
央懸掛的富麗堂皇的巨大吊燈，是中國贈送的，表
達了中國人民對巴基斯坦立國之父的崇高敬意。進
陵墓參觀要先脫鞋，並要保持安靜。

海軍教堂的正式名稱為圖巴大清真寺，是卡拉
奇最大的清真寺，位於卡拉奇國防區。該清真寺的
主體建築——禱告大廳呈半球形，全部由白色大理
石建成，通體潔白，在陽光照耀下顯得格外莊嚴聖
潔。據說大廳可容納五千人同時禱告，如果加上外
面的平台、走廊和草坪，最多可容納三萬人。

月亮灣屬於自然風光類的景點，在卡拉奇西南

方向約三十公里的海濱，開車約一個小時可以到達。海邊有一段厚厚的長長的磚牆，深入海水裡，牆體中間有一個拱形圓洞，海水在洞下相通，因而人們給這裡起了一個頗有詩意的名字——月亮灣。那裡有個小賣部，供應食品和飲料。沿台階而下，可以直到水邊。沙灘上有駱駝和馬，供遊人租騎照相。也有吹葫蘆笙的弄蛇人，指揮眼鏡蛇隨樂曲起舞。

有時也會去捉蟹、釣魚。捉蟹的地方距月亮灣不遠。當潮水退去的時候，海邊的沙灘上就露出一個個的小洞，伸手進去，很可能裡面就有一隻螃蟹。我們在週末曾幾次去那個地方，手拎塑料桶在沙灘上尋找蟹洞。螃蟹個頭不大，當地人稱之為沙蟹。個頭雖小，但味道鮮美，非市場買來的大個螃蟹可比。

週末或節假日，我們還去釣過幾次魚。在卡拉奇釣魚跟別處可不太一樣。首先地方不一樣。別處釣魚都是在水邊——河邊、湖邊或海邊，也有在魚塘邊釣的，在卡拉奇則是到海裡去。乘著租來的機動船，從岸邊向海裡開上五公里至十公里，把船停下，就到了釣魚的水面。其次，別處釣魚必須使用魚竿，一套好魚竿可是價值不菲。這裡就完全不用魚竿。船工已經事先為我們準備好一根根線繩，繩尾栓上魚鉤及鉛墜兒，我們站在或坐在船邊，把魚鉤垂直放進海水，就等魚兒上鉤了。魚釣上來以後，船工會洗淨、去鱗，並在船上烹炸，現做現吃。或許因為是自己的勞動果實，感覺味道特別鮮美。

令我經常想起及念念不忘的，還有卡拉奇的許多好吃的東西，因為我屬於貪吃一族。烤羊腿和饢，那是穆斯林的美餐，我在別的地方也吃過，但沒有卡拉奇的好吃。

多種多樣的水果，也讓我回味不已。先說芒果，巴基斯坦盛產芒果，一九六八年巴領導人曾向毛澤東主席贈送芒果，毛主席又把芒果轉送給工宣隊。當時新聞媒體上有大量的宣傳報道，有兩個芒果還在清華大學展出過。大多數中國人包括我就是在那個時候才知道世界上有這樣一種珍貴的水果的。這次來到卡拉奇，香甜的芒果幾乎天天都可以吃到。再說西瓜，或許是由於氣溫高、日照長，卡拉奇的西瓜不用挑選，個個都特別甜。在暑熱難擋的季節裡，吃上幾塊從冰箱裡拿出來的西瓜，那可是莫大的享受。還有石榴，巴基斯坦的石榴又大又紅，汁多味甜，比我以前吃過的任何石榴都要好。還有番石榴，俗名「臭梨」，名字不太雅，吃起來卻獨有一種清香甜美的滋味。

宋代大文豪蘇東坡有名句曰：「日啖荔枝三百顆，不辭長作嶺南人。」我模仿先賢的口氣，在一首記述卡拉奇生活的打油詩中也寫道：「芒果甜又香，西瓜解暑長。日日食不停，身心健而康。」

回首卡拉奇的往事，有艱苦困難的一面，也有快樂幸福的一面，但我還是願意用「美好」兩個字來概括那幾年的日子。

夢迴卡拉奇

　　二○一二年二月，在我離開卡拉奇十二年之後，又有機會重返巴基斯坦，舊地重遊。這次是參加「中國前外交官七人代表團」，由巴基斯坦政府邀請並接待。出訪是由北京大學巴基斯坦研究中心組織的。團長是前駐巴大使周剛，成員包括前駐巴大使陸樹林，前駐卡拉奇總領事安啟光，前駐卡拉奇文化領事、北京大學巴基斯坦研究中心主任唐孟生教授等。

　　這次訪問，我們再次深深體會到巴基斯坦政府和人民的友好情誼。我們訪問了伊斯蘭堡和拉合爾兩個城市。在首都伊斯蘭堡，我們訪問了巴基斯坦外交部、世界事務委員會、戰略研究所、國防大學和巴中友好學會。在拉合爾，訪問了國家博物館和艾奇森學院。在艾奇森學院，我們受到極其熱情友好的接待，院長艾賈祖丁先生請我們觀禮學院的年度活動，還請我們乘坐觀禮馬車。此外，東道主還安排我們會見了當時的巴基斯坦總理吉拉尼先生以及旁遮普省省督，給予了很高的禮遇。在和各個部門的座談中，雙方暢敘六十多年來特別是最近幾年中巴關係的發展，也表達了共同努力把中巴友好發展到更高水平的願望。

　　再次訪問巴基斯坦，目睹了巴基斯坦近年來的一些變化，有的變化令人欣喜，也有些地方令人憂慮。

訪問即將結束的時候，巴方陪同人員帶我們去拉合爾一家叫做 Hyper Star 的超市購物。這是家新開的超市，規模很大，商品種類繁多，琳瑯滿目。這樣的超市，以前在卡拉奇、伊斯蘭堡和拉合爾都不曾見過。拉合爾國際機場也是近幾年重建的，規模大了，也更加現代化了。作為巴基斯坦的朋友，對於她任何的進步與發展，我們都感到由衷的高興。與此同時，也為她面臨的一些困擾而憂慮。

這次訪問中一個突出的印象是治安形勢依然嚴峻。無論總理府還是外交部，凡屬重要部門，都是戒備森嚴。從大門外很遠的地方開始，就設置用水泥墩或鋼架製成的蛇形路障，車隊只能緩慢曲折地前行。荷槍實彈的軍警嚴加守護。總理府甚至連手機、相機和手提包都不得帶入。

所住的萬豪酒店也是戒備森嚴，除本國領導人和外國高級代表團的車輛外，外來車輛包括使館車輛都不得入內，只能停在外面，由「代駕」把車開到停車場，來人則步行進入酒店。進門要經過儀器掃瞄加上人工搜索，眾多保安人員在周圍巡查。

加強戒備令人望而生畏，但也是不得已而為之。二〇〇八年九月，就是我們住的這家萬豪酒店，就曾發生汽車炸彈爆炸事件，酒店被炸去半邊，死亡五十餘人，傷者二百餘人，被稱為巴基斯坦的「9·11」事件。巴基斯坦是恐怖主義的重災區啊！

按照日程，此次訪問只到伊斯蘭堡和拉合爾，

未去卡拉奇。原因據說是因為時間不夠，但估計還有安全上的顧慮。

卡拉奇去不了，未免遺憾。

希望有機會再次去巴基斯坦，特別是想再到卡拉奇看一看。實際上，在夢境裡我已多次回到卡拉奇了。

朋友們或許都老了，我自己也已是七旬老人，但我們的友誼卻歷久彌堅。我們的後代也會繼續友好下去。納賽爾的兩個兒子，都在繼續做中國生意。哈立克的三個兒子，我離開時只有三到五歲，彈指間十五年過去，如今應該已是十八到二十歲的翩翩少年了，就不知道會不會接他們爸爸的班跟中國做貿易呢？

希望兩國高層領導增加互訪，希望兩國在經濟文化等各個領域更多地交流，也希望兩國人民更多地往來。

如今中國人出國旅遊的越來越多，但是去巴基斯坦旅遊的人還較少。其實巴基斯坦值得一看的旅遊景點很多。我們這次在拉合爾參觀了國家博物館，博物館裡有大量文物，反映著巴基斯坦的歷史。展覽從塔克西拉講起，塔克西拉在伊斯蘭堡北方約五十公里，是古印度也是巴基斯坦的發祥地之一，有二千五百年的歷史。史書記載，著名的高僧玄奘西天取經時就到過這裡，今天那裡還很好地保存著玄奘學習和講經的古廟遺址。聽說今天的塔克西拉已比較荒涼，如果把它開發成旅遊景點，相信

很多中國遊客會到那裡去。

　　沒去過巴基斯坦的人，很難真正地了解巴基斯坦；去過巴基斯坦的人，則大多會成為「巴粉」。

　　當然，也希望有更多的巴基斯坦人到中國來。

　　願中巴兩國永遠攜手，共同走向繁榮富強。

　　願中巴兩國人民永遠幸福，永遠安寧。

兩則小故事

陸維釗

（中國前駐巴基斯坦、敍利亞、阿爾及利亞大使）

「送給中國叔叔」

陸維釗大使一九七七年與巴首席執行官齊亞‧哈克將軍（左）在一起。

中國駐巴基斯坦大使館花園的假山裡，有一隻當地的山龜，它在那裡已經生活很長時間了。說起它來，還有一段中巴友好的小故事呢：

一天，我們使館附近聚集了好幾個當地的小夥

子，正在熱烈地商量什麼事情，一群孩子也圍在那裡喧鬧著。在他們旁邊的地上，伏著一隻山龜。山龜生活在陸地，通常棲息在山區丘陵地帶。年輕人剛才捕獲了它，正在討論如何處置。討論的結果，一致意見是把它贈送給中國大使館，讓中國叔叔餵養。從此，這只龜就在中國大使館的花園裡安下了家。

「我送你們去」

一次，我們要去巴基斯坦美麗的城市拉合爾，中途迷路了。恰巧，有一個年輕人經過我們身旁，我們向他問路。他看到我的座車上插著五星紅旗，就自告奮勇說，「我送你們去。」他騎摩托車把我們一直送到拉合爾。這事過了近四十年，現在我已記不得這個年輕人的名字，但我深深地記得他，他是我們的巴基斯坦朋友、巴基斯坦兄弟。

友誼的花絮

王南

（人民日報主任編輯）

凡在巴基斯坦有過工作、生活經歷，或是去過這個國家，甚至在第三國與巴基斯坦人打過交道的中國人，都會從內心贊同這樣的說法：巴基斯坦的確是中國的「好鄰居、好朋友、好夥伴、好兄弟」。

幾乎所有去過巴基斯坦的中國人，哪怕是以非常普通的旅游者的身分，都會在不同場合，或是從不同層面感受到巴基斯坦民眾對中國和中國人的友好之情。儘管巴基斯坦許多地方的氣候較為炎熱，但許多巴基斯坦民眾對中國人的友好熱情比盛夏的天氣還要熾熱。只要有東亞面孔的人在公共場合出現，在場的巴基斯坦人常常會主動上前問候致意，甚至有的直接會用中文說：「你好」「朋友」。一旦確認你是中國人，他們還會要求與你合影留念。難怪許多中國人會說，自己在巴基斯坦常常有一種當「明星」的感覺。

當然，巴基斯坦民眾對中國人的這種友好之情，有時也會引起某種誤會。如某些日本人和韓國人有時會被巴基斯坦民眾誤認為是中國人，結果莫

名其妙地享受了一般只有中國人才能享受的熱情和禮遇。

筆者因為工作關係，曾在巴基斯坦首都伊斯蘭堡常駐過三年，比起許多到過巴基斯坦的國人，特別是那些只在巴基斯坦有過短期經歷和去那兒旅遊的同胞來說，自然多了不少享受這種禮遇和優待的機會。為此，筆者常常會暗暗竊喜，尤其是在聽到有國人抱怨在其他國家和地區所遭遇的那些不快和不公時。

一九九七年二月下旬的一天，筆者完成了在阿富汗境內為期一週的採訪，從阿富汗的楠格哈爾返回巴基斯坦。那天搭乘的可能是最早的一班車，抵達阿富汗與巴基斯坦交界的口岸時，兩國的邊檢人員還沒有上班。於是，本人決定原地等候，待雙方的口岸工作人員上班後再辦理過境手續，進入巴基斯坦。

當時，同車認識的兩位巴基斯坦朋友，由於做生意經常往返於阿富汗和巴基斯坦兩國，或是還有其他方面的原因，他倆不等口岸工作人員上班，辦理正規的過境手續，便自行跨越國界，從阿富汗進入巴基斯坦。他倆在與筆者道別後，就徑直朝巴基斯坦方向走去。

大約等了四十分鐘左右，口岸那邊可以辦理過境手續了，筆者馬上湊了過去。好在要辦過境手續的人不多，沒費多長時間就辦完了，很快便離開了阿富汗，踏上了巴基斯坦的國土。但令筆者始料不

及的是，那兩位同車並提前返回巴基斯坦的朋友，此時正在巴基斯坦那側等待。此情此景，筆者不只是又驚又喜，而且更多是感動和感激。畢竟人家與自己僅僅是萍水相逢，犯不著要為一位外國人花費更多的時間和精力。

這兩位巴基斯坦朋友告稱，之所以要在那兒等待，一是為了確認筆者能夠平安進入巴基斯坦，二是擔心筆者人生地不熟，無法順利抵達巴基斯坦城市白沙瓦。他倆非常熱情地將筆者帶到一個像是負責安全和治安的機構，那裡進進出出的人都配有制式槍械。兩位朋友與那兒的一個負責人說了一番，

雖然筆者聽不懂他們說了什麼，但看著他們臉上洋溢著的友好，也能明白幾分。估計他們一定在說：這是一位剛剛離開阿富汗的中國朋友，現在要去白沙瓦，再從那裡乘航班返回伊斯蘭堡。從這裡到白沙瓦還有幾十公里路程，而且都是山路。請一定關照好這位中國朋友的安全。

很快，一位持槍的年輕人便被指派為筆者的隨身護衛。大家一起來到租車的地方，在這裡，筆者才與那兩位與我同車從阿富汗過來的巴基斯坦朋友擁抱、道別。筆者也在持槍人的護送下，乘車前往白沙瓦城裡。

從邊界口岸到白沙瓦的路上，先後共有三位持槍人為筆者護衛，當然這是一種「接力式」護衛，即一位護衛者在陪了筆者一段路程後，就會有另一位護衛者接替，直至將筆者安全送達白沙瓦城裡。筆者曾問他們如何返回自己的崗位，是否需要一些交通費，但都被他們謝絕。

這一帶是世界聞名的開伯爾山口，它是連接南亞和中亞的重要通道。在差不多兩個來小時的路上，護衛者都是持槍與筆者並排坐在一輛老舊的車上，一路顛簸地朝前行進。彼此多數時候很少說話，只是偶爾相互對視笑笑，總之也還默契、愉快。

進到白沙瓦城裡，筆者同樣是人地兩生，不知如何前往白沙瓦機場。於是，筆者攔下了一位正在趕路的年輕人，向他說明了意圖。這位朋友聽罷之後，便陪筆者走了一小段路，然後截下了一輛在巴

基斯坦城鄉各地極為常見的交通工具——「蹦蹦車」，並告訴車主送筆者去當地機場。為了表示感謝，筆者當時掏出了一些盧比（巴基斯坦貨幣），算是給他的小費。誰知這位年輕人堅決不收，還說「你是中國人，你是我們的朋友。」

二

　　在巴基斯坦工作、生活時間長了，特別是作為一名新聞記者，自然免不了要接觸巴基斯坦的各界人士，包括一些在當地頗有身分的人士。有些交往時間長了，也會彼此串門做客，就像好朋友和親戚那樣。

　　有一位名叫巴蒂的巴基斯坦朋友，他在國家廣電部門工作，級別相當於中國的廳局級。他也是許多在巴工作的中國人公認的朋友，尤其是在巴常駐的中國新聞同行的朋友。中國朋友應邀去他家做客是件很平常的事。每次在他家吃飯，他的妻子、兒子和女兒也會一起作陪，並且參與主客之間談話和交流。這種情況若在中國可能算不了什麼，但在穆斯林社會，此舉則意味著一種特殊的待遇，表明主人對客人的信任和友好已到了相當的程度。

　　筆者已記不清去巴蒂先生家做過幾回客、吃過幾回飯，但不能忘懷的是他對中國和中國人的真摯情感。他會如數家珍般地告訴你他去中國訪問的經歷和感受，他會將自己從中國捎回的物品展示給你，也會將自己對中國發展進步的喜悅與你共同分享。

可以說，巴蒂先生與中國朋友之間，甚至他的家人與中國朋友之間，幾乎是無話不談。畢竟大家都是好朋友，誰也沒把對方當作外人，所以交談時某些比較隱私的話也不迴避。巴蒂先生就曾向筆者說過他首次訪華時遇到的一件「尷尬」事。

大約是上世紀六〇年代中期某個時間，他隨巴基斯坦一個代表團訪問北京。那是巴蒂先生第一次來中國，當時他還是一位年輕人。中方接待規格也較高，還在人民大會堂設宴款待他們。他說，他和代表團其他成員圍坐在一個桌旁，上面已擺好了十道上下的菜餚，而且都是大盤大碟，當然還有果汁飲料什麼的。正式開吃之後，不知是巴方代表團成員頭一回品嚐地道的中餐美食，還是訪華行程太緊讓他們多消耗了幾分體力，或是二者兼有的緣故，這些餐食很快便被風捲殘雲般地一掃而光。仗著年輕胃口好，巴蒂先生說自己當時也沒少吃，等這些盤碟撤下桌時，連吃帶喝差不多已經飽了差不多七至八成。

然而，巴蒂先生和他的同事們有所不知的是，剛才他們吃下肚的只是中式宴會頭一輪的涼菜。緊接著是一輪熱菜，而且是一道接一道地上，不但數量更多，而且色彩也很豐富。這些色香味俱全的美食令巴蒂等大開眼界，此時儘管胃腹所剩空間無幾，也不願放棄品嚐的機會。無奈幾道熱菜之後，這些巴方友人的「戰鬥力」便呈陡降之勢，雖說一款款美食當前，實在是無力享受。對於其後上來的熱

王南在伊斯蘭堡費薩爾清真寺留影。

菜、湯羹、點心、水果等，大多只能是看一看，胃口再好的人也吃不動了。這回，巴蒂先生算是對中式宴會有了具體的印象，知道了中式宴會的頭一輪菜只是涼菜，真正的主菜、大菜什麼的還在後面呢。

都說「記者是無冕之王」，筆者對此的理解是，這倒不是說記者有多大的權力，擁有多少財富，或許原因之一在於記者經常有機會接觸各式各樣的人物，甚至國家級政要等大人物。筆者在巴基斯坦就有類似的經歷，而且還從這一特殊側面感受到巴基斯坦各界人士對中國和中國人的友好之情。

一九九六年十一月五日，筆者才到巴基斯坦工作僅一個來月，不意卻遇到了巴基斯坦的政局大事。當天，時任巴基斯坦總統萊加利頒發政令，宣布解散人民黨執政的貝‧布托政府。而當時作為反對黨的穆斯林聯盟，自然是歡天喜地，興高采烈。許多穆斯林聯盟成員和擁戴者紛紛湧向街頭，舉行慶祝遊行和集會。

出於採訪報導的需要，筆者也來到伊斯蘭堡街區各處進行實地採訪。不經意間跟著一隊人馬來到了城中的一個院子，再進到院內一棟房子的大廳。此時裡面已經坐滿了人，而巴基斯坦前總理、穆斯林聯盟主席納瓦茲，謝里夫正在前面的主席台跟前。此時筆者方知，這可不是一個普通的地方，而是巴基斯坦穆斯林聯盟在伊斯蘭堡的總部。因為謝里夫領導的穆斯林聯盟和貝‧布托領導的人民黨是巴基斯坦兩個最大的黨派，這個地方的重要性自然

也就不言而喻。

　　正當筆者為是留是去而糾結時，一位負責現場安全的人員或許早已發現本人屬於「來路不明」之類，急忙一邊朝筆者走來，一邊揮手示意筆者出去。此時，一個令筆者始料不及的事情發生了，只見謝里夫趕緊招呼那位安全人員停住，同時也示意筆者過去。筆者很快便來到謝里夫面前，首先向他呈遞了名片，告訴他自己才來巴基斯坦不久。謝里夫面帶微笑和友善與筆者握了握手，並說「歡迎你來巴基斯坦」，還讓他的同事們允許筆者留在那裡。

　　於是，筆者很快被安排在現場居中的地方坐了下來。不多久，謝里夫便向在場的人發表了一番慷慨激昂的演講。由於他是用巴基斯坦國語烏爾都語作的演講，筆者無法聽懂。旁座的巴基斯坦朋友見狀，就自願當起了筆者的翻譯。當時，謝里夫除了慶賀貝·布托政府解散外，還對穆斯林聯盟作了動員，號召大家為迎接即將舉行的大選而努力。筆者通過這位巴方友人還得知，當時在場的人幾乎都是穆斯林聯盟的核心成員和重要成員，如果穆斯林聯盟能贏得下一屆大選，其中許多人將會出任政府的高官。

　　就這樣，筆者誤闖誤撞、稀里糊塗地參加了巴基斯坦最大政黨之一穆斯林聯盟帶有「中央全會」性質的重要會議。能夠享有如此殊榮，完全是因為貴為巴基斯坦著名政要的謝里夫，當時並沒有將一位來自中國的普通記者當作外人。此後不久，謝里

夫於一九九七年二月再度當選總理。時至今日，每每想起此事，筆者仍有一種受寵若驚之感。

二

　　眾所周知，一九九七年是一個令中國人和普天下華人揚眉吐氣、備感驕傲之年，因為香港在這一年的七月一日回歸祖國。同樣，這也是一件舉世關注的事情，無論是在中國國內，還是在其他國家。

　　當時筆者在外工作，雖然無法感受香港回歸前國內的歡喜場面和氣氛，但從自己在巴基斯坦的經歷來看，巴基斯坦各界民眾對於香港回歸中國的喜悅和興奮，幾乎與中國人無異。就像不少巴基斯坦人說的那樣：只要是中國的好事，也同樣是巴基斯坦的好事！

　　儘管許多巴基斯坦民眾與中國人懷有同樣的高興心情來看待香港回歸中國這件事，但他們之中的絕大多數並不了解香港問題的由來。有的巴基斯坦人甚至會問：處於英國統治下的香港，怎麼馬上就要回歸中國？筆者答覆時自然會從鴉片戰爭說起，再聯繫英國對南亞次大陸的殖民統治與掠奪，還有中國與英國就香港問題的談判，以及「一國兩制」構想等。那陣子自己到底作過多少次這樣的問題解答，早已是一個說不清的數字。但令筆者欣慰的是，在對香港問題有了一定的了解後，那些巴基斯坦民眾不光是為香港回歸中國感到高興，還對中國的過去和現在有了更多、更深的了解，在內心深處

與中國和中國人有了更多的共鳴，同時也更加看好香港的未來。

待到臨近七月一日之前的那兩天，筆者將自己的住處打掃一新，還在房頂升起了中國國旗和巴基斯坦國旗，屋內也用彩旗和畫貼作了一番裝飾，還用錄放機反覆播放中國和巴基斯坦的愛國歌曲，以這種莊重喜慶的方式迎接香港回歸中國。那幾天不光筆者本人，其他在巴基斯坦的中國人都有同樣的「遭遇」，那就是常常會有巴基斯坦民眾前來向你表示祝賀，而其中不少人是你不認識的。有一些筆者認識的巴基斯坦朋友還專門打來電話致賀，有的還特意親筆寫了賀卡。七月一日前後那幾天，更有一些巴基斯坦朋友，包括筆者住處的左鄰右舍，還親自來到筆者的住處登門道賀，似乎不這樣就不足以表達他們致賀的真誠之心。

今天回想起來，在巴基斯坦經歷和感受香港回歸的那段時日，筆者不但又一次真切了解和領略到巴基斯坦民眾對中國和中國人民的友好情誼，自己對巴基斯坦的感情也在進一步加深，並將此化為工作的動力和鞭策：一定要為中巴友好事業，一定要為巴基斯坦的發展和進步作出自己應有的貢獻。

如果你愛中國，
也請你愛巴基斯坦

趙立堅

（中國外交部亞洲司處長）

　　早就聽說，人們把巴基斯坦稱作中國的「鐵哥們」。「百聞不如一見」，一九九六年我進入外交部亞洲司後，有幸被分到五處，主管巴基斯坦事務。一九九九年，我又被派到駐巴基斯坦使館擔任大使秘書。後來，我又先後擔任五處副處長、處長，加起來已同巴基斯坦打了近十年的交道了。

　　在中國人民心目中，巴基斯坦始終是可以信賴的「鐵桿」朋友。現在，網友親切地稱其為「巴鐵」，這是中巴友誼的真實寫照。中巴友好的故事說不完，我就講幾個親身經歷的小故事吧。

　　一九九七年，我隨同中國政府特使、全國人大常委會副委員長陳慕華訪問巴基斯坦，參加巴獨立五十週年慶祝活動。那是我第一次訪巴，一切都讓我覺得十分新奇和親切。代表團所到之處，無論是伊斯蘭堡、拉合爾還是卡拉奇，都受到熱情隆重的歡迎。那飛撒的花瓣和燦爛的笑臉彷彿就在昨天，巴基斯坦人民真摯友好的情誼令我終生難忘。

　　根據當時的慣例，中國領導人訪問拉合爾都要

出席市民招待會並發表講話，而且講話要譯成烏爾都語。那是訪問中唯一一場使用烏爾都語翻譯的活動，用現在的話說，也是最「接地氣」的一場活動。那次招待會規模有上千人。陳慕華特使講話很成功，人群中多次爆發出歡呼和掌聲。代表團離開時，我走在後面，走到車隊跟前時，一個巴基斯坦人伸出寬厚的雙手，緊緊地握住我的手不放，熱情地同我道別。他的話發自肺腑，樸實真摯，非常感人。車隊就要離開了，他只好放開我的手。我趕快上車，在移動的車中向他招手告別。我此後再也沒有見過他。直到今天，每當提到拉合爾，我腦海中總是浮現出他那友好、真摯的目光，彷彿還能感覺到那雙寬厚的手帶給我的溫暖、友誼和力量。

二〇〇一年是中巴建交五十週年。四月的一天，巴軍方舉行慶祝招待會，邀請陸樹林大使等主要外交官和中國駐巴新聞機構、公司及留學生代表

等幾百人出席。慶祝活動沒有安排在飯店，而是在總理府附近的露天場地舉行。巴方還神祕地說，將有神祕人物出席。後來謎底揭曉，是巴首席執行官兼陸軍參謀長穆沙拉夫上將！人們都歡呼起來。宴會過程中，陸大使和穆沙拉夫被邀請到一張方桌旁，主持人請他們分別同時按下兩個按鈕。人群中再次爆發出熱烈的歡呼聲和掌聲。只見幾百米外，馬格拉山的半邊山坡都亮了，燈光組成的「巴中友好五十年」英文字赫然在目。那天晚上，所有的中國人都紛紛去同穆沙拉夫合影，直到用完了所有的膠卷。我們都沉浸在中巴友誼的海洋之中，至今仍記憶猶新。

不久，朱鎔基總理於五月訪巴，將中巴建交慶祝活動推向高潮。朱總理在巴受到極為熱烈隆重的歡迎和接待，首席執行官穆沙拉夫和許多高官親到機場迎接。巴方安排朱總理下榻總統府，在機場到總統府的路上，人們載歌載舞，高呼「巴中友好萬歲」的口號，沿途彩旗和大幅歡迎標語到處飄揚，路口還樹立著朱總理的巨型肖像。我還注意到，人們還安排馬跳舞，駿馬奇異而美妙的舞步給我留下了深刻的印象。總之，巴基斯坦人民用一切可能的辦法表達對中國總理的歡迎之情。朱總理和夫人抵達總統府時，塔拉爾總統和他的女兒親到總統府門口迎接，這是罕見的高規格禮遇。就在這次訪問的過程中，中巴兩國就合作建設瓜達爾港達成原則協議，兩國間又有了像喀喇崑崙公路那樣的里程碑式

的大合作項目，並且不久就開了工。那段日子，我們使館的同志都很忙，但覺得過得很有意義，特別愉快。

二〇〇三年，從巴基斯坦離任回國的那個晚上，我同使館及在巴工作的同事們依依惜別。到了機場辦完手續後，使館同事們都回去了。這時，有兩位巴朋友趕到機場專程來送我，讓我感動得熱淚盈眶。他們是巴原子能委員會負責同中國使館聯繫的聯絡官，同我聯繫很多。我離任前，的確有不少巴朋友為我餞行，但我實在沒想到他們會不辭辛苦地跑到機場來。後來，他們成了我一生的朋友。我每次訪問巴基斯坦，都會抽時間打個電話或同他們見個面。每逢中國春節和巴基斯坦開齋節，不管身在何地，我們總會收到彼此的問候和祝福。

二〇一三年五月，我隨同李克強總理訪問巴基斯坦，有幸見證了這次歷史性的訪問。李總理來訪受到巴方熱烈歡迎，巴方出動六架中巴聯合研製的

巴基斯坦空軍「梟龍」（JF-17）戰機為李克強總理專機護航。（供圖：中新社）

中國和巴基斯坦 的·故·事 ▎150

「梟龍」（JF-17）戰機為李總理專機護航。巴方護航飛行員技術非常高超，戰機同專機同速同向飛行，處於相對靜止狀態。專機上的人們都對準「梟龍」戰機從各個角度拍攝，巴方飛行員則向專機敬禮和微笑，神態和模樣都看得很清楚。雖然五月的巴基斯坦氣溫高達四十多度，但中巴友誼的溫度比氣溫還要高。巴總統扎爾達裡和看守政府總理霍索親自到機場迎接，並在機場舉行隆重的歡迎儀式。儀式還沒有結束，我們的衣服都濕透了。

李總理訪巴期間，同巴領導人和各界人士廣泛互動，雙方發表聯合聲明，兩國領導人見證簽署十六項合作文件。中方派出的投資貿易促進團還同巴方簽署十多項合作協議，採購總金額達四點五億美元。李總理重點推動中巴經濟走廊和進一步建設瓜達爾港兩大重點項目，充分表明了中國新一屆政府鞏固和發展中巴關係的堅定決心。此次訪問開啟了中巴關係的新階段，規劃了務實合作的新方向，提升了傳統友誼的新高度。

李總理訪巴期間，我參加了幾乎所有的重要活動。李總理工作風格務實、細緻，文采斐然。李總理在巴議會發表演講，巴議員以拍擊桌面代替鼓掌，歡呼、掌聲多達十六次。在同巴方會談、會見中，李總理並沒有按照事先準備的談參照本宣科，而是站在更高的高度，同對方就需要推動和討論的事項進行溝通，邏輯嚴密，語言精準，重點突出，讓巴方和中方代表團成員都十分敬佩。在同巴基斯

坦友好人士座談時，李總理將中巴友誼概括為「鑽石般的友誼、金不換的友誼和常青樹般的友誼」，便是出自他本人原創，可謂信手拈來，字字珠璣，引起在場人士強烈共鳴。巴各界為李總理平易近人、博學謙遜的風度所折服，認為這代表了中國作為新興大國的正能量、新形象。

有朋友說，第一次常駐的國家如同初戀情人，讓人難以忘懷。我到巴基斯坦工作時剛新婚不久，在北京還沒有真正的家，夫人去隨任後，讓我第一次擁有了屬於自己的家。我們離任前，夫人還懷了身孕，加上巴基斯坦對中國那麼友好，我不愛上巴基斯坦才怪呢。巴基斯坦自然成了我的第二故鄉。

有位網友的留言讓我印象深刻：「中巴關係沒有最好，只有更好。如果你愛中國，也請你愛巴基斯坦。」我為有機會同巴基斯坦打交道和為發展中巴關係服務而自豪。但願我能有機會，在有生之年更多地為鞏固和發展中巴友誼貢獻自己微薄的力量。

文
化 篇

文化之旅巴基斯坦

魏渭康

（中國外交部原主管巴基斯坦事務處處長、

駐外參贊）

一九六四年九月，我赴巴基斯坦卡拉奇大學文學院進修烏爾都語言。同我一起的還有陸樹林同學，四年前我們曾在印度德裡大學學習烏爾都語言，但是只有兩年學習時間，對學習一門歷史悠久的語言來說，時間實在是太短了。幸運的是，一九六四年九月，中國同巴基斯坦簽訂文化協定，互相交換留學生，我們又被外交部派到卡拉奇大學進修烏爾都語言。

巴基斯坦全稱巴基斯坦伊斯蘭共和國，巴基斯坦意為「清真之國」。提出巴基斯坦立國思想的是

一九九一年十月，魏渭康在拉合爾夏麗瑪公園與歡迎中國領導人的巴基斯坦小朋友在一起。

後來深受巴基斯坦人民愛戴的大詩人、哲學家伊克巴爾，而真正實現立國者則是被巴基斯坦人民尊為「偉大領袖」的穆罕默德‧阿里‧真納。一九四七年八月，真納在卡拉奇宣布建立巴基斯坦，巴從此獨立。巴基斯坦起初是英聯邦的自治領，一九五六年成為共和國。巴基斯坦憲法明文規定伊斯蘭教為國教，國家通過法律保障穆斯林必須依照伊斯蘭教教義和創始人穆罕默德的聖訓來安排工作和生活。

回憶起當年我剛踏上巴基斯坦美麗的國土時，感覺宛如進入了一座無限廣闊的大清真寺，那裡的絕大多數居民都信奉伊斯蘭教。隨著在巴基斯坦學習和生活的時間越來越久，這個國家給我的印象是伊斯蘭教信仰比政治理念更重要，《古蘭經》的價值亦遠在憲法之上，從早到晚，信仰伊斯蘭教的居民都要定時禱告。此外，她的歷史、文化、生活方式還說明，這是一個既古老又年輕的獨特國家。

巴基斯坦國語 —— 烏爾都語

一九六四年十月，我們順利地進入卡拉奇大學學習。卡拉奇大學是一座年輕的綜合性大學，它的歷史幾乎就是這個國家的歷史。據老師說，一九四七年印巴分治時，有許多大學的教授、講師從德里大學、阿里加大學等地隨遷到卡拉奇定居。巴基斯坦政府成立不久，卡拉奇大學就建立起來了，大學裡各院系科的老師很多是來自印度名校的頂級知識

分子，而且文理科等各類人才濟濟。我們就讀的文學院烏爾都語系單是高級講師和教授就有十幾位之多，像阿布・藍斯・西德基、阿布・海爾・卡希菲、沙阿・阿里・賈瑪爾等教授都親自給我們授課，有的講授語音課，有的講授閱讀課，還有老師專門講授烏爾都文古典詩歌課。我們感到學院裡的文化學術氛圍特別濃厚，在這樣的環境裡學習真是受益匪淺。主授課老師（有如研究生導師）阿布・海爾・卡希菲對我們特別關心，平時除了在課堂上精心講課外，在課餘時間還抽出時間對我們進行輔導，並邀請我們到他家裡作客，請我們吃地道的巴基斯坦美食。另外，卡拉奇大學裡還有許多同學經常找我們一起聊天，有意同我們講烏爾都語，幫助我們提高語言能力。其中有一位叫阿什拉夫的同學，他常常在晚飯後同我們一起散步，講各種故事，通過這種形式幫助我們認識巴基斯坦文化，提高聽說能力。

一九四七年八月巴基斯坦獨立後，政府宣布官方語言為英語。但是，巴基斯坦的國語是烏爾都語，除此以外，巴四個省還有自己的方言，即旁遮普省的旁遮普語、信德省的信德語、俾路支斯坦的俾路支語、西北邊境省（現已改名為開伯爾—普什圖省）的普什圖語。巴基斯坦政府規定，每所小學校的學生從一年級開始必須學習烏爾都語，因此巴基斯坦每個有文化的公民都能閱讀和書寫烏爾都文。巴基斯坦報紙中，發行量最大的是烏爾都文

《戰鬥報》。

　　烏爾都語在南亞次大陸歷史悠久，流行面廣。
不僅在巴基斯坦，在其他國家，如印度，不管穆斯
林還是印度教徒都能講，如印度前總理尼赫魯就會
講一口流利地道的烏爾都語。現在，印度仍然有一
億多居民講烏爾都語。

　　據一些語言學家研究認為，「烏爾都」一詞源
於突厥語，意為「軍營」，也有稱「軍營語言」的，
這是因為烏爾都語的出現同軍隊有關。大約從西元
八世紀開始，穆斯林進入南亞次大陸，帶來了阿拉
伯、波斯、突厥等語言，這些外來語言和當時北印
度的方言相混合，慢慢地形成一種新的語言。因為
這種新語言首先在軍營使用和傳播，所以被稱為
「烏爾都」。歷史上，穆斯林在印度建立的王朝曾
統治印度近千年之久，因此烏爾都語得以發展和廣
泛傳播，逐漸成為北印度的流行語言。烏爾都語在
巴基斯坦獨立運動中得到很大發展，在一九四七年
獨立後的東、西巴基斯坦穆斯林居民基本上都能講
烏爾都語，即使以講孟加拉語為主的東巴基斯坦居
民也大多能講些烏爾都語。

中巴人文交往源遠流長

　　學習期間，我們從老師的課堂上或從社會上獲
得的知識中了解到，巴基斯坦是一個既年輕又古老
的國家。說它年輕，是因為它獲得獨立才剛剛十幾

年。但是，現今巴基斯坦這塊國土的歷史卻可以追溯到遠古時代。在這片廣袤的土地上有許許多多的名勝古蹟，還有一些是遠古時代的先人留下的遺址，其中最有代表性的是位於信德省的穆亨竺達羅（又稱「死亡之城」），它是巴基斯坦古老而燦爛文明的典型代表。

穆亨竺達羅遺址位於卡拉奇東北約三百公里的地方，在印度河西岸、前總理佐·阿·布托的家鄉附近，它代表的古印度河流域的文明距今有約五千年歷史。從考古挖掘的遺址來看，當時城市的面積相當大，設計布局合理。用泥坯建成的房屋、街道及龐大高塔等排列有序，這些建築的周圍還有會議場所、儲藏室、浴池、水井、下水道等設施。出土文物中，有人物塑像、未知文字、許多陶器及裝飾品。

印度河流域文明不僅在南亞次大陸流傳廣泛，而且很早就傳到神州大地了。據專家考證，早在二千多年前，中國和巴基斯坦的古代先民們就已經開始接觸，世界聞名的絲綢之路就是最好的歷史見證。當時的「西天」就是現在的南亞次大陸。據史書記載，大約在西元前一二六年，中國漢朝出使西域的使節張騫曾經到過當時的貴霜王朝，也就是現在的巴基斯坦北部和阿富汗等地。之後，大約在西元四〇〇年時，中國東晉高僧法顯也到過現在巴基斯坦北部的斯瓦特地區。西元六世紀時，我國著名旅行家宋云也到過斯瓦特地區，其著作中曾提到這

穆亨竺達羅遺址上的
堡壘（供圖：FOTOE）

個地方：「此處土地肥沃，物產豐富。」中國唐代
高僧玄奘曾到過今天巴基斯坦的白沙瓦、塔克西
拉、拉瓦爾品第、拉合爾等地方，玄奘的名字在巴
基斯坦家喻戶曉，拉合爾的地方誌中還提到了他的
著作。由此可見，歷史上中國和巴基斯坦兩地人民
之間的人文交往源遠流長。

　　我們在大學學習期間逐漸了解到，要學好烏爾
都語，必須好好學習烏爾都文詩歌。南亞次大陸歷
史上曾產生過許多深受人民喜愛的著名詩人，如米
爾・塔基・米爾、迦利勃、伊克巴爾等。他們的許
多詩句膾炙人口，常被人們在「文化沙龍」中演唱
或文章言談中引用。巴基斯坦立國思想的倡導者、
深受次大陸人民愛戴和推崇的大詩人伊克巴爾曾在
詩歌中讚美中國：「沉睡的中國人啊，已在覺醒；

喜馬拉雅山的源泉啊，就要沸騰！」我記不清在巴基斯坦時曾多少次聽到朋友們津津樂道地朗誦這些名句。巴基斯坦人民熱愛自己的文化，特別酷愛詩歌。大學裡的老師或學生，不分文科還是理科，大多能出口吟唱幾句「厄扎爾」詩歌。大學裡還成立各種文化社團，其中尤以詩社最為活躍，常常舉辦各種文學活動和詩歌演唱會。舉辦詩歌朗誦會時，總是台上台下熱鬧非凡，有人唱出一句妙詩，立刻會引來一片「哇，哇」的讚美聲。

　　一九六五年四月，周恩來總理出訪回國途中順訪巴基斯坦，當時我們正在卡拉奇大學學習，使館領導讓我們也到機場列隊歡迎周總理。當週總理走到我面前時，使館領導介紹說：「這是學習烏爾都語的留學生魏渭康同學。」周總理微笑著說：「好啊！學習幾年了？」我回答說：「三年多了。」周總理聽後說：「好好學習，將來會有用的！」這是

一九六五年四月二日，周恩來總理抵達卡拉奇開始訪問巴基斯坦。圖為周總理在卡拉奇機場與前來迎接的中國留學生魏渭康（右2）、陸樹林（右1）握手。

一九六六年三月，劉少奇主席、陳毅副總理訪問巴基斯坦。圖為陳毅副總理在拉合爾市民招待會上講話，由魏渭康（右後）翻譯成烏爾都語。左為巴外長佐·阿·布托。

我第一次見到敬愛的周總理，時間雖短，卻給我留下了深刻的印象。周總理的親切教導，成了鼓舞我更加努力學習烏爾都語和深入了解巴基斯坦文化的強大動力。

一九六六年三月，中國國家主席劉少奇和夫人王光美在陳毅副總理和夫人張茜陪同下對巴基斯坦進行國事訪問。使館領導指派我擔任王光美同志的烏爾都語翻譯，這也是我第一次擔任烏爾都語翻

譯。我感到既高興，又有點擔心，生怕不能完成任務。那天，劉主席夫人王光美去拜會巴總統阿尤布·汗夫人，由於巴總統夫人不講英語，所以由我用烏爾都語翻譯。開始我有些緊張，但很快穩定了情緒，因為我在巴已經進修學習了一年多時間，對烏爾都語言和巴文化知識已有了較好基礎，從而較好地完成了翻譯任務。第二天，在一次外交活動之前，巴總統阿尤布·汗見到我時還表揚我烏爾都語講得好，問我在哪裡學的烏爾都語。我告訴他我是在卡拉奇大學學的，他聽後表示很高興。之後，劉主席和夫人王光美一行還訪問了拉合爾，巴方在拉合爾夏麗瑪花園舉行盛大的市民招待會，陳毅副總理代表劉主席在市民招待會上致辭，由我翻譯成烏爾都語。由於陳毅副總理的講話被譯成當地語言，所以他每講一段話，群眾都熱烈鼓掌，甚至高呼

一九七九年十月一日，齊亞·哈克總統出席中國駐巴大使徐以新舉行的國慶招待會，魏渭康（右3）擔任翻譯。

「巴中友誼萬歲」的口號。當然，這種熱烈的場面，源於巴基斯坦人民對劉少奇主席和陳毅副總理的真誠歡迎，但是也有對中國朋友運用烏爾都語言進行翻譯的讚賞。那天晚上，劉主席和夫人王光美還出席觀看了巴方的專場文娛晚會。他們對充滿濃厚巴基斯坦民族風情的歌舞節目看得很仔細，還不時讓我給他們翻譯。雖然對巴基斯坦的文化知識我平時也非常注意學習，但是對歌舞類知識還是較少了解，在翻譯時有些緊張，幸運的是劉主席和夫人王光美也沒有太細問。劉主席和夫人王光美訪問巴基斯坦的整個過程中，由過家鼎同志擔任英文翻譯，這位經驗豐富的高級翻譯給我許多幫助和指導，使我獲益匪淺，永遠難忘。

一九六六年七月，經過期末的筆試和口試，我們取得較好成績，獲得研究生文憑（結果公布在巴基斯坦英文版《黎明報》上）。從卡拉奇大學畢業後，我們分別留在駐巴基斯坦使領館工作。從此，我開始了在駐巴使館先後三次、長達十五年之久的工作。由於學過四年烏爾都語和巴基斯坦文化歷史，我在駐巴使館工作期間可以說順風順水、得心應手。一九八八年八月被調回國後，外交部又任命我擔任巴基斯坦、孟加拉國、阿富汗處處長，直至一九九一年十二月。在長達二十餘年的時間裡，我一直與巴基斯坦事務結緣，深深感到中巴兩國人民之間有著深情厚誼，而巴基斯坦人民那種熱情、友好、正直也給我留下難忘的印象。

洪扎原是巴基斯坦北部地區的一個土邦王國，位於中國新疆西南方的克什米爾北部，面積約六百平方公里，平均海拔二千四百米，山高平均三千米，四面被雪山環繞，地勢十分險要。洪扎也被稱為巴基斯坦的「香格里拉」，當地生活著約五萬居民。洪扎土邦舊稱「坎巨提」，同中國特別是新疆地區有密切的歷史聯繫，一九六三年劃界時劃歸巴基斯坦。

上個世紀六〇年代，筆者被派到中國駐巴基斯坦使館工作，有機會了解關於洪扎土邦的一些情況和故事。當年大使館沒有自己的館舍，因此曾經租用過拉瓦爾品第的「洪扎王府」（Hongza House），並將文化處設在那裡多年。洪扎王尕詹法爾先生平時住在洪扎，但他在巴基斯坦多個城市建有公館，並將拉瓦爾品第這座公館稱為「冬宮」，他和家人只在冬天住在這裡。他為了表示對華友好，特意將公館的底層租給中國駐巴使館文化處使用。有一次，文化處主任設宴招待洪扎王尕詹法爾先生，他從別處趕來赴宴，前呼後擁，氣派十足。當時，巴基斯坦政府雖早已取消土邦制度，但巴國內的許多土邦仍享有特權，如小汽車的牌子是紅色的，還有持槍保鏢等。

一九六九年四月，筆者曾陪同中國駐巴基斯坦使館臨時代辦去喀喇崑崙公路工地慰問中國築路工人。當時我們曾進入洪扎地區，當地老百姓看到我

們時非常友好，有的招手，有的鼓掌，還有的人高呼「巴中友誼萬歲」的口號。臨時代辦還專程到王宮拜訪土邦王尕詹法爾先生，土邦王對中國援助修建喀喇崑崙公路表示非常感謝，認為公路建成後將給洪扎地區居民的出行帶來便利，並有利於旅遊事業的發展。

洪扎土邦堪稱巴基斯坦最美麗的地方，全境千山環繞，洪扎河從中間穿過，混濁而湍急的雪水在河裡嘩嘩地流著，全境猶如不受外面世界污染的人間淨土。在上世紀七〇年代喀喇崑崙公路開通前，這裡與世隔絕，只有大山絕壁上幾條羊腸小道連接著外面的世界。洪扎人過著「日出而作，日落而息」、與世無爭的半牧半農的生活，他們在雪山峽

洪扎河谷風光。這裡有巴基斯坦的「香格里拉」之稱。（供圖：FOTOE）

谷之間開闢一些梯田，種植玉米、麥子和薯類，一年只種一季。此外，許多家庭都有飼養牛羊和家禽的習慣。

洪扎地區的居民喜歡在房前屋後和田間地頭種植水果樹，杏子是他們的最愛。洪扎人的餐館用杏肉可以做成一頓飯，每個餐館裡都有一道叫「杏子湯」的特色菜，味道有點怪異，外地人很難接受。杏干又硬又幹，吃這種果乾必須有一付好牙齒。不過，營養成分更多是在杏仁裡，據說，這是洪扎人長壽的真正祕密所在。杏仁是苦杏仁苷（維生素B17）的最好來源，這種物質具有很強的抗癌功效。當地人有一句名言：洪扎如果沒有了杏樹，就不能稱其為洪扎。所以，有人把洪扎稱作「杏樹為王的土地」。

洪扎人有自己獨特的語言、服飾和習俗，據說人類學家至今沒有搞清楚洪扎人的祖先究竟來自何方。只有偶然出現的沙色頭髮和藍色眼睛暗示著古老的傳說：洪扎人源自亞歷山大大帝的士兵。據說，二千多年前，亞歷山大大帝率領大軍入侵南亞次大陸，被當時次大陸的象軍打敗，一些希臘士兵逃到深山老林和洪扎地區躲藏起來，慢慢地開始在這片與世隔絕的河谷地裡耕種生活，繁衍生息。

在洪扎地區，每年四月，杏花開滿山谷，如輕雪撒落，儼然一個充滿夢幻、田園牧歌般的世外桃源；六月，濃蔭遍地，家家戶戶房頂上大籮小筐地曬滿紫色的桑葚、黃色的杏肉；十月，樹上蘋果掛

滿枝頭；十二月，家家戶戶圍坐在自家鋪滿地毯的堂屋裡，看著窗外紛紛揚揚的白雪，烤火、煮茶、吃乾果。洪扎人的生活就是這樣簡單寧靜，悠閒自得。

洪扎人幾乎不怎麼患病，偶爾感到頭疼腦熱時，他們就會喝一種像鼠尾草之類的山間藥草做成的茶，可以緩解頭痛，並且使人容光煥發。在洪扎地區，六七十歲的人根本算不上老人。筆者在洪扎地區親眼見到七八十歲的老人仍然在田間地頭勞動，當地人健康地活過百歲也是平常之事。據當地村官告稱，洪扎人的平均壽命在八十歲以上，幾乎沒有人得過癌症、心臟病、高血壓等現代人常見的疾病，百歲老人爬山拾柴很平常。據說，當地幾百年裡沒有人得過癌症，因此洪扎人被認為是世界上最健康的民族之一。

我心中的聖地

陳若雷

（中國前駐巴基斯坦 P711 & P781 項目專家組首席
翻譯）

伊斯蘭堡那不一般的烏桕樹

　　夏克巴裡安小山坐落在巴基斯坦首都伊斯蘭堡
與姊妹城拉瓦爾品第之間。

　　山並不高，但林木蔥郁，奇花異草，四季競
妍。對於到巴基斯坦訪問的中國人，無論是使館官
員、學者名流，還是軍工專家、外貿商賈，這座小
山都是必訪的勝地。這不僅是為了那些花，為了那
些風格獨特的建築。令這些浪跡天涯的炎黃子孫夢
魂牽繞的，是山上由中國領導人手植的許多友誼
樹，特別是那裡的烏桕樹，那些看起來普普通通的
烏桕樹。

　　烏桕樹是中國常見的一種落葉喬木，葉圓互
生，夏季開出一串串小黃花，味道淡淡的。但夏克
巴里安山上的烏桕樹卻非同尋常，因為一九六四年
周恩來總理在這座友誼山上手植的第一棵友誼樹，
就是烏桕樹；劉少奇主席一九六六年在這裡種下的
友誼樹，也是烏桕樹。

陳若雷一九八四年在
周總理手植的烏柏樹
前留影。

一九七六年九月，我正在巴基斯坦塔克西拉的
中國專家組工作。駐巴使館經濟參贊邢路是參加革
命多年的老同志，酷愛文學，尤其是詩歌。我們見
面總免不了「侃一侃」文學。說到「侃」，也只能
是小侃，侃到為止，相視而笑，莫逆於心。因為當
時「四人幫」尚在肆虐華夏，全國是「八個革命樣
板戲，一個作家高大全」，文藝界百花凋殘，萬馬
齊喑。我們在巴的十多名中國專家就更是「可
憐」，除了現場技術指導外，大家跟掉了魂兒似
的，有事沒事總往使館跑，打聽祖國來的最新消
息，嘟嘟囔囔提一大串當時說不清道不明的問題。
要不，大夥兒晚飯後就愛去瑪格拉山上散步。

山就在駐地附近，路不遠，野花夾道，芳草萋
萋。我們在山上默默地遙望著東北方，喜馬拉雅山
脈諸峰雲霧繚繞，家國被隔斷在雲山之外。那段時
間，周總理、朱總司令和毛主席相繼辭世，唐山大
地震，東北隕石雨，人們的心中鉛一般地沉，海外
遊子心中滿是對祖國的眷戀、對時局的憂慮，但大
家仍然執著地期待著……

也真有邢參贊的，被大家逼急了，他就叫我們
去爬夏克巴里安山，去看烏柏樹。終於有一天，我
們又一次登上了夏克巴里安山。斯其日也，時維九
月，序屬三秋，厚重的雲塊在天空奔競著、追逐
著。從興都庫什山脈刮來的風一陣緊似一陣，林木
搖曳，沙沙直響，南亞次大陸強烈的日光穿過雲
塊，刺得人眼睛發脹。我們久久地佇立在周總理手

植的烏桕樹下，撫摸著它開始飄零的枝葉，遙望被雲山阻隔的中華故土，雙眼濕潤了。

此時，在不遠的草坪上，劉少奇主席手植的烏桕樹已經不見了。據守園的巴基斯坦老人拉希德說，原先這裡是有樹有碑的，後來都被挖除了。拉希德老人也許不明就裡，但我們都知道，只因為那棵烏桕樹是中華人民共和國前主席劉少奇手植的。在巴進行國事訪問時，劉少奇於一九六六年三月二十八日在這裡種下一棵烏桕樹。但由於他不久就被迫害，含冤去世，這棵樹據說也按中方的要求被拔掉了。十年浩劫非但使當時身為國家主席的劉少奇蒙受劫難，就連他在異國植下的樹也不能幸免，如此的瘋狂，如此的荒唐，情何以堪啊！

那一天，拉希德老人拉住我們緊緊不放，他兩鬢飛雪，手不停地顫抖著，嘴裡不停地說：「巴金都什蒂真達巴德（巴中友誼萬歲）！」拉希德老人以巴基斯坦人民特有的誠摯，溫暖著我們這幾個盤桓在異域的中國人。雖然心靈強烈地碰撞，但卻是無言。拉希德老人陪著我們在原樹址默默地繞行一圈。是懷念，是尊敬，還是惋惜，當年誰也說不清。我在尋找著什麼，但終究沒有找到。

就這樣，我離開了夏克巴里安山，離開了那棵烏桕樹。

後來，我又兩次前往巴基斯坦，一次是在瓦赫兵工廠（POF）的常駐 P781 項目軍工專家組，一次是短訪，到巴基斯坦進行市場調查，把第一批軍

轉民的產品摩托車、冰箱等機電產品投放到南亞次大陸。兩次訪問正好體現了中國國防科技工業發展的兩大步伐。兩次我都上了夏克巴里安山，去看看烏桕樹，像去拜望一位久違的朋友。

到大使館匯報工作時，碰見大使館一秘、川大校友老張。他大步跨來，肥厚的大手在我肩上狠狠地一拍，笑聲起了一串兒：「呵，世界真是太小了，又碰見你陳老弟了！」老張興致勃勃地談起當年粉碎「四人幫」後中國使館慶祝的盛況，人人眉開眼笑，往日的憂愁蕩然無存。慶祝會上，大家開懷暢飲，《繡金匾》、《南泥灣》等革命歌曲混夾著笑聲、歡呼聲，響徹了使館的大廳。邢參贊朗誦了他的新詩《夏克巴里安山之樹》，聲情並茂，熱淚縱橫，博得滿堂喝采。老張還說，幾年來，使館和專家組的人員換了一茬又一茬，邢參贊也早已奉調新職，但大家總忘不了夏克巴里安山上的樹，都要去看看那普普通通的烏桕樹。

一九八五年初夏，我以外貿考察組成員的身分重訪巴基斯坦。工作之餘，我們在巴基斯坦外貿總公司董事長伊克巴爾先生等巴方朋友的陪同下，又一次造訪了夏克巴里安山。我們驅車來到了夏克巴裡安公園，停好車，首先來到眺望平台。馳目西望，瑪格拉山橫亙南北，林壑幽美，百鳥鳴囀，猴群出沒。山腳下，首都伊斯蘭堡綠樹掩映，街道如棋盤，建築鱗次櫛比。當年由周總理親自選址的中國大使館，像一塊潔白的玉石鑲嵌在萬綠叢中。

轉過眺望平台，眼前是一片由冬青灌木環繞的草坪，長寬各約五十米，草坪中整整齊齊地栽種著各國元首和名流手植的各類樹木。我們一眼就看見了靠近柵欄的那棵著名的烏柏樹。守園人已換成了一個英俊的旁遮普小夥子，他見中國朋友來了，跑過來又是握手，又是問候，破例打開柵欄的門，請我們進去觀賞。烏柏樹比我上次看到的又長高了許多，枝葉密密匝匝的，在夏日的輝映下蒼翠欲滴。樹前立著一方紅色的花崗岩石碑，碑上鐫刻著「中華人民共和國總理周恩來閣下一九六四年二月二十一日手植」的英語銘文。伊克巴爾董事長撫摸著翠綠的枝葉，深情地回憶起周總理訪問巴基斯坦的盛況。他說：「那幾天，我們像過節似的，伊斯蘭堡全城出動。周恩來總理胸戴茉莉花環，面帶微笑，目光炯炯，可精神了！巴中友誼經歷了歲月的考驗，就像蜂蜜一樣的甜、泉水一樣的醇啊！」

　　一陣涼爽的風吹來，烏柏樹樹葉搖曳，綠影婆娑，像是在呼應著伊克巴爾的話。周總理積勞成疾，撒手塵寰已歷九載，如今面對斯樹，真是百感交集。哲人其萎，但偉績長在，英名永存。我們聊以告慰周總理在天之靈的，是他為之奮鬥終生的事業已步入坦途，百業振興，盛世重開。

　　我們在樹林裡尋找著，觀賞著，啊，那邊綠蔭濃郁的不正是李先念主席栽種的杉樹麼？至今我還能清楚地回憶起一九八四年李先念主席對巴基斯坦進行國事訪問時的感人場面：伊斯蘭堡國際機場

上，中國的五星紅旗和巴基斯坦的星月旗迎風招展，在喧天的鑼鼓聲和歡呼聲中，李主席乘坐的波音707專機徐徐降落。巴基斯坦國家元首和政府要員、各國駐巴使節迎上前去，親切寒暄。李先念主席和中國駐巴專家代表一一握手，說：「你們辛苦了！」當隨訪的田紀雲副總理走到我面前時，我用四川話向他問候，田副總理一聽就樂了，高興地搖著我的手說：「碰見老鄉了！我在四川工作多年，也算是四川佬了！」

那天，我徵得守園人的同意，摘下了幾片烏桕樹的綠葉，小心翼翼地夾在筆記本中。我要把這幾片綠葉帶回周恩來的故土，作為永恆的紀念。周總理生前曾多次訪問友好鄰邦巴基斯坦，這裡處處都留下了他光輝的足跡。他在這裡不僅播下了中巴友誼的種子，留下了一片綠蔭，而且還留下了被世人千秋敬仰的風範。

這裡我還要特別提到的是，劉主席被平反、恢復名譽之後，為了表達對這位已故中國領導人的敬意，緬懷他對巴中友誼所作的貢獻，巴基斯坦政府決定在劉少奇誕辰百年紀念日舉行「劉少奇主席訪問紀念樹復植儀式」。一九九八年十一月十六日，伊斯蘭堡秋高氣爽，風和日麗，復植劉少奇主席訪問紀念樹儀式在夏克巴里安山公園舉行。復植儀式莊嚴、簡樸，巴基斯坦政府有關部門官員以及中國駐巴使館外交官等出席。復植地點仍在原址，樹種仍然是烏桕樹，紀念樹碑恢復為原樣，石碑上面用

英文寫著：「中華人民共和國主席劉少奇手植，一九六六年三月二十八日。」復植儀式舉行之前，劉少奇之子劉源代表母親王光美，委託中國駐巴使館向巴方轉達劉少奇親屬的謝意。劉源同志並為此賦詩一首：

> 友誼山上植烏柏，風雨扶搖三十載。
>
> 英靈雖在忠魂去，留得青藤綠蔭來。
>
> 夏克巴里安山就是歷史的見證。
>
> 我忘不了美麗的夏克巴里安山。
>
> 我忘不了夏克巴里安山上不平凡的烏柏樹。

嚮往塔克西拉

　　一千三百多年前，唐三藏揖別了白沙瓦天祠的眾僧，身負行囊，腳踏芒鞋，穿過烏長國（今巴基斯坦斯瓦特地區），迤邐東行。他的下一個目的地是塔克西拉。

　　在一個金風飄醉的季節，我們驅車西辭帕米爾吉爾吉特的茫茫雪峰，沿喀喇崑崙公路東馳，所走的路線竟然與唐三藏完全一樣，我們的目的地也是塔克西拉。

　　塔克西拉距伊斯蘭堡五十多公里，是一座具有二千五百年歷史的古城，是犍陀羅藝術的發祥地，也是希臘文化、中華文化、印度文化和波斯文化的碰撞點和交匯地。在玄奘的《大唐西域記》中，塔克西拉被譯作「坦叉始羅」。玄奘描述道：「（坦叉

始羅）地稱沃壤，稼穡殷盛。泉流多，花果茂。氣
序和暢，崇敬三寶。」足見當時的塔克西拉不但是
佛國聖土，也是魚米之鄉。

我曾在塔克西拉小鎮附近生活過兩年。工作之餘，我常常去鎮上散步、購物。鎮民剽悍豪俠，風俗淳樸。久而久之，我與許多鎮民也成了好朋友，每次見面，除握手擁抱外，還往往被拉到店鋪裡，坐下來喝上幾杯立普頓奶茶，一邊侃幾句阿育王時代的遺事、拳王阿里險勝金，洛頓或影后芭芭拉邂逅白馬王子的傳說。

　　塔克西拉小鎮街道窄，石渣路，房屋古樸，店鋪密集，不時有一輛彩繪的大蓬馬車穿鎮而過。小鎮貌不驚人，與中國的小鎮差不了多少，實在找不出有什麼出奇之處。

　　然而，就是這個不起眼的小鎮，歷史上卻聲名顯赫。

　　據記載，西元前三三一年，馬其頓國王亞歷山大揮師東征，擊潰波斯軍隊，消滅波斯王國，繼而攻占阿富汗地區，翻越興都庫什山脈，陷開伯爾關，金戈鐵馬，所向披靡，血流漂杵，大有問鼎印度腹地摩揭陀國之勢。但由於長途跋涉，疲於征戰，氣候不適，亞歷山大的軍隊在西元前三二六年攻至塔克西拉後被阻，就再也沒有前進過了。戰爭呈僵持狀態，亞歷山大急攻不克，滯留在瑪格拉山脈西麓，最後只得率軍繞道撤回巴比倫。歷史有時也帶點偶然性，假如當時亞歷山大沒有在塔克西拉受到頑強的抵抗，而是一路揮戈東進，陷拉瓦爾品第，破拉合爾，前面就只是一片廣袤的印度河沖積平原，沒有什麼天險能擋得住他的鐵流千里了。果

真如此，也許南亞次大陸乃至整個亞洲的歷史將會是另一番模樣了。

這就是極為普通的小鎮塔克西拉。

西元六三〇年（一說是 650）的一天，一個中國和尚慢慢地走進了塔克西拉小鎮，滿身塵土，疲憊不堪，他就是唐三藏法師玄奘。他孤身一人，既沒有悟空開路、沙僧挑擔，更沒有豬八戒的插科打諢。唐僧為了去天竺取大乘佛經，西行萬里，風餐露宿，幾次死裡逃生，才走到了塔克西拉。玄奘自己在《大唐西域記》裡說，他在這裡的塔克西拉佛學院和姚連寺留學習經，並休整了一些時間。

那天，我拾級而上，登上塔克西拉小山。麗日下，東邊的瑪格拉山脈若煙若黛，鬱鬱凝翠，四周阡陌縱橫，沃野千里，好一片富庶的旁遮普平原啊。進得佛學院遺址，只見夯土石牆，殿舍錯落，正中是一個大土場，四周有房數十間，中有一眼井。牆上雕有數千尊佛像，主座是釋迦牟尼的報身佛盧舍那像，世尊頭蔭菩提，座擁蓮花，雙目似閉非閉，神態超逸，瘦削的肋骨竟然可數，似乎是滅度前的景象。

天竺佛像雕刻與中國石刻風格迥異。中國佛像體態豐腴，線條流暢，多帶女相，而這尊佛像，卻骨骼清奇，鼻聳目陷。可見世尊和眾座菩薩甫到東土，就開始與老莊和儒家哲學融匯再煉。越往東去，菩薩的眼窩就越淺，鼻樑就越收斂，臉龐圓潤了，身段也婀娜了。我在尊尊佛像前冥想，在這座南亞佛國的殿堂裡徜徉，儘管只有廢墟，只有斷

垣，但我似乎仍然看到了當年裊裊升騰的香火，親臨了鼓擊鈸合的佛家法會。我在塔克西拉曾多方查證外文資料，請教當地飽學之士，想弄清玄奘大師究竟在這裡住了多久，竟然不得要領。但唐三藏的仙履曾叩響過塔克西拉鎮上的青石板，則是不容置疑的。

現在，塔克西拉已經成為巴基斯坦的重工業基地，那裡屹立著中巴友好合作的光輝成果：重型機械廠（HMC）、重型鑄鍛件廠（HFF）、重型大修廠（HRF）、PROJECT-751/781 等項目。昔日的荒原，現在廠房林立、機聲隆隆，已成為巴基斯坦配套成龍的工業新區。我有幸成了上述部分項目從談判、簽約、土建到投產的歷史參與者和見證人。

塔克西拉的路印滿了我的足跡，我一生最美好的記憶也留在了塔克西拉。

我的烏爾都語情緣

安啟光

（中國前駐巴基斯坦大使館政務參贊、

前駐卡拉奇總領事）

與烏爾都語結緣

　　我是從一九五九年開始學習烏爾都語的。之前，我是北京外國語學院（現北京外國語大學）英語系二年級學生。一個下午，系裡突然召集部分二三年級學生開會，我也在其中。系領導說，根據周總理指示，我們這些在讀英語的學生改學非通用語，一部分到國外留學，另一部分去北京大學東語系學習。系領導強調，這是組織上對我們的信任。我們明白：我們要服從組織分配，國家的需要就是我們的志願。

　　到北京大學東語系報到後，我被安排學烏爾都語專業。老師說，烏爾都語是巴基斯坦國語，也通行於印度。當時，不但烏爾都語沒有聽說過，巴基斯坦這個國家對我也很生疏，與巴基斯坦毗鄰的印度我倒還知道點兒皮毛。因為常識是，印度是中國民間家喻戶曉的「唐僧西天取經」的地方，又是「印地秦尼帕伊帕伊」（印度和中國是兄弟）的友好

國家。後來我才知道，唐僧西天取經走過的很多地方正是今天的巴基斯坦，而「印地秦尼帕伊帕伊」也是烏爾都語和印地語共同的發音！

由於烏爾都語與印地語發音相同，只是書寫方式不同，烏爾都語可以說是巴印兩國的「普通話」。在後來的工作中，我有機會到阿富汗、孟加拉國和尼泊爾三國，發現在這三個國家裡烏爾都語也頂用。如今，烏爾都語在英國是僅次於英語和法語的第三大交際語言，在海灣國家也完全用得上。

在學習烏爾都語的過程中，通過政治學習和瀏覽報刊，我感到印度在逐漸變友為敵，而巴基斯坦越來越同中國志同道合，患難與共，引起我的注意和敬重。令我一輩子不能忘懷的是，《人民日報》曾整版刊載巴基斯坦外交部長佐·阿·布托在聯大的發言。他在發言中斥責蘇聯代表馬力克是沙皇，是搞霸權。當時，我端著飯碗站在閱報欄前邊吃邊看，心中對布托充滿敬佩。布托外長所代表的巴基斯坦友邦形像在我的腦海中鮮明地樹立起來，並且隨著歲月的推移不斷增輝。巴基斯坦那時在《人民日報》的「友邦排行榜」上居社會主義國家之後，但在對華真誠友好與合作上更勝於某些社會主義國家。布托的聯大發言大大提高了我學習烏爾都語的熱情。

一九六三年，我和另外三位同學被分配到外交部，但是部裡派我們到北京廣播學院進修烏爾都語一年，教我們的是巴基斯坦專家卡菲爾夫婦。老師

們把我們的烏爾都語巴基斯坦化了，詞彙多用阿拉伯詞和波斯詞。這樣，就使我們今後的工作對象愈加明確，那就是我們的友好鄰邦巴基斯坦。這注定了我的外交生涯離不開巴基斯坦。我熱愛烏爾都語，更熱愛巴基斯坦。

為總統隨行人員當翻譯

一九六五年三月，巴基斯坦總統阿尤布・汗元帥應劉少奇主席和周恩來總理的邀請對中國進行國事訪問。這是巴基斯坦總統第一次對中國進行國事訪問。次年三月，中國國家主席劉少奇對巴基斯坦進行友好訪問，實現了兩國元首的首輪互訪。

我當時在外交部幹部司翻譯隊工作，隊領導派我擔任代表團的烏爾都語翻譯。代表團的主要翻譯是英文譯員冀朝鑄同志，他後來擔任過聯合國副秘書長。除了他，還有其他英文譯員。我們這些一般翻譯都為總統隨行和侍從人員服務，任務隨時安排，立馬上崗。阿尤布・汗總統的主要隨行人員有：奧蘭澤布夫人（總統女兒）、佐・阿・布托（外交部長）、布托夫人、奧蘭澤布王子（國民議會議員）、阿迦・夏希（外交部輔助秘書）、阿勒塔夫・古哈爾（新聞廣播部秘書）、巴蒂博士（外交部處長）等。

這是我第一次有機會零距離接觸中巴兩國領導人，感知巴基斯坦，感悟中巴友好的重要性。我的

具體工作是給代表團隨行官員當口譯，幫助總統副官採購。由於我是代表團裡唯一的烏爾都語翻譯，同我搭話的還有代表團的主要貴賓，如總統女婿、國民議會議員奧蘭澤布王子和新聞廣播部秘書阿勒塔夫·古哈爾。也許是巴基斯坦朋友們在外國聽到鄉音倍感親切的緣故吧，我得到他們的青睞，在哪裡當翻譯，哪裡的氣氛就熱鬧起來。我當時沒有十分在意，可後來阿尤布·汗總統訪華的紀錄片上映後，我在瀋陽的家人寫信告訴我：他們在片子裡看到了我，感到很自豪。我覺得，我能出現在片子裡，反映了烏爾都語的魅力和巴基斯坦朋友對他們國語的熱愛。我慶幸自己學了烏爾都語！同樣地，在接待中，我有幸看到了劉少奇主席、周恩來總理、陳毅元帥等中國領導人。我心裡完全明白，若不是學了烏爾都語，若不是參加接待友好鄰邦巴基斯坦的代表團，我能有此幸運嗎？

在這次接待中，阿尤布·汗總統一行的言談舉止給我留下了深刻印象，他們的英語口語非常地道（大都是一口倫敦音），穿著整齊，軍人戎裝筆挺，文官西裝革履，女士夫人們則一色漂亮的紗麗。我當時想，他們代表的巴基斯坦一定是個溫和與現代的國度。他們熱愛巴基斯坦國語，但也敬佩英語講得棒的人。英語地道、聲音洪亮的冀朝鑄，是我們翻譯的偶像。我不止一次看到，他一出現，一些巴基斯坦朋友尤其是軍官竟下意識地挺身立正。

由於這次與奧蘭澤布王子和阿勒塔夫·古哈爾

先生的結緣，以後幾次常駐巴使領館期間，我與他們一見如故，他們對我的外交工作幫助很大。第一次在巴基斯坦見到奧蘭澤布王子的時候，他已經是參議員，依舊說話詼諧幽默，談笑風生，有時候摸不準他的話是褒還是貶。但他對華友好，不改初衷。他特別提示我，想找議員或部長，千萬別約會在週末或節假日，因為他們在這樣的時間得返回選區接見選民，為他們辦事。阿勒塔夫-古哈爾陪同阿尤布‧汗總統訪華的時候，也是他文官生涯的鼎盛時期。後來他仕途多舛，回歸新聞本行，最終成為自由撰稿人。我們的友誼一直繼續到 90 年代我出任使館政務參贊時期。任滿回國之前，已經先期回國的鄧俊秉參贊想翻譯古哈爾的專著《阿尤布‧汗——巴基斯坦首位軍人統治者》，要我聯繫作者爭得首肯。我為此專門拜訪了古哈爾，他欣然同意。

周總理親自介紹譯員

一九七〇年十一月，應中國政府的邀請，巴基斯坦總統葉海亞‧汗將軍來華進行國事訪問。這次參加接待代表團的有兩名烏爾都語翻譯，我的老師山蘊和我。在董必武副主席和周恩來總理為葉海亞‧汗總統舉行的國宴上，我被周總理親自介紹給總統閣下，讓我終生難忘。

代表團的翻譯進入宴會廳後的習慣動作就是第一時間找到自己服務的地方，瀏覽該桌的中方領導

和外國客人的座位卡，並且盡量記住，以便宴會交談中胸有成竹地介紹。那晚，我也是習慣成自然，徑直走到我要工作的宴會桌旁。

不料，一位禮賓官匆忙把我拉走。這時，宴會廳響起迎賓曲，董副主席和周總理陪著葉海亞‧汗總統已經進入大廳。禮賓官把我帶到周總理面前，我木愣愣的，不知作何反應。周總理指著我用英語說：「He speaks Urdu.」這下，翻譯的本能讓我立即用烏爾都語向總統閣下問好。記得當時總統還問我在哪裡學的烏爾都語。

據禮賓官後來告訴我，周總理之前已經把我的老師介紹給了葉海亞‧汗總統，並追問禮賓人員另一個烏爾都翻譯在哪裡。周總理把我們介紹給巴基斯坦總統，是要向客人表明中國對巴基斯坦的尊重——我們有你們民族語言的翻譯人才，在場的就有兩位，而且有女亦有男。周總理會外語，但極少講，他用英語把譯員介紹給外賓，那是對外賓極其尊重的表示。從這個外事插曲可以想像巴基斯坦在中國領導人心目中的地位，掂量出中巴友好的分量。

用烏爾都語做外交工作

一九七二年，我首次被派往駐巴基斯坦大使館常駐，一駐就是六年。那時我在使館的工作是搞調研，主要靠看報紙、聽廣播和看電視，及時寫出調研報告；同時，完成領導交給的口譯任務，或為領

導做翻譯，或陪同工勤人員採購。我的烏爾都語特別有用，在使用中我自己也受益匪淺。先說聽廣播，一天要聽上六七次，每天一睜眼先打開收音機，聽新聞、記錄新聞，因為大使吃早飯前在他的辦公室等我報告新聞呢。此外，每次大使外出活動之前，我還要當面報告要聞。每逢聽到重要消息，我有權立即向大使口頭或書面報告。六年中按時聽廣播和看電視，捕捉新聞，使我的烏爾都語和英語的聽力和語感都提高了。

那時我熟悉的巴基斯坦播音員中就有後來任巴駐聯合國代表、駐華大使的馬蘇德‧汗先生。馬蘇德當時是英語老師，兼做播音員。他後來考進巴外交部，被派往中國學習漢語。一九八五年，在巴基斯坦總理居內久訪華的接待中，我突然見到了這位曾經的電視大腕，才知道他已經成為我的外交同行。一位女播音員當時叫夏亦斯塔‧汗，我幾次常駐都收看她的新聞節目。後來有一天電視屏幕上打出的字幕變成了「夏亦斯塔‧宰德」，我就知道她已經名花有主了，因為巴基斯坦女子婚後一般隨丈夫的姓。不過，也有例外。前總理貝娜齊爾‧布托嫁給前總統阿西夫‧阿里‧扎爾達里後就保留了她的原名，而不稱「貝娜齊爾‧扎爾達里」。

每天聽烏爾都語，說烏爾都語，讓我越來越感到烏爾都語發音清楚、響亮，詞彙多為單音節，好學又好記。我們中國人一張嘴講起烏爾都語，巴朋友十分愛聽，氣氛會立即熱烈起來，什麼事都好

辦。使館的工勤人員都跟我學烏爾都語。我們主管工勤的張玉松三秘烏爾都語學得不錯，憑他的烏爾都語和對巴朋友發自內心的善意與尊敬，以及他公文包裡的「巴姆」（清涼油），到哪裡辦事都一路暢通。我們的廚師外出採購起初全靠比畫，雖然東西也能買到，但出盡了洋相。學點烏爾都語，辦事效果立馬顯現。烏爾都語有兩個常用詞「阿恰」（好、好的、行）和「提克嗨」（是的、可以、對的）。工勤人員用這兩個詞，以不同的語調，配合各種手勢與表情，什麼都能買到，甚至可以砍價。比如明明要五個盧比，給四個盧比，說聲「提克嗨」就拿走了，讓店主哭笑不得。

　　烏爾都語是巴基斯坦的國語，能激發民族情感，促進國家團結。每逢中國代表團訪巴，只要我方講話，烏爾都語翻譯一開口，全場馬上群情沸騰，好像他們已經懂得了要翻譯的講話內容。這種場合是我們當翻譯的最幸福的時刻。巴政治家也看重烏爾都語喚起民眾的作用，他們競選、接觸群眾和發表電視廣播講話都用烏爾都語。布托父女的英語很棒，但他們從政之後，烏爾都語水平也提高極快，父親先後出任總統和總理，女兒則兩度出任總理。一九七七至一九八八年執政的齊亞·哈克總統對發展烏爾都語功不可沒。他當總統十一年做到了國宴致辭用烏爾都語，這無形中提高了烏爾都語的地位，為國語取代英語的官方語言的地位創造了條件。由於他重視烏爾都語，中國為巴基斯坦貴賓舉

行國宴時，領導人講話也當場翻譯為烏爾都語。但後來的巴基斯坦領導人不知道為什麼沒有堅持下去，烏爾都語的官方語言地位又遙遠了。

後來，我又四次常駐伊斯蘭堡和卡拉奇的使領館，歷時總共十六年。隨著職務的晉陞，除了調研還要辦案，接觸的巴基斯坦朋友不僅有記者、作家、藝術工作者，還有政府官員，我都盡量同他們講烏爾都語，收到事半功倍的效果。就是到巴外交部，我也是這樣打交道的，不同的是自己說過來意和交談之後，遞上英文說帖備案。

我當了一回穆斯林

一九八四年七月二十九日，應中國人民政治協商會議全國委員會的邀請，由主席薩夫達爾率領的巴基斯坦聯邦諮詢委員會代表團抵達北京，開始對中國為期九天的訪問。巴基斯坦聯邦咨詢委員會是哈克總統執政後組成的非民選的伊斯蘭議會組織，成員來自社會菁英、賢達和名流。十八名代表團成員中，有後來出任外交部長的阿西夫‧阿里和國民議會議員潘達拉等。全國政協副主席楊成武全程陪同代表團訪問。在上海小桃園清真寺，代表團進大殿做禮拜，我們工作人員意外地發現潘達拉副團長沒有進去，一個人孤零零地坐在會客室。他說他是祆教徒。我這才認識到在巴基斯坦什麼叫少數教派：除了伊斯蘭教，基督教、印度教、佛教、祆教

等宗教統稱為少數教派。巴基斯坦人都能講烏爾都語或英語，但是教門卻不一個樣。

次年十一月七日至十五日，全國政協代表團在楊成武副主席率領下訪問了巴基斯坦。這是中國全國政協第一次派團出訪巴基斯坦。在卡拉奇，巴方也安排代表團中的穆斯林委員到圖巴清真寺做禮拜。我作為團裡唯一的烏爾都語翻譯陪同前往。當他們陸續進入大殿時，我想到自己不是穆斯林，一時止步不前，不進去的念頭占了主導。這時，各位委員已經入內，我發現自己陷入了潘達拉的窘境。在周圍都是穆斯林的情況下，暴露我是異類，當然是很尷尬的。但誰給代表團做翻譯是重要的，而且迫在眉睫。於是，我立即追上去，同代表團坐在一塊，並戴上了竹編的穆斯林帽。巴方並沒有異樣的反應。整個禮拜過程，我效仿穆斯林委員做各種動作，儼然一個新皈依的穆斯林。我體胖不宜久坐，但仍耐著性子堅持下去，心裡由衷地佩服穆斯林的拜功。這樣一來，我一點兒也沒有耽誤給代表團做翻譯，把中國穆斯林對巴基斯坦穆斯林的真情厚意傳達出來，效果極佳。

發揮餘熱，參與《烏爾都語漢語詞典》編撰工作

二〇一四年五月二十日，由高等教育出版社、巴基斯坦駐華大使館聯合舉辦的中國首部《烏爾都

語漢語詞典》新書發布會在復旦大學舉行，前來上海參加亞信峰會的巴基斯坦總統馬姆努恩‧侯賽因出席並致辭。

主編孔菊蘭和其他編委唐孟生、孫蓮梅、張玉蘭、趙俏和本人應邀出席了發布會，孔教授代表編委會發了言，介紹此書在幾輩中國烏爾都語學人打下的基礎上歷經八年的研究與創新，終於編撰、出版的過程。

在聽孔老師的發言中，我回憶起上世紀六〇年代自己在北京大學東語系學習烏爾都語時見過的從俄語翻譯的《烏爾都語漢語詞典》（講義本）。由於譯者不懂烏爾都語，譯文不可信，所以這本書無人問津，我們這些嗷嗷待哺的初學者只好去啃烏烏詞典或烏英詞典。八〇年代，北京大學接受國家任務，組織國內精通烏爾都語的專家啟動《烏爾都語漢語詞典》的編撰工作，積累了大量的詞彙卡片。

二〇〇四年，在北京大學外國語學院領導的支持下，本詞典列入教育部哲學社會科學重大攻關項目。二〇〇六年六月，由北京大學外國語學院孔老師和唐老師牽頭，我們編委會開始了這輪八年編詞典的浩瀚工程。我們在做過的卡片的基礎上，參考巴基斯坦最新出版的《現代烏爾都語費魯茲詞典》等烏烏詞典和烏英詞典以及國內出版的《波斯語漢語詞典》、《印地語漢語大詞典》、《宗教詞典》等專業詞典，並得到外教娜茲博士（Dr Asmat Naz）的大力幫助，終於編輯出版了這本具有中國特色的

《烏爾都語漢語詞典》編委與巴基斯坦前駐華大使阿什拉夫‧傑汗吉爾‧卡齊（中）合影。右3為詞典主編孔菊蘭教授，左3為安啟光。

二〇一四年五月二十日，在上海舉行的《烏爾都語漢語詞典》發布會後，巴基斯坦總統馬姆努恩‧侯賽因為安啟光簽名留念。

詞典，完成了中國烏爾都語學界幾代人的夙願。

　　侯賽因總統在致辭中高度評價詞典的編撰、出版是中巴友好交往的一項重要成就。他說，《烏爾都語漢語詞典》為中、烏兩種語言架起了學術溝通的橋樑，必將為進一步加強兩國人民之間的友好聯繫作出貢獻。會後，他還為我們編輯人員簽字留念。

　　總統在為我簽字時，說他認識我，我畢恭畢敬

地回答說：是的，總統閣下，我當時是中國駐卡拉奇總領事。侯賽因總統當過信德省省督，曾出席卡拉奇總領館的國慶招待會。我記得很清楚，這位當時的省督的名字「馬姆努恩」在烏爾都語中的意思是「感激」。他出任總統後，已經兩次訪華，我們也兩次見面。我把總統閣下簽字留念看作對一位中國退休外交官參與本詞典的編寫工作從而為中巴友好繼續發揮餘熱的最高獎賞。

詩歌，友誼的紐帶

張世選

（資深翻譯家，曾任中國畫報出版社審讀、

人民畫報烏文組組長等職）

　　我於一九六六年三月始學烏爾都語，畢業後被分配到人民畫報社，從事烏爾都語《人民畫報》的翻譯出版工作。在對烏爾都語半個多世紀的學習與運用中，我深感其詩歌美妙深刻，是言志傳情的極好手段，又是古今烏爾都語文學的主要形式。於是，漸漸地，我不僅喜歡上了閱讀烏爾都文詩歌，而且還開始用烏爾都語創作，到後來竟然越寫越上癮，一發而不可收。後來，巴基斯坦文學研究社編輯出版了我的烏爾都文詩集《痴情集》，我在巴的詩名更大了。這樣，烏爾都文詩歌便成了我與巴基斯坦朋友交往的主要工具，並最終昇華為我與巴基斯坦人民友誼的紐帶。雖然光陰荏苒，匆匆逝去，然而與巴基斯坦友人交往的場景卻時時浮現在腦海裡，揮之不去。一滴水可以見太陽，本文謹據自己的經歷講述幾件反映中巴友誼的瑣事，以饗讀者。

老朋友捷足先登

　　一九九一年五月初，受巴基斯坦政府邀請，我

一九九一年五月張世選（前排右3）赴巴基斯坦參加當地慶祝中巴建交四十週年活動時與拉合爾朋友們的合影。前排右1為已故詩人哈桑‧拉茲維先生，右4為已故文壇泰斗艾哈默德‧納迪姆‧卡斯米先生，左4為已故詩人敏蘇拉‧艾哈默德女士，左2為詩人、幽默散文作家阿達烏爾哈克‧卡斯米先生，左1為詩人、劇作家阿姆佳德‧薩拉姆‧阿姆佳德先生。

赴巴基斯坦與當地人民共慶中巴建交四十週年。抵達伊斯蘭堡的當天下午，我在巴基斯坦廣播新聞部官員艾赫塔爾先生的陪同下，驅車前往克什米爾訪問，第二天即返回伊斯蘭堡。但是司機卻沒有把我拉到下榻的酒店，而是拉到了老朋友、前中國畫報烏爾都文改稿專家、伊克巴爾函授大學公關部主任哈米德，阿里‧哈希米先生家中。

原來，聽到我來到巴基斯坦的消息後，哈希米先生就捷足先登，與巴政府取得了聯繫，商定待我從克什米爾返回伊斯蘭堡後，由他在家中為我接風，並由兩位我與他共同的朋友文學評論家法德赫‧馬利克教授和詩人阿福達布‧夏米姆教授作陪。哈希米先生在來華工作前曾長期擔任新華社住

伊斯蘭堡記者站的譯員，對巴中友誼的發展卓有建樹。阿福達布先生是中國人民的老朋友，曾四次來中國工作，在北大教過烏爾都語，幾乎中國所有懂烏爾都語的人都是他的學生。我雖無緣在北大聆聽他講課，但他卻是我詩歌創作的領路人，因此他是我真正意義上的導師。他還在中國國際廣播電台和人民畫報社擔任過改稿專家，對中巴友誼的發展作出過不可磨滅的貢獻。我在巴基斯坦進修期間，曾多次請教過法德赫·馬利克教授。當天，四位老朋友歡聚一堂，共敘友情，其樂融融，直至深夜方才散席。

一九九一年五月張世選（左４）赴巴基斯坦參加當地慶祝中巴建交四十週年活動時與伊斯蘭堡朋友們合影。右１為已故的哈米德·阿裡·哈希米先生，右４為阿福達布·伊克巴爾·夏米姆教授。

招待會上受寵若驚

第三天下午，巴文學研究院在伊斯蘭堡一家大飯店為我舉辦了盛大的招待會。規格與熱情之高，令我受寵若驚。招待會以巴教育與文化部長法赫爾‧伊瑪目先生為主席，巴外交部秘書長阿克拉姆‧扎基先生和中國駐巴使館臨時代辦陸樹林先生（後升任大使）為特邀嘉賓，由巴文研院主席吳拉姆‧柔巴尼‧阿格魯先生主持。與會者有伊斯蘭堡和拉瓦爾品第的二百餘位詩人、作家。

招待會上，賓主盛讚中巴友誼。應主人的要求，我朗讀了前一天訪問克什米爾時的新詩作《克什米爾之行》，博得了滿堂喝采。扎基先生稱讚我是「人民大使」。阿格魯先生代表巴文研院把一支派克金筆贈予我，希望我用它創作出更多的讚美巴中友誼的詩篇；他又按照家鄉信德省的習俗，把一塊帶有美麗圖案的信德線毯披在我身上，以示祝福。

時任巴文研院文學刊物《文學》主編的已故老詩人扎米爾‧加弗裡先生在發言中讚頌中巴友誼之餘，用這樣的詩句稱讚我：「每一聯詩都是一團烈火，這樣的選擇是最好的選擇。」（筆者名字是世選）之後，這位老詩人又把這一聯飽蘸友情的詩親手寫在我的筆記本上，成了永恆的紀念。

招待會的發言結束後，來賓們開始享用茶點。這時，阿格魯先生對我說：「結束了對各地的訪問回到伊斯蘭堡後，給我留出一點時間來，我們共同

探討一些與文學創作有關的問題。」

「用肩膀扛到賓館」

在我由伊斯蘭堡飛往拉合爾之前，巴前駐華大使、時任巴外交部秘書長、詩人阿克拉姆·扎基先生從其辦公室給拉合爾的詩人、幽默散文作家阿達烏爾哈克·卡斯米打電話，通知他我將赴拉合爾訪問。坐在一旁，我清晰地聽到對方說：「我們將把他從機場用肩膀扛到賓館。」

在拉合爾，本來我想住飯店，可是阿達烏爾哈克·卡斯米為了不使我感到孤獨，勸我放棄飯店而住進他家。當地文學組織「同吟會」在記者俱樂部為我舉辦了招待會。詩人、作家和新聞工作者濟濟一堂，盛讚中巴友誼。應主人要求，筆者朗誦了幾首詩，其中包括厄扎爾（烏爾都詩體之一，也是印巴人民最喜愛的詩體）、自由詩和新作格律詩《克什米爾之行》，博得熱烈的喝采。大作家阿什法克·艾哈默德先生用這樣的語言表達了對我的厚愛：「如果我是個女大學生，我就會拿一個嶄新的筆記本，對你說『請你簽名』，然後那上邊不再要別人的簽名，並珍藏起來。」

會後，阿達烏爾哈克·卡斯米，詩人、劇作家阿姆加德·薩拉姆·阿姆加德和《戰鬥報》拉合爾版主編、詩人哈桑·拉茲維三人在一家中餐館宴請我。在朦朧而柔和的燈光下，有幾位樂人演奏著令

人陶醉的當地古典音樂，中國風味的飯菜與巴基斯坦風味的樂曲珠聯璧合，渾然一體，且相得益彰，表達著中巴文化互相包容之美。

緊張的卡城之旅

卡拉奇是巴基斯坦建國之初的首都、最大的城市和港口，工、商、文、教均很發達。因瀕臨阿拉伯海而氣候溫暖濕潤，二三級的海風時時吹拂著這裡的一草一木，加上地處亞熱帶，陽光充足，使得這裡四季樹綠花紅。這裡學校眾多，卡拉奇大學遐邇聞名；這裡名人薈萃，雅士咸集，是巴基斯坦國父穆罕默德·阿里·真納工作與長眠之地。由於白天較熱，許多活動都在夜間進行，深更半夜，除了輪船和火車的汽笛聲外，還常常能聽到詩會的沾著露水的誦詩聲。卡拉奇的土著居民是信德人，一九四七年印巴分治時從印度遷移過來的穆斯林也聚集於此，其餘居民是從巴基斯坦各地遷來的。卡拉奇人熱情好客，喜歡交友。

由拉合爾飛抵卡拉奇的當晚，巴基斯坦烏爾都語發展協會在著名老詩人阿達·加弗裡女士主持下，在其幽靜的庭院內為筆者舉辦了接風詩座與茶點。次日上午，我在主人的陪同下拜謁了巴基斯坦國父真納的陵墓。陵墓由警衛二十四小時守衛。陵殿由白色大理石砌成，宏偉而聖潔。殿內頂棚上懸掛著周恩來總理贈送的水晶石吊燈，晶瑩剔透，放

射著中巴友誼純潔的清暉。下午，詩人納卡什·卡茲米把我帶到克里夫頓海濱。在那裡，我平生第一次騎著駱駝在沙灘上漫步，沐浴阿拉伯海的柔風，享受氣象萬千的海景。晚上，我出席了巴基斯坦文研院卡拉奇分院舉辦的以中巴友誼為主題的研討會。是夜，我置身著名的阿瓦裡大酒店臥榻，思緒蹁躚，久久不能成寐。

愛的謊話也美麗

結束了官方安排的各項活動之後，我於五月十日回到伊斯蘭堡。在伊斯蘭堡飯店下榻後，我立即打電話問候阿福達布教授，並報了平安。阿福達布先生要我立即退房並搬到他家去住，以便相互陪伴，促膝談心。當天下午，巴基斯坦論壇主席扎法爾·布赫塔瓦利先生在其府邸為我接風，並邀請中國駐巴大使館臨時代辦陸樹林先生作為嘉賓出席。陸代辦通曉英語與烏爾都語，不僅用烏爾都語寫詩，而且還在中國駐巴使館組織詩會，邀請當地詩人參加，有效地加強了中國使館與巴基斯坦知識界的聯繫，促進了兩國友誼的發展。賓主共同盛讚中巴友誼，陸代辦與我均朗誦了歌頌中巴友誼的詩篇，會場氣氛異常熱烈，始終洋溢著兄弟情誼。

當晚，巴基斯坦文研院主席阿格魯先生在一家中餐館為我洗塵，並由一位部長和扎米爾，佳弗裡與阿福達布兩位詩人作陪。席間，阿格魯先生吐露

真言：「所謂討論文學問題只是個幌子，目的是想讓你留出一點時間，我們坐在一起，就著粗茶淡飯，共敘友情。」阿格魯先生的肺腑之言讓我詫異之餘頗受感動。我覺得，巴基斯坦朋友的謊話都是美麗的，充滿友誼和真愛。

小夥子助人為樂

那年五月中旬，旁遮普省的幾個大城市木爾坦、費薩拉巴德、米安加努以及旁遮普大學將要舉行大型詩會。承蒙阿達烏爾哈克·卡斯米等拉合爾詩人的盛情邀請，我重返拉合爾，與他們和拉合爾的其他詩人一起參加了這些詩會。伊斯蘭堡距拉合爾大約五百公里。前次赴拉合爾，是官方安排的參觀訪問活動，坐飛機轉瞬即到。由於座位不靠窗，路上什麼也沒看見，心中多少留下了一點遺憾。為彌補前次赴拉合爾途中的損失，這次我決定乘直達巴士。老朋友哈希米先生一大早就來到了阿福達布先生家，然後兩位老朋友叫來出租車把我送到直達巴士始發站，待我的車上了路，才依依不捨地返回。

旁遮普的意思是「五河之地」，這裡土地肥沃，歷來是印度次大陸的糧倉。印度和巴基斯坦獨立後，原旁遮普省一分為二，東部歸屬印度，居民以錫克教徒為主；西部歸屬巴基斯坦，居民以穆斯林為主。坐在直達巴士上，美麗富饒的旁遮普大地如電影般一幕幕向車後退去，步移景異，風光美不

勝收。

　　正當我陶醉於視覺饕餮之時，鄰座的一位青年突然問我：「你是中國人，還是日本人？」我告訴他是中國人以後，我們進行了十分友好的交談。到拉合爾後，他先帶我回他家，見了他父親，請我喝了茶，然後用摩托車把我送到詩人阿達烏爾哈克·卡斯米先生家。分手前，我問那位青年的尊姓大名，他說叫阿卜杜勒·沙庫爾。

　　一個普通青年，能如此真誠熱情地幫助一個素不相識的中國人，折射出普通巴基斯坦人民對中國人民的情誼。

拉合爾早餐吃請

　　拉合爾是巴基斯坦的歷史文化名城，被譽為巴基斯坦的心臟和文化首都。拉維河從市區穿過，滋潤著這裡的土地與植物。這裡的樹木四季翠綠，花卉終年開放，處處花香撲鼻，沁人心脾。這裡有莫臥兒王朝的皇城古堡、鏡子宮、夏麗瑪皇家花園、皇家清真寺，有著名的旁遮普大學及其他高等學府；這裡的每一條街巷都有一個歷史故事；這裡人傑地靈，名士薈萃，是巴基斯坦獨立運動的思想領袖、被譽為「東方詩人」的偉大哲學家伊克巴爾，印巴進步文學運動的發起人之一、現代最傑出的詩人費茲和進步詩人、作家、文壇泰斗艾哈邁德-納迪姆·卡斯米工作、居住和長眠之地。因此當地人

說：沒來過拉合爾就等於沒來過巴基斯坦。筆者曾經以這樣的詩句讚美拉合爾：

你是一部立體的史書
一街一巷都訴說著一段故事
你是一片茂密的果林
一枝一杈都掛滿沉甸甸的知識的碩果
你是一座美麗的花園
一草一木都令人迷戀、陶醉
你是一幅活動的風情畫
一舉一止都是一個傳統的註釋
你是一股友愛的清泉
一漣一漪都是一首綿綿情詩
你是東方文明的「詞典」
你是巴基斯坦的「標題」

我住在阿達烏爾哈克・卡斯米先生家中，加入拉合爾的詩人隊伍，參加了旁遮普省的四場大型詩會。這裡的人對中國人民特別親切。作為中國人的代表，在沒有大型詩會時，我得天天吃請、頓頓吃請，有時連早晨也得吃請。每次宴會前，都要參加一個由主人安排的小型詩會。

「爸爸生你的氣了」

一九九三年九月，筆者應邀參加了卡拉奇菁英學院舉辦的世界烏爾都語大會和以已故大詩人哈斯拉特・穆哈尼的名義舉辦的第五屆國際詩會，以及

另外兩家卡拉奇民間文學組織舉辦的兩場詩會。

之後，我飛抵伊斯蘭堡。在那裡，中國人民的老朋友阿福達布‧夏米姆先生和知名人士扎法爾‧布赫塔瓦利先生分別在其府邸舉辦歡迎詩會與茶點。正在伊斯蘭堡出差的詩人、文壇泰斗納迪姆‧卡斯米的義女敏蘇拉女士也應邀出席了阿福達布先生舉辦的詩會。敏蘇拉見面就抱怨：「爸爸知道您來到了巴基斯坦，去了卡拉奇，又來了伊斯蘭堡，就是不去拉合爾。爸爸生您的氣了。」我連忙道歉，並保證下次一定去拉合爾看望納迪姆先生。納迪姆‧卡斯米先生的關懷使我非常感動。

扎法爾先生舉辦的小型詩會上，特地邀請了時任語言研究所主席的著名詩人伊夫蒂哈爾‧阿里夫先生和中國駐巴使館政務參贊陸樹林先生參加。賓主共頌中巴友誼，場面雖然不大，氣氛卻異常熱烈，友情也特別真摯。

「張世選是我們的詩人」

一九九八年，巴基斯坦文學研究院出版了我的烏爾都文詩集《痴情集》，並邀請我參加中國作家代表團訪巴，以便出席《痴情集》的首發式。

十一月初，中國訪巴作家代表團在拉瓦爾品第的珍珠洲際酒店下榻。我們發現酒店右側的圍牆上赫然懸掛著一條巨大的橫幅，上面用中文寫著「張世選是我們的詩人」九個大字。看到巴基斯坦朋友

把我當成自已人，我感到十分欣慰。

訪巴期間，中國代表團所到之處，都受到當地作家、詩人的熱烈歡迎與盛情款待，住最好的酒店，吃最好的飯菜。賓主多次舉行座談會，共頌中巴友誼。最令我吃驚的是，當中國代表團應邀參觀巴基斯坦文研院的辦公樓時，我發現牆壁上竟然張貼著許多我的烏爾都語詩篇的放大影印件。

《烏爾都語報》鴻雁傳書

記不清從何年何月開始，巴基斯坦語言研究所的朋友們開始給我贈寄他們出版的月刊《烏爾都語報》，每月一本。每一本都載著濃濃的情誼，猶如鴻雁帶著慰心的情書從遠方飛來。幾十年如一日，直至兩年前，從不間斷，使我受益匪淺，得以及時了解烏爾都語本身、烏爾都語文學和巴基斯坦語言文學藝術界的活動與變化，特別是一些朋友的近況。

雖說大恩不言謝，實際上我也從來沒有去信感謝過他們，但一直對他們心懷深深的感激之情。近兩年來，偶爾收到由巴基斯坦駐華使館轉來的一兩本，也許是投石問路，看看按巴基斯坦人的估計，應該腳踏陰陽兩界界線的我還在不在世。對此，我已十分知足，因為他們沒有完全忘記我。

異域遇良師益友

一九八八年煙花三月，我應阿布扎比巴基斯坦文學社之邀，赴阿布扎比和迪拜參加該社為慶祝烏爾都文壇泰斗艾哈邁德-納迪姆‧卡斯米先生七十二歲華誕而舉辦的「艾哈邁德‧納迪姆‧卡斯米國際研討會與詩會」。因為當時北京沒有直達阿布扎比的飛機，我只得在沙迦降落。該文學社主席伊茲哈爾‧海德爾先生親自駕車數百公里到沙迦來接我。賓主一見如故，一路談笑風生。他告訴我：「您寄來的詩中的一聯幽默詩成了我兒子向我要禮物和玩具的理論根據。當我拒絕他的要求時，他總會背誦它來說服我：『請君偶爾說聲行，行比不行更簡練』。」

研討會上，我宣讀了論文《納迪姆，卡斯米與中國》，其中對他在其詩歌與小說中對解放前的中國人民的同情和對中國革命的支持表達了衷心的感

謝。在詩會上，我朗誦了自己的烏爾都文詩作《獻給納迪姆》和一些「厄扎爾」，其中盛讚了他的高尚品質與情操、在烏爾都文學創作上的豐功偉績和熱心栽培年輕文學家的不朽功德。

會後，納迪姆·卡斯米先生這位長者不僅從巴基斯坦給我寄來了一封熱情洋溢的感謝信，而且從那時起便把我當成知己和弟子，開始贈寄由他主編的、世界上最權威的烏爾都文學季刊《藝術》，每季一本，每年四本，直至二〇〇六年仙逝，十八年如一日。《藝術》不僅內容豐富多彩，藝術價值高，而且比較厚重，每次包裝上都貼著折合人民幣二十七元的郵票。更何況他每次通過《藝術》寄給我的慈愛和期望——期望我對中巴友誼作出更多的貢獻——又怎能用貨幣來衡量！

所以，在他仙逝的噩耗傳來後，我禁不住潸然淚下。在以後相當長的一段日子裡，只要一提到他，我總是兩眼濕潤，嗓音哽咽。於是，我又用烏爾都語寫了一首哀悼他的詩，聊以撫慰自己因失去一位慷慨無私的忘年之交和良師益友而悲痛不已的心靈。

「不收兄弟的車費」

到迪拜參加詩會時，我一眼就看見就職於迪拜《海灣時報》的老友、中國國際廣播電台烏爾都文組前改稿專家、巴基斯坦人賈米爾。艾赫塔爾先生在會場的大門口等候著我。他邀請我在研討會和詩

會結束後到他家小住兩日，以敘舊誼。盛情難卻，婉拒不如從命。

次日，我與賈米爾先生打出租車去市場。從我們在車上的對話中，那位來自巴基斯坦俾路支省的中年出租車司機得知我是來參加「艾哈邁德‧納迪姆‧卡斯米國際研討會與詩會」的中國詩人，下車後竟然拒收車費。理由是：「您是中國人，我是巴基斯坦人。而且您還是為參加巴基斯坦人民崇敬的烏爾都文壇泰斗艾哈邁德‧納迪姆‧卡斯米的國際研討會與詩會而來的。我們是兄弟，兄弟不收兄弟的車費！」

我覺得，這位憨厚漢子的話字字珠璣，擲地有聲，聲聲打動著我的心；他的個頭在我眼中驟然升高，高得像喜馬拉雅山！他的形象至今時時浮現在我眼前，他的聲音也至今時常回蕩在我的耳畔。

大文豪帶病陪客

二〇〇〇年十月，筆者應邀參加多哈與迪拜的印巴僑民文學組織聯合舉辦的為期十天的烏爾都文學節，並被迪拜的印巴僑民文學組織授予「薩利姆，加弗里文學獎」。

在前往多哈途中，我在卡拉奇換飛機，在機場與拉合爾的著名作家阿什法克‧艾哈邁德老前輩邂逅。他埋怨道：「你常來巴基斯坦，但不去拉合爾。」筆者當場許諾：返回途中一定去拉合爾。

文學節結束後，我回國途中專程去卡拉奇、伊斯蘭堡和拉合爾拜訪了那裡的眾多老朋友和老前輩。在拉合爾，詩人阿達烏爾哈克，卡斯米、阿姆加德，薩拉姆‧阿姆加德和哈桑‧拉茲維在一家餐廳設晚宴招待我。當時已八十四歲高齡、因病久不外出的文壇泰斗納迪姆。卡斯米先生，在其義女敏蘇拉女士的陪同與攙扶下，不僅參加了晚宴，而且緊靠著我就坐，與我促膝談心，格外親切。

大洋彼岸的贈禮

二〇〇八年十一月，旅居美國洛杉磯地區的巴基斯坦與印度僑民的文學組織「烏爾都語中心」邀請我參加洛杉磯與鹽湖城的烏爾都語詩會，並授予我「烏爾都的驕傲文學獎」。他們身居異國他鄉，與自己的祖國遠隔重洋，無盡的鄉愁已使他們的身心疲憊不堪，還念念不忘弘揚和發展自己的母語文學。更難能可貴的是，竟然還想著我這個異國同語的兄弟，足見其情之真、誼之厚，令我感激不盡。

去年冬天，上述文學獎的出資人翟迪先生來北京，從旅館打電話給我問候平安，更使我感動。因為他馬上要離京返美，我未能當面致謝，心中又添了一份歉疚。

授予中華民族的獎章

我深感一生庸庸碌碌，一事無成，對中巴友誼

的發展更是鮮有建樹，並常常因此而悔恨，而自責。但巴基斯坦政府卻於一九九三年和二〇〇六年根據總統和總理共同簽發的命令，分別授予我「巴基斯坦獎章」和「偉大領袖之星獎章」。在我看來，每枚獎章都是巴基斯坦政府和人民給予我的鼓勵，鼓勵我為中巴友誼的發展多作貢獻，願我在促進中巴友好的路上永不止步。

我深感巴基斯坦政府和各階層人民對我的愛是真誠無私、發自內心的，我將沒齒不忘。他們之所以愛我，只因為我是中華民族的一分子。他們通過對我的愛，表達了對中華民族的愛，因此我把他們授予我的獎章，更看成是巴基斯坦政府與人民授予中華民族的獎章。

巴基斯坦——我永遠思念的地方

孫蓮梅

（中國國際廣播電台烏爾都語部前主任）

　　關於巴基斯坦，我有說不完的故事，因為那裡有我無數的聽眾朋友。不管他們的社會地位有多麼不同，他們都是那麼熱愛中國，都是從孩童或青年時期就收聽中國國際廣播電台（CRI）的廣播。他們是中巴友好的基石。如今，退休在家的我對他們依然魂牽夢繞，有著綿綿不斷的思念。

　　在巴基斯坦，到處都能遇到不同階層的聽眾。這是我作為一個廣播工作者的驕傲。在我任記者期間的工作採訪中，得知巴前外長古哈爾，阿尤布·汗和前新聞廣播部長穆沙希德·侯賽因都曾在年輕時就收聽 CRI 的廣播。穆沙希德，侯賽因先生還對我說：「如果你們對聽眾來信建檔的話，一定會會查到我的信件。」一九七七年，他隨巴基斯坦青年代表團訪華時，還到 CRI 做過客。擔任新聞部長以前，他是一位資深記者，寫了很多介紹中國的文章。

　　一九九七年香港回歸前夕，一次新聞發布會結束之時，面對各國記者，這位部長極其激動地向中國記者大聲說：「中華人民共和國的朋友們，祝賀你們，香港就要回歸了！」後來我以此話為由頭採

訪了他。他對我所提問題的鏗鏘有力的回答讓我震撼、佩服。他精闢地分析說：「香港回歸中國這一事件具有三方面的意義。首先，這標誌著鄧小平『一國兩制』理論的勝利。其次，作為殖民主義的象徵，香港的回歸標誌著英國殖民主義制度的失敗。第三，香港的和平回歸對鞏固亞洲和平與穩定有著重要意義。這對本地區國家和中國的朋友來說都是值得借鑑和學習的。」

　　他駁斥西方一些國家對中國政治制度和人權問題的指責時說的那段蕩氣迴腸的話至今在我耳畔迴蕩：「每個國家和民族都有權利決定自己的政治和經濟制度，只要這種制度對他的人民有著廣泛的利益，被人民所信任，別人無可指責。英國把香港作為自己的殖民地占據了一百年，從來沒有提到或想到過香港人民的人權。當它不得不與中國政府簽署協議，一九九七年要把香港歸還給中國的時候，突然提出人權問題，這不是什麼新鮮玩意，克什米爾問題就是英國殖民主義者留下的禍根。帝國主義和

殖民主義者在它不得不結束自己的殖民主義統治的時候，總是想留下爭端，製造長期的混亂。」

他在駁斥「中國威脅論」時說：「綜觀世界發展史，不少國家在經濟發展後實行的是軍國主義、擴張主義和霸權主義。而中國走的是一條和平發展的道路。有的人說中國的發展給地區和世界和平帶來威脅，那是別有用心！中國在別的國家有駐軍嗎？別國有中國的軍事基地嗎？有點學識的人都可以作一比較。正是中國的和平發展不僅給世界，更給地區帶來了和平穩定。」

這有力的回答是發自他內心對中國的熱愛，源自他堅持不懈地加深對中國的了解。CRI 擁有這樣高端水平的聽眾，真是值得自豪。

一九九八年春，在北部地區的斯格爾都小城，地區副專員阿克拉姆簡單樸素的家裡，一台收音機擺在醒目的地方。他指著收音機告訴我，他經常收聽 CRI 的廣播，並說：「一個小小收音機就能讓幾個或幾十人坐在一起來聽廣播。這裡很貧窮，給你們寫信的人會很少，但聽中國廣播的人很多。因為，大家都知道中國是巴基斯坦真正的朋友。」

在北部這麼偏遠的地方，連地方官員都在收聽 CRI 的廣播，不能不說中國廣播具有強大的吸引力。我們的聽眾大多集中在旁遮普省，其次是信德省，在西北邊境省和俾路支省也有相當多的聽眾。CRI 廣播的公正、內容的知識性和趣味性極大地吸引了年輕聽

眾。一九九八年八月，巴新聞部組織記者到巴控克什米爾採訪。在邊境的戰壕裡竟然也遇到了聽眾，一位巴軍人告訴我，入伍前在校讀書時，經常收聽 CRI 的廣播，廣播知識性很強。他說：「曾從廣播裡知道中國的瓷器竟有三千多年的歷史，很是吃驚。巴基斯坦人喜歡中國的瓷器，更喜歡中國人。」（烏爾都語中的「چینی」既有瓷器的意思，也有中國人、中國話和白糖的意思）他站在戰壕裡指著前方二百多米處對我說：「那裡就是印度的邊境了。我們都知道巴印戰爭的時候，中國無私地支持了巴基斯坦。」說起中國，他豎起了大拇指。

二〇〇五年，我隨中國國際廣播電台代表團去巴北部考察聽眾俱樂部。途中，在下榻的旅店用早餐時，我用烏爾都語指著杯子裡有點稀的牛奶跟侍應生半認真半開玩笑地說：「牛奶裡摻水了吧？」侍應生更風趣地回答我：「不，是水裡加了點牛奶啦。」我們倆同時笑了起來。他先問我在哪兒學的烏爾都語，知道我來自 CRI 後更是高興。他說：以前，他經常聽 CRI 的廣播，尤其在廣播裡聽到中國的穆斯林也過開齋節、宰牲節，主麻日也到清真寺去做聚禮，他覺得社會主義中國很自由。後來工作忙下班晚，聽的時間少一些了。但他說：「一定攢錢到中國看看。」

只有跟巴基斯坦朋友密切接觸的人，才能真正體會到他們常掛在嘴邊的「巴中友誼比山高、比海深、比蜜甜」的比喻是多麼恰如其分。尤其是我，

會經常得到聽眾的幫助，心裡更比別人多了幾分溫暖：到加油站加油，熱心的聽眾還會捎帶著給驗驗車；到菜市場買菜，賣主總執意多給一點；留學時下課回來晚或下雨了，女生能幫忙把晾曬的衣服收好；聽眾結婚或孩子過生日，把我待為座上賓；等等。事例太多，不勝枚舉。有件事至今讓我心存感激。記得二○○二年十二月二十日，我隨國際台代表團訪問聽眾俱樂部時，由於盛情難卻，在穆扎法爾格爾市舉辦的聽眾見面會拖延了時間，趕到木爾坦機場簽訂飛往拉合爾的航班時已沒有足夠的座位了，可下一場的活動已經在等著我們。焦急之中，我找到了機場值班經理，心裡也只是想試試而已。值班經理聽了我的話後卻說了句：「China Radio International, very good! I was its Listener.」我正吃驚之時，他就找其他工作人員去了。真是巴中友誼的神力！一會兒，一位工作人員過來彬彬有禮地帶我們辦登機手續，說是有兩位巴乘客願意把座位讓給中國朋友。匆忙中，我只是一個勁兒地致謝，竟然沒顧得上問問他們的名字，至今都是我心中的遺憾。木爾坦的機場很小，航班也不多，但能如此急人所急的機場和自願讓出座位的乘客，只有在巴基斯坦！

　　廣播、聽眾、友誼，三者間的緊密聯繫形成了中巴友誼的堅實紐帶。廣播促進著友誼，廣播改變著聽眾，聽眾為中巴友誼做著努力。二○○五年六月末，在海德拉巴的聽眾見面會上，我終於見到了經常在信中交流的信德省老聽眾阿扎姆・阿里・蘇

姆羅。他向代表團遞交了半尺寬、近百米長的圖文並茂的信，說：「CRI 豐富了我的知識，豐富了我的生活。我有很多朋友，遍布在巴基斯坦，我們是因為收聽 CRI 而相識。我們會互相邀請對方參加各自俱樂部的活動，為巴中友誼作貢獻。」他說：「CRI 給了我不斷學習的動力。節目的網上播出使我們收聽廣播更便捷。所以，我下決心學會電腦，我的人生也因 CRI 而精彩！」

謝胡布拉市的聽眾卡西夫為學習中國建立「希望小學」，一天打幾份工來資助上不起學的窮孩子。二〇〇二年在他家中會面時，他說：「古代有一條絲綢之路，現在沒了。但你們知道嗎？這條路一直在這兒。」他用右手按著心臟說：「在這裡！CRI 把這條路連到了這裡！」他的話表明：CRI 的烏語廣播深入人心，已經成為鞏固發展中巴友誼的堅實紐帶！

在二〇一二年底結束返聘工作之時，我對烏語部的聽眾及聽眾俱樂部檔案作了最新的統計和整理。在阿富汗、孟加拉、印度和巴基斯坦，CRI 烏語部擁有八百多個聽眾俱樂部，而在巴基斯坦就有六百多個。俱樂部的人數幾十、幾百、上千不等，成員組成涵蓋社會各個階層。巴聽眾俱樂部的活動多種多樣，目的卻只有一個——發展、鞏固巴中友誼。每當中巴國慶或烏語廣播開播紀念日等重要日子，聽眾俱樂部都會獨自和聯合舉辦各種各樣的紀念活動，如詩會、介紹中國和 CRI 的展覽、報告

會，或邀請訪問過中國的聽眾和社會名流作介紹中國的報告等，並把活動的報告、錄像、照片、光盤等寄給我們。

穆扎法爾格爾是一個人口只有二十多萬的小城，但有大小六十多個聽眾俱樂部。二〇〇二年十二月二十日上午，CRI 代表團在該城參加建台六十週年有獎知識競賽頒獎和聽眾見面活動。會場懸掛著旁遮普省十幾個地區的一百多個聽眾俱樂部製作的具有本俱樂部特色的大幅彩色橫幅，一千多人的會場座無虛席。在會場的側室，俱樂部聯合舉辦了CRI 與聽眾友好聯繫的展覽。展品中有 CRI 各個時期的紀念章、琳瑯滿目的紀念品，各個時期的不同雜誌、圖書、報紙，聽眾訪華和烏語部成員訪問聽

二〇〇二年，在謝胡布拉市為聽眾卡西大頒獎。

眾俱樂部時拍攝的不同時期、不同內容的照片，數次知識競賽中聽眾獲得的獎盃、獎品、絲巾、T恤衫、中國錢幣、剪紙、郵票以及其他禮品。這個展覽充分反映了俱樂部與CRI的緊密聯繫，也反映了中國的發展進步。這是我訪問的眾多聽眾俱樂部中，唯一見到的規模如此巨大的展覽。

更讓人感動的是：二〇〇三年，在「非典」肆虐期間，巴基斯坦有二十多個聽眾俱樂部獨自或聯合舉辦聲援中國抗擊「非典」的活動，並和CRI連線播出活動實況。從十三歲就收聽廣播並在一九七四年第一個成立聽眾俱樂部的巴哈瓦爾布爾市的巴伯爾和穆扎法爾格爾市短波收聽俱樂部主席、現任CRI廣播孔子課堂巴方負責人的喬杜裡，都是積極的參與者與組織者。活動在當地以至南亞都產生了很大的影響。

自一九六六年開播以來，很多聽眾已經隨著烏語廣播從青年走入中年或老年，但一批批的新生力量在繼往開來。聽眾伊加茲先生曾是位工程師，經常在收聽報告中提出好的建議。因他住在品第，來伊斯蘭堡記者站的聽眾都先到他那兒落腳。我稱他為CRI的「大使」。遺憾的是，二〇〇三年，伊加茲先生因腦溢血去世，烏語部在節目中作了特別的悼念和緬懷。伊加茲的兒子在電話採訪中告訴我：「我要像父親一樣，繼續當『大使』，繼續為巴中友誼做事。」感動得我熱淚盈眶。還有俾路支省巴中友協主席法西先生、白沙瓦大學教授阿耶都拉、

西北邊境省巴中友協秘書長吉拉尼先生……我腦子裡有無數熱愛中國並致力於巴中友好的聽眾的面孔，栩栩如生。我時常會想起他們。十幾位聽眾由於在發展巴中友誼中作出了突出貢獻，已先後被CRI邀請訪華。

我還時常思念那些熱愛中國的巴基斯坦同行們，他們的熱情、無私的幫助至今讓我難以忘懷並心存無限感激。他們在發展中巴友誼和擴大CRI影響中發揮了很大作用，不寫寫他們，將在我心中留下永遠的歉疚。

每次考察聽眾俱樂部或頒獎，我們都要帶很多禮品、獎品。而聽眾喜歡的收音機、手錶等物品，巴海關是有數量限制的。在入關、交通、安全、聯繫採訪等方面，除了巴駐華使館的幫忙，每次我們還都得到了巴同行的熱情接待和幫助，進出海關很順利。有時同行還親自去機場接送。在巴基斯坦的任何一家電台，同行們都會用拋撒玫瑰花瓣、佩戴花環，以及用信德省的扎染花披巾、旁遮普省的木雕、西北邊境省的銅器做禮物歡迎CRI代表團。

在伊斯蘭堡，巴新聞廣播秘書、廣播公司總裁和台長都會在百忙中抽出時間親切會見CRI代表團，有時還設宴款待。

拉合爾台台長阿斯加爾·哈立德是一個極其熱情幹練的人。二〇〇一至二〇〇五年，CRI代表團三次對拉合爾的訪問都得到了他的大力幫助和熱情接待。聽眾見面會和頒獎會有時在省會，有時在周

邊小城舉辦。每次到拉合爾，台長都與當地警察局聯繫，為我們安排好路線，前有警車開道，後有電台持槍警衛的車壓陣，遇到交通擁擠還時常鳴警笛，使代表團呼嘯而過。這種禮遇讓我十分感動，也有點難為情。但台長卻說：「派警車是為了保證交通通暢，使你們的活動能圓滿完成。」在車水馬龍的拉合爾，警車為代表團節約了不少時間。

二〇〇三年初 CRI 代表團順訪卡拉奇電台的活動令我難忘。由於飛機晚點，抵達卡拉奇時已是凌晨二點多鐘。穆罕默德，納基台長不僅派了以前 CRI 的老專家、卡拉奇電台高級節目製作人哈什米夫婦接機，還親自在台前廣場架起彩色帳篷，舉辦了盛大的歡迎晚會。鮮花、美食、笑臉、笑聲……代表團被濃濃的兄弟情誼所包圍；巴藝術家和電台工作人員表演了風格濃郁的信德歡歌勁舞，驅走了代表團的旅途疲勞；兄弟般的情誼讓兩國同行在東方破曉之時仍意猶未盡，戀戀不捨。我一直感慨：

巴同行為歡迎 CRI 代表團徹夜未眠，在中巴友好的歷史上也許不是絕後，但卻是空前的。

在白沙瓦電台，台長古拉姆・阿巴斯為代表團舉辦了普什圖歌舞音樂會。參觀結束時，台長把歡迎實況以及採訪錄音刻成 CD 送給了代表團。

在木爾坦電台，音樂節目製作人巴希爾對我說：「貴台的《歡樂你我》音樂節目我很愛聽，名字起得很棒。我已把你們節目的名稱借鑑到我的節目上了。」

每到一處，巴電台同行都會參加我們的活動，跟蹤報導。海德拉巴電台台長納瓦茲就親自率領記者和高級節目製作人等十多人參加 CRI 與聽眾的見面活動，並進行現場報導。代表團的每次活動在巴基斯坦都引起轟動，這和巴同行的及時採訪報導有直接關係。記得二〇〇一年在拉合爾舉辦聽眾見面會時，來自信德省內地塔塔地區的聽眾穆薩・戈瑪爾對代表團說：「我的家在沙漠地區，缺水，缺電，更缺少文化生活。烏爾都語廣播這一來自友好國家的聲音讓我的生活變得不再枯燥。從 FM101 中聽到了對拉齊婭（作者播音名）的採訪，知道代表團在旁遮普省活動的情況，我從數百公里以外趕來就想見代表團一面。」

作為一個老廣播工作者，我很欣慰：CRI 烏爾都語廣播的聽眾遍布巴基斯坦。它播下的友誼種子已經發芽生根，並長成了一棵棵枝繁葉茂的參天大樹，這參天的大樹就是中巴友好的棟梁。

中巴文化交流中的一次經歷

袁維學

（中國前駐泰國、巴基斯坦、菲律賓使館文化參贊）

　　一九五一年五月二十一日，中國和巴基斯坦正式建立外交關係。建交以來，兩國在和平共處五項原則的基礎上發展睦鄰友好和互利合作關係。中巴兩國是友好鄰邦。不管世界風雲如何變幻、兩國政府如何更迭，中巴兩國都是「全天候」的朋友。

　　關於中國與巴基斯坦的友誼，我曾寫詩讚道：中巴友誼，源遠流長。絲綢之路，取道新疆。途經巴國，通往西方。古代強國，漢與貴霜。張騫西行，結交友邦。貴霜使節，東出敦煌。法顯遊學，宋云留洋。客居三載，大唐玄奘。闍那崛多，青史流芳。中巴建交，譜寫新章。兩國首腦，頻頻互訪。友誼之樹，根深干壯。文化貿易，頻繁來往。和平共處，他國榜樣。相互支持，共同富強。代代相傳，永不相忘。〔註：闍那崛多（522—600），古代南亞西北部犍陀羅國人。少年出家，北周明帝武成元年（559年）來到中國譯經傳教。〕

　　我有幸三次在中國駐巴基斯坦使、領館工作，見證了一九八〇年至二〇〇三年間中國和巴基斯坦之間的文化交流。

巴基斯坦文化是多種文化的混合體。它既有印度河流域文明的影子，又有英國文化的烙印，更有伊斯蘭文化的成分。由於經濟落後、政局動盪等因素，巴基斯坦的文化教育事業發展較為緩慢。

巴基斯坦的文化政策是以伊斯蘭教義為準則，保護和發展本國的語言和民族文化遺產，抵制違背伊斯蘭教教規和信條以及不符合本國國情的外來文化滲透，絕對禁止色情、污穢文化的傳播。

巴基斯坦電影《永恆的愛情》等曾令許多中國觀眾傾倒。觀眾尤其喜愛的是其音樂和舞蹈。巴基斯坦影片的情節都比較簡單，而且影片中絕不允許有接吻、擁抱、裸露等鏡頭出現。巴國內放映外國影片時，若有接吻等鏡頭，也會被剪掉或遮住。

巴基斯坦主管文化的部門是文化、體育、旅遊、青年事務部。該部設部長一人，秘書一人。部長是內閣成員，秘書相當於副部長，是常務最高文官。其下有聯合秘書、副秘書等官員。

巴基斯坦的主要文化機構有：巴基斯坦全國藝術委員會、巴基斯坦文學研究院、民間遺產研究所等。

巴基斯坦全國藝術委員會是巴文化部下屬的一個單位，成立於一九七二年，主要職能是指導全國的文化藝術活動，按聯邦政府的指示協助實施文化協定和文化交流執行計劃，接待外國來訪的藝術團組和組織出訪的藝術團組，舉辦全國性和地區性的藝術展覽和藝術節，就全國文化活動的政策和計劃

向政府提出建議等。全巴四個省皆設有省一級的藝術委員會。全巴基斯坦只有一個國家藝術團,在卡拉奇。它受全國藝術委員會的領導。這個藝術團的節目以巴基斯坦的民族歌舞為主,任務是出國訪演及為來訪的外賓演出,很少為國內觀眾演出。這個藝術團曾多次訪問中國。

巴基斯坦文學研究院成立於一九七六年,隸屬於教育部,是主管全巴基斯坦文學創作及文學家的最高專門機構,相當於中國作家協會。文學研究院的最高領導為主席,下設一名主任負責日常事務。

民間遺產研究所成立於一九七八年,隸屬於文化部,其職責是挖掘和收集整理民間文化遺產資料,組織民間文化活動,如舉辦民間藝術節、民間

袁維學向巴基斯坦民間遺產研究所贈送自己的翻譯作品。

傳統工藝展覽等。執行主任負責民間遺產研究所的日常事務。

中國和巴基斯坦一直保持著密切的文化往來。建交後，兩國即互派文化團組訪問和舉辦展覽。一九六五年三月二十六日，中巴兩國政府代表在拉瓦爾品第簽訂了文化協定，並於該年第一次簽署了年度文化交流執行計劃。迄今，兩國已簽署了十一個執行計劃。

巴基斯坦人民對中國文學、中國作家並不陌生，一般大學生都知道魯迅、茅盾、巴金，還能列舉出他們的作品。有些人還能津津樂道地談起中國的現代作家以及他們的流派。

巴基斯坦著名作家紹克特·希迪奎先生說：「如果說巴基斯坦人民對某位中國作家較為了解，那就是中國的偉大文學家和思想家魯迅。」早在巴基斯坦獨立之前，當魯迅先生還在世時，《魯迅短篇小說集》就被譯成烏爾都文在南亞出版並廣為流

袁維學在伊斯蘭堡國立現代語言大學演示中國書法。

行。這些短篇小說深受讀者歡迎，許多人寫文章高度評價魯迅的文學成就。至今，魯迅小說在巴基斯坦文學院系仍被列為必讀之書。

新中國成立後，特別是自一九八○年中巴兩國文化交流步入正軌後，兩國作家代表團、畫家代表團、藝術團每兩年一來一往。許多中國著名作家先後訪問過巴基斯坦。詩人袁鷹曾兩度訪問巴基斯坦。他和聞捷訪巴後合著的詩集《花環》，不僅在中國流行，還被譯成烏爾都文在巴基斯坦出版。著名作家楊沫、曲波等也都訪問過這個清真之國。

巴基斯坦翻譯出版了《中國詩選》、《中國民間故事》、《中國現代小說選》等書。中國也翻譯出版了《伊克巴爾詩選》、《真納傳》、《巴基斯坦短篇小說選》、《悲哀世代》、《花園與春天》、《真主的大地》等巴基斯坦文學作品。中國畫家林墉、蘇華的《訪問巴基斯坦畫集》由巴基斯坦政府出版，齊亞·哈克總統曾將該畫集作為禮品贈送給外國客人。

巴基斯坦人非常喜愛詩歌，詩人比比皆是。詩成了他們文化生活的重要組成部分。許多人即使自己不會做詩，也會吟誦幾首歷史上的大詩人迦利布和現代已故詩人伊克巴爾、費茲等的詩。即使記不得全詩，也能背誦其中的名句。與巴基斯坦人聊天，他們時不時就會背誦幾句詩來闡明其觀點。他們若知道你也略通詩道，便會喜形於色，對你格外親切。

由於巴基斯坦詩歌發達，一種民間的文學活動形式——詩歌欣賞會便應運而生。詩歌愛好者們常在下午或晚上聚在一起，欣賞詩歌。有的詩會已經成了固定的組織，定期舉辦活動。這種詩歌欣賞會在巴基斯坦的各個大小城市，包括農村到處都有。欣賞會上，詩人們各自朗誦自己的詩作，聽眾「哇，哇」叫好，詩人樂不可支。有時，大家還對某人的詩作評論一番，互相切磋，提高技藝。有時，還請著名詩人到會，朗誦其佳作，供大家欣賞、學習。

巴基斯坦，詩人燦若群星，不愧是個「詩之國度」。

我二〇〇〇年初第三次到巴基斯坦工作。四

二〇〇二年，袁維學為中國圖片展開幕式剪綵。

月，巴基斯坦民間遺產研究所所長阿克西‧穆夫迪告訴我，他們擬於九月在巴北部地區的吉爾吉特和罕薩舉辦「國際絲綢之路節」，並希望中國新疆能派藝術團和民間藝人參加這一盛會。我與新疆維吾爾自治區文化廳聯繫，他們很支持這一創意，決定派喀什市歌舞團赴巴訪演。穆夫迪決定，由他、我和吉爾吉特市的財政秘書阿克特爾‧布哈利三人從陸路驅車前往喀什挑選節目和商談有關事宜。七月十二日凌晨五點，我們乘吉普車由伊斯蘭堡出發前往吉爾吉特。這條路穆夫迪已走過多次，但我卻是第一次。這條路上的文化古蹟和自然風光對我來說都很新鮮。穆夫迪很理解我的心情。他說，路上的一些著名景點都停下來讓你觀賞一下。

我們將沿中巴友誼公路（又稱喀喇崑崙公路）到達中國。中巴友誼公路與古絲綢之路走向基本一致，都穿行在崇山峻嶺間一條迂迴曲折的峽谷中。古代絲綢之路東起長安（今西安），沿渭水西行，循著河西走廊至敦煌，由敦煌分南北兩路：南路從敦煌西南出陽關，至樓蘭（今若羌東北），沿崑崙山北麓西行，經于闐（今和田）、莎車等地到達蔥嶺（今帕米爾）；北路從敦煌西北出玉門關，至車師前王庭（今吐魯番），沿天山南麓西行經龜茲（今庫車）、疏勒（今喀什）等地到達蔥嶺。在蔥嶺又分成兩條路：一條南下印度，一條西進巴基斯坦。

吉普車在離開伊斯蘭堡四個多小時以後，在一處廢墟前停了下來。穆夫迪對我介紹說：「這裡在

佛教興盛時期是一個大寺院。法顯的《佛國記》中對此處有記載。」這裡雖然已成了廢墟，但當年繁華的景象還依稀看得出。高大的窣堵波（圓形佛塔）較為完好地屹立著。它是由小石塊壘起來的，約有三十來米高。雖然表面有些石塊脫落，但卻無損它的雄偉。它經歷了無數的風雨和戰亂，目睹了殘酷的人間滄桑。

旁邊山上有很大一片寺院遺址，幾十間禪房的遺跡靜靜地躺在那裡。我站在一間有房基而無房子的禪房跟前，注目觀看。我似乎覺得它在對我說：當年，你們中國第一個來天竺取經的和尚法顯就住在我這裡。他待我很好，我也盡力地為他效勞。你這個後生沒有忘記我這老朽，謝謝你。我情不自禁地從旁邊摘了幾朵野花，恭恭敬敬地放在過去和尚們放燈的地方，也算作供養吧。

到了印度河畔，我們又停了下來。穆夫迪指著印度河說：「馬其頓國王亞歷山大大帝在打敗波斯王大流士三世後，於西元前三二七年南下印度。他們就是在這裡渡過印度河往塔克西拉方向去的。……」

我還沒等他說完，就問道：「聽說巴基斯坦北部的卡拉什族就是古希臘人的後裔，是嗎？」穆夫迪說：「是的。這個民族有它自己的宗教，政府從來不干預他們。」

吉普車行駛在印度河左岸的喀喇崑崙公路上。路越來越難走，也越來越危險。左邊峭壁，右邊深淵，河流蜿蜒，道路崎嶇。

吉普車經過一座橋樑。我看到橋墩上精美的漢白玉石獅，非常興奮。一看便知，它們是出自中國工匠之手。我感到很親切。可惜，有一尊石獅不翼而飛了。我想，可能是哪位巴基斯坦藝術愛好者把它當作藝術珍品收藏起來了，或者把它當作巴中友誼的象徵而放在了自家的門口，以向來訪者炫耀。不過，我的心裡總是有點兒惋惜。

　　當吉普車離開印度河來到一個山谷裡後，穆夫迪領我去看一處古蹟。有幾塊碩大的石頭，上面刻著文字和畫圖。我問穆夫迪：「這是什麼文字？」他說：「這是巴利文，古代佛教徒用的文字。」「這是佛教徒經過此處留下的痕跡。」

　　我仔細地看了看，文字不規則，這兒一段，那兒一段，也非一個人的手跡。還有狗、雞、羊等圖形。我想，古人是不是也像現代有些人一樣，在一些名勝古蹟處寫上「某某到此一游」？我仔細尋找，看是否有法顯或其他中國和尚留下來的痕跡，但沒

袁維學在巴基斯坦北部的崇山峻嶺間留影。

有找到。可能是他們太謙虛，不願意留下姓名吧！

我雖然沒有在石頭上寫上「袁某到此一遊」，但也讓穆夫迪給我拍了幾張照片留作紀念。

夕陽西下，但我們離目的地還有很遠的距離。天越來越黑，我們摸黑前進，四週一片黑暗。周圍沒有村莊，路上沒有車輛，唯一的亮光就是我們的車燈。路很窄，萬一不小心掉到下邊的山谷裡，就要車毀人亡。我想，當年法顯和玄奘經過這裡時，前不著村，後不著店，如何度過漆黑的夜晚？坐著汽車尚且不易，徒步就更加困難了。

夜裡十一點左右，我們終於到了目的地──吉爾吉特。途中坐了將近十八個小時的汽車，到了住地已經完全筋疲力盡了。

次日上午，我們又坐吉普車繼續前進，在罕薩（也譯為洪扎）小憩。罕薩原先是一個土邦，由罕薩王管轄。現在土邦已不復存在，但罕薩王的後裔在當地仍很受尊重。罕薩距中國新疆直線距離僅有三十餘公里。它被喀喇崑崙山所包圍，是一個狹長的山谷。這裡風景如畫，恬靜如詩，人們過著「日出而作，日落而息」的農耕生活，自給自足，與世無爭，宛如「世外桃源」。這裡居住著洪扎人，他們與新疆的塔吉克族人操同一種語言。

喀喇崑崙公路從罕薩到紅其拉甫山口是最艱險的一段路。山崖陡峭，道路崎嶇，經常滑坡，是事故多發地。

離開罕薩不久，穆夫迪就指著對面的山坡說：

「你看，那就是古代的絲綢之路。」只見對面褐色的山崖上有一條羊腸小道，蜿蜒、陡峭，順山勢往前延伸。可以想像，走在那樣一條路上是多麼的艱難和危險！古代商旅就是從這條路上冒著生命危險把中國絲綢運往其他國家，又把其他國家的貨物運到中國。也就是這條險路溝通了中外文化交流。

喀喇崑崙公路不是沿著古代絲綢之路修築的，而是在它的對面。坐汽車行駛在柏油路上都覺得腰疼腿酸、擔驚受怕，可想走石頭路的人有多困難？古人從沒有路的山澗裡開闢出一條路，很了不起；今人鑿山鋪路，也同樣了不起。實際上，喀喇崑崙公路是用中巴兩國人民的血汗構築起來的，每修築一公裡公路，就犧牲一位中國的好兒郎。我身臨其境，深感築路者的艱辛。

下午，我們到了靠近中巴邊境的巴基斯坦口岸——蘇斯特。蘇斯特是巴基斯坦的一個邊陲小鎮，鎮上許多商店都賣中國的日用品。由中巴友誼公路過來的遊客或商人都在此辦理入境手續。它與中國的口岸塔什庫爾干隔山相望。

我們到後，聽說上午在離這裡十二公里的地方發生了塌方，車輛、行人無法通過。我們在心裡默默祈禱，但願明天情況好轉，我們能順利過去。

第二天早晨，我們打聽路況，聽說山上還在往下面掉石頭。我們很著急，因為新疆維吾爾自治區文化廳和喀什市文化局的人在紅其拉甫哨所等著我們。十點鐘，我們實在等不下去了，就想愣衝過

去。我們出發了，但到現場一看，並非我們想像的那麼簡單。左邊是高山，右邊是深淵，中間路上堆積著一二尺高的大小石頭。山上還像下隕石雨一樣往下落石頭。我們向當地人打聽後方知，此處經常出現滑坡。據說山頂上有熔岩向外迸發，推動石頭下落，便出現了這種狀況。何時能夠停止落石，誰也說不清楚。車子根本不可能開過去，我們只好折回。中飯，食而無味；心情，像熱鍋上的螞蟻。怎麼辦？

下午一點左右，前方來人說，大石頭已經不落了，小石頭還在往下落。我們與當地人商量決定：我們從這兒乘車到出事地點，然後從石頭上走過去，到了那一邊，再乘另外一輛吉普車前進。行李由當地人給我們送過去。

一點半左右，我們來到了滑坡地點。我舉目觀望，山上還在不斷地往下落石子。我們決定冒著危險衝過去。阿克特爾-布哈利第一個向前衝去，一路小跑。我顧不及看他，緊跟其後，穆夫迪也跟了上來。我們跌跌爬爬，終於過去了。一場多麼驚險的拚搏！

我心裡曾想：如果我這次被石頭砸死，是否值得？

結論是：為了中巴友誼，為了對外文化交流事業，值得！

憶老朋友哈比布先生

陸水林

（中國國際廣播電台譯審、學者）

哈比布先生的全名是哈比布・拉赫曼（Habib-ur-Rahman），不過中國朋友都叫他的簡稱——哈比布先生。哈比布先生是我的第一個巴基斯坦外交官朋友。他去世四年多了，我很懷念他。以下這點文字，是我對他的紀念。

初識哈比布

我和哈比布先生初次見面，大概是在一九七九年，具體場合已經不記得了，但事情記得很清楚，迄今歷歷在目。

當時哈比布先生拿了一部巴基斯坦電視劇的錄像帶送到中央電視台，希望能夠譯製成漢語播放。中央電視台搞譯制的部門就找我們幫忙，具體工作就落到了我頭上。

我看了電視劇的錄像，才知道這部題為《教授・道路》的電視劇是講乞丐問題的，劇情就是一位教授想通過教育的方式解決職業乞丐這個社會問題。當時我還沒有去過巴基斯坦，不知道那裡有職業乞丐，還有「丐幫」，所以我對介紹這樣一部電

上世紀八〇年代初，陸水林（左1）和中國中央電視台幾位同志在哈比布家作客。

視劇很不以為然——既然要給中國電視觀眾看，就得選一部好看的，亂糟糟地弄一群乞丐算什麼事？對巴基斯坦的形象也不好啊。於是，我向哈比布先生提出，我們不想做這部片子。但哈比布先生說，沒有關係，就用這部片子。他還說這是大使給的任務，千萬給幫幫忙，要不他的飯碗就砸了。這話也許是玩笑，也許是誇張，但他心情很迫切，這樣，我們誰也無法推辭了。

我仔細地聽了電視劇的錄音，再對照巴方提供的劇本，發現劇本和電視劇根本對不上，差別太大了。顯然，在電視劇拍攝過程中，台詞有一大半變了，但電視劇拍完就完了，沒有人再去修訂劇本。我們拿到的，是手寫的原始腳本的複印件，顯然，它已經沒有用了，我必須靠聽來記錄一份台詞，然

後才能開始翻譯。這個工作太難了，於是，我又把球踢給了哈比布先生。

哈比布先生第二天一早就來了，他要親自聽記台詞。當時電視台的工作間很狹小，沒有桌椅，哈比布先生就坐在沙發上，反覆地聽錄音，然後趴在茶几上寫，就這樣幹了半天。哈比布先生是使館負責新聞、文化事務的二秘，不能整天待在這裡，下午，他派來一個助手，又幹了半天。

哈比布先生幫我們聽記的台詞只是很小一部分，不過他的精神很令人感動。後來，我決定自己幹，電視劇台詞的語速是很快的，必須一遍遍反覆地聽，然後用打字機打出來。我花了整整三天時間，終於整理出一份準確、完整、清晰的台詞腳本。

劇本翻譯完了，譯文的長短、停頓，同劇中人物的口形是可以對得上的。然後，我又和配音演員們一起，協助他們配音。經過配音和製作，電視劇在中央電視台播出了。電視劇本身沒有什麼，但通過這一工作，我結識了哈比布先生，也結識了電視台譯制部的朋友。

我後來又翻譯過兩部單本劇、一部二十集的連續劇和好幾部電影，用的都是聽譯的方法，譯文的長短、停頓、語氣同錄音基本一致，不需要專門對口形的編輯再作加工。對於學外語的人來說，這其實是一種極好的訓練。

為推動巴中文化交流而努力

　　哈比布先生早先在廣播電台和報紙工作過，後來進入巴基斯坦新聞部，不久又調入外交部。一九七七年至一九七九年，他在北京語言學院學了兩年漢語，然後進入駐華使館工作。哈比布先生的漢語講得不錯，做事又很努力，對中國的辦事規則也很了解，人脈很好，加上又遇到了中國改革開放已經開始的好時代，所以，他在推動兩國文化交流方面很快做出了令人矚目的成績。

　　哈比布先生不久又拿來一部電視劇要我們翻譯。這一次，我們就跟他提條件了，即巴方必須給中央電視台提供一部好的電影。經過了解，我們指名要當時在巴基斯坦口碑不錯的《生命》。這個要求，哈比布先生果真給辦到了。中央電視台譯制了這部電影，後來好像某個電影製片廠也譯制過。對於「文革」剛剛結束、電影業還未復甦時期的中國觀眾來說，《生命》是一部不錯的、拍得很漂亮的電影，很受歡迎。隨後，巴基斯坦電影《永恆的愛情》、《人世間》等相繼在中國的電影院上映，受到觀眾的歡迎和媒體的熱議。

　　後來，東方歌舞團和巴基斯坦的歌舞團開始了互訪，中國歌唱家演唱巴基斯坦歌曲，很受歡迎。在哈比布先生推動下，製作出版了有十一首巴基斯坦歌曲的磁帶，由牟玄甫、鄭緒嵐、索寶莉、朱明瑛等中國當紅歌手演唱，配有王益友漢譯的歌詞。

後來，又出版了一盤巴基斯坦電影歌曲磁帶，收有十二首電影歌曲，配有張世選漢譯的歌詞。

中國畫家林墉一九七八年隨代表團訪巴，畫了一些速寫和國畫，在廣州辦了一個小型畫展。有巴基斯坦留學生看了，覺得畫得真好，便告訴了巴基斯坦駐華使館。在哈比布先生推動下，嶺南美術出版社於一九八一年一月出版了林墉的活頁畫冊《巴基斯坦寫生》，收錄了二十四幅畫作。一九八一年四月，巴方特別邀請林墉、蘇華夫婦赴巴訪問並創作。哈比布先生親自陪同他們，在巴基斯坦遊歷了三個星期。這次訪問成果豐碩，兩位畫家創作了更多精美的畫作。他們在廣州舉辦畫展，巴基斯坦駐華大使尤納斯先生親自去看了，非常喜歡，決定出一本畫集。尤納斯大使後來對筆者說，他那天在飯店久久不能入睡，想的是究竟出一本選集還是出一本全集。後來，大使決定出一本全集，把林墉、蘇華夫婦訪巴的畫作，包括速寫，一幅不拉地全部收進畫冊。大使把巴基斯坦國際航空公司的有關負責人叫到廣州商議，請巴航提供資助。於是，就有了一冊精美的《林墉、蘇華訪問巴基斯坦畫集》，共收作品一百五十幅。聽說，這本畫集成為巴航在世界各地最受歡迎的禮品。一九八五年，在巴基斯坦駐華大使巴蒂先生和哈比布先生（其時已升任一秘）的努力下，畫集又由人民美術出版社再版。在哈比布先生和巴駐華使館的建議下，林墉、蘇華雙雙獲得了巴基斯坦總統頒發的勛章。

中國畫家林墉、蘇華
夫婦（供圖：FOTOE）

　　哈比布先生還推動中國中央電視台和巴基斯坦電視台合作拍攝了兩部電視劇，中方拍攝的《紐帶》在中、巴兩國都播出了（一九八七年一月十七日首播），巴方拍攝的電視劇在巴基斯坦播出。

　　筆者於上世紀八〇年代向中央電視台推薦巴基斯坦電視連續劇《繼承人》，得到了時任副台長阮若琳女士的大力支持。《繼承人》譯制完畢後，於一九八六年十一月至一九八七年一月在中央電視台播出。後來，新疆電視台又將《繼承人》譯為維語。筆者還將《繼承人》改編成連環畫，由嶺南美術出版社出版。這些事情，都得到了哈比布先生的大力支持。為了親自看看連環畫畫稿，了解出版進度，他還到廣州拜訪了嶺南美術出版社。連環畫出版後，巴使館又訂購了一批圖書，贈送各界朋友。

　　哈比布先生做的工作還有許多，筆者所知有限，以上不過舉例而已。

難忘的幫助

哈比布先生推動中、巴兩國電視台合拍電視劇，筆者參加了其中一點點工作，了解到一點關於巴爾蒂斯坦（小西藏）的情況。後來，又讀到了當地學者 S.M.阿巴斯‧加茲米先生有關該地流傳的《格薩爾》傳說的文章。正好中國要舉辦首屆《格薩爾》國際研討會，我推薦阿巴斯‧加茲米參加會議，得到了有關方面的同意。阿巴斯‧加茲米收到了中方的邀請函，他寄來的論文我也譯好了。但是，他到中國來的機票如何解決呢？

正在這個時候，一九八九年九月，我受巴航主席的邀請到巴基斯坦去了一趟。借此機會，我去了巴爾蒂斯坦首府斯卡杜。阿巴斯先生的家就在那裡，但他本人卻在吉爾吉特工作。於是，我又趕往吉爾吉特。最後，我們一起乘大巴，在喀喇崑崙公路上顛簸十七個小時，趕到伊斯蘭堡。哈比布先生此時正在巴基斯坦外交部任職。

我帶阿巴斯拜訪了哈比布先生。我向他介紹了情況，希望他能設法為阿巴斯解決去中國的機票問題。哈比布先生說，如果他現在是外交部中國科的科長，那這個百分之百沒有問題。但現在他不在這個位置上，所以只有百分之五十的可能，但他一定幫忙。

後來，哈比布先生以外交部的名義給巴基斯坦北部地區的專員發了一封公函，於是，阿巴斯先生

得到了資助，同年十月二十九日順利到達北京，然後又到成都參加了首屆《格薩爾》國際學術研討會。他的參加十分有意義，中巴兩國的《格薩爾》學者有了第一次面對面的交流。

阿巴斯‧加茲米能夠到北京來，真得感謝哈比布先生的幫助。

中國情

哈比布先生對中國有很深的感情，在中國工作，他如魚得水。他一九七九年至一九八二年在駐華使館任二秘，一九八三年回巴外交部任阿富汗事務處主任，但同年又回到北京當一秘，一直工作到一九八七年。為什麼回來得那麼快呢？

當時的中國駐巴基斯坦大使王傳斌老人回憶說：「有一位巴基斯坦人士托我向哈克總統說情，此人在巴駐華使館工作過，後調回國內，他很想再到巴基斯坦駐華使館工作，便再三求我向總統說情。我和這位朋友很熟，不好拒絕。經過考慮，在一次和哈克總統隨意交談時，我對他說，你們駐華使館的工作人員為中巴友誼盡心工作，貢獻很大，比如像某某先生就是如此，是一位非常熱心的人。我的話就說到這裡，沒有說別的。過了不久，這位朋友果然又被派到中國。有一次我回北京見到他，他說多虧你的幫忙。」

我想，王大使說的這位巴基斯坦人士不是別

上世紀九〇年代初，陸水林（右3）訪問巴基斯坦俾路支研究所（在奎達）時與研究所同仁合影。

人，就是哈比布先生。

哈比布先生 一九八七年回國工作，一九九〇年至一九九三年在匈牙利和印度工作。一九九三年，他又回到中國，先後任駐華使館參贊和公使，直到一九九六年。

一九九四年八月至一九九六年四月，我在巴基斯坦信德省參加了一項水利工程的建設。回國後不久，有一次碰到哈比布先生，他說身體有點病。我說，是小毛病吧？他說，不，是很嚴重的問題。他的中國秘書告訴我，哈比布先生感到不適，秘書建議他去阜外醫院檢查，結果發現冠狀動脈嚴重堵塞，需要做搭橋手術。

哈比布先生是公使副館長，是大使館的第二把手，中國醫生當然建議他去發達國家做手術。但哈比布先生不幹，他非要在中國做手術。他對醫生說：「我一定要在中國做手術，並且就在你們醫院做，由你來做。」聽說醫院方面還請示了外交部，

外交部當然不會就具體醫療問題發表意見，要醫院自己決定。於是，哈比布先生就在阜外醫院做了搭橋手術，時間是一九九六年七月。

手術很成功，大家都為之高興。手術前後，我都去醫院看望了哈比布先生，並代表我們單位送了花籃。哈比布先生的朋友多，大家都來送花，醫院只好另開一個房間，專用來放花。

惜別

我和哈比布先生有過多年的交往，我採訪過多位巴基斯坦駐華大使和許多巴基斯坦人士，有許多採訪線索也都是他提供的。但是，採訪他本人，我查到的卻只有三次。

一九九六年八月一日是我們烏爾都語廣播開播三十週年的日子，哈比布先生剛做完心臟手術不久，但他仍然為我們作了一個廣播講話。這是我第一次採訪他本人。

哈比布先生離開中國前，我對他進行了第二次採訪。

當時，哈比布先生已經卸任，使館內的住房也交出去了。他兒子哈希博正在語言學院學中文，他就住在兒子的宿舍裡。我就在那裡採訪他。

哈比布先生對這次採訪很認真，專門寫了講稿，題為《中國朋友給了我友誼和鮮血》。哈比布先生的這篇講稿我後來譯成漢文，發表在對外友協

的刊物《友聲》一九九七年六月號上。

一九九七年三月，哈比布先生還來過一次中國，我的資料中，還有「採訪前公使哈比布」一句。

此後，我和哈比布先生再未有機會見面，只聽說他當了巴基斯坦駐某某國的大使。後來，聽到了他在駐越南大使任上去世的消息。我給巴基斯坦駐華使館打電話，得到了巴駐越南使館的一個電話號碼。我往那裡打電話，已無人接聽。

二〇一〇年，我應邀到伊斯蘭堡參加一個會議。期間，在街上與哈比布先生的兒子哈希博邂逅，他還記得我，我卻認不出他來了。他告訴我，他父親去世的第二天，他們就離開越南迴巴基斯坦了。我打電話過去時，他們已經走了。

按照哈希博提供的他父親的簡歷，離開中國後，哈比布先生除在外交部任職外，先後出任了巴基斯坦駐吉爾吉斯斯坦、希臘、塞爾維亞與黑山以及越南大使。

哈比布先生出生於一九五〇年七月十八日，於二〇〇七年六月四日逝世。

哈希博從北京語言學院畢業後，又上了清華大學，現在是巴基斯坦阿斯卡利銀行的中國商務發展辦公室經理。可以說，他是子承父業，也在為中巴友誼盡力。

篇 合作

最真摯的友誼 最可貴的合作

——出使巴基斯坦四年的感受

周剛

（中國前駐馬來西亞、巴基斯坦、印度尼西亞、

印度大使，中巴友好協會常務理事）

當今世界，很多國家之間建立了各種戰略合作
夥伴關係。而對中國來說，中巴戰略合作夥伴關係
最可靠、最彌足珍貴。中國人稱巴基斯坦為「巴
鐵」；巴基斯坦人說，「巴中友誼比山高、比海深、
比蜜甜。」這些樸實的語言是對「全天候友誼」和
「全方位合作」的中巴關係的精確解讀。

半個多世紀以來，中國始終將中巴關係置於自
己外交的優先方向；對華友好則是巴外交政策的基
石和舉國共識。中巴關系經受了國際風雲變幻和各
自國內局勢變化的考驗，歷久彌新，顯示了強大的
生命力。中巴友誼牢不可破，是兩國人民永恆的寶
貴財富。中巴關係已成為國與國之間關係的典範。

形容中巴友好合作可以用千言萬語，但它最主
要的特點可以歸納為：

1. 中巴是互相尊重、平等相待、高度互信、
互利合作的好朋友；

2. 中巴是互相關心和支持對方核心利益的好

兄弟；

　　3. 中巴是互相合作、互利共贏的好夥伴；

　　4. 中巴兩軍往來與合作是兩國高度互信的重要體現；

　　5. 中巴在重大國際問題上有廣泛共識和共同利益，並進行密切磋商和合作；

　　6. 中巴世代友好有廣泛的民意支持和深厚根基。

　　二〇一三年，中巴兩國新政府就任，兩國總理互訪。二〇一四年二月，巴基斯坦總統馬姆努恩，侯賽因來華進行國事訪問。兩國領導人就深化中巴全面戰略合作夥伴關係達成重要共識。中巴雙方與時俱進，以新的思維，採取新舉措，開闢中巴友誼傳承新天地，開創中巴合作戰略新格局，開啟中巴關係發展新階段。

　　我於一九九一年五月出使巴基斯坦，在那裡度過了四年終生難忘的友好歲月。在離任之後的近二十年裡，經常有朋友問我在巴工作的感受。我的答覆是：我一直生活在友誼的海洋裡，親身體驗中巴的「全天候友誼」和「全方位合作」。在巴度過的歲月恍如昨日，至今仍歷歷在目。親身經歷的無數感人情景一直縈繞在我的腦海中，難以忘卻。這裡謹向讀者介紹兩個故事。

巴基斯坦對中國的寶貴支持

　　在我同巴領導人和政黨領袖、軍政高官、社會名流以至平民百姓的接觸中，一談到中巴關係，他們就讚揚中國對巴基斯坦的幫助，稱中國是巴最可信賴的朋友。我的親身經歷說明，巴基斯坦同樣給予中國以寶貴的支持和幫助，用北京人的話說，巴基斯坦是中國的「鐵哥們兒」。

　　在涉及台灣、西藏、新疆和人權問題等中國的核心利益和重大關切上，巴基斯坦對中國的支持是

一九九一年五月二十一日，巴基斯坦總統伊沙克‧汗出席中國駐巴使館為中巴建交四十周年舉行的招待會。

一九九一年六月十八日，周剛大使和夫人鄧俊秉拜會巴前總理貝‧布托（左1）及其母親努‧布托。

明確的、堅定的、一貫的。在中國領導人訪巴同巴領導人會談時，在中國重要代表團會見巴政要時，巴方都表示堅持一個中國政策。一九九二年十月，謝里夫總理訪華，在同李鵬總理會談時重申在台灣、西藏和人權問題上對中國的支持。一九九三年十二月，貝‧布托總理訪華時向李鵬總理表示，支持中國在台灣、西藏、香港和人權問題上的立場。一九九四年十二月，巴總統萊加利訪華時，在同江澤民主席會談中表達了同樣的態度。

上世紀九十年代，美國總是在一年一度的日內瓦聯合國人權會議上向中國發難。每年春天，我都到巴外交部談人權問題。一九九二年三月八日，我約見巴外交部輔秘賈維德‧侯賽因，就巴基斯坦在第四十八屆人權會上對中國的支持表示感謝。侯賽因表示，這是巴應該做的，巴能在涉及中國重大利益問題上為中國朋友盡綿薄之力，是巴的榮幸，巴將一如既往支持和配合中國。

一九九三年三月二日我往見巴外交部輔秘莫尼爾‧阿克拉姆，商談在第四十九屆日內瓦人權會上如何應對西方提案。阿克拉姆坦誠友好地表示，中國的關切就是巴的關切，中國朋友希望巴方怎樣配合請直言相告，巴方將盡力幫助，以巴方的方式全力配合中方。聽到這裡，我深為感動。這不是一國外交部高官在表態，這是一個兄弟的肺腑之言。實際上，巴方的幫助每次都發揮了很好的作用，因為巴在人權委員會的伊斯蘭國家成員國中有很多朋

友，同一些西方成員國也能說上話。而且，巴方在多邊外交舞台上有豐富經驗，巴駐日內瓦代表團大使英文水平高、外交語言表達能力強。因此，巴代表團做工作的效果有獨到之處。

一九九四年三月三日，我往見巴外事秘書夏利亞爾，希望巴在第五十屆日內瓦人權會上以程序性動議打掉西方的反華提案。外秘表示，貝·布托總理在去年十二月訪華時明確表達了在台灣、西藏、香港、人權問題上支持中國的立場，這次人權會上巴方也不例外。他說，巴支持中國反對西方的反華提案是基於中巴友好、單一標準和原則立場，巴政府已指示巴駐日內瓦代表團投票支持中國立場。我向外秘表示感謝。

一九九五年一月九日，我往見巴外交部輔秘莫尼爾‧阿克拉姆，就西方國家擬在第五十一屆人權會上搞反華提案事，請巴方支持和配合中國打掉上述提案。輔秘表示，中方希望巴方如何配合，巴方就怎麼配合；中方完全可以期望得到巴方的全力支持。三月二十日，我奉命就巴方在這屆人權會上支持中國打掉西方提案事，向巴外事秘書謝赫轉交錢其琛副總理兼外長致巴外長阿希夫‧阿里的感謝信。

在我從巴基斯坦離任回國以來的十九年中，巴堅持奉行一個中國政策，在涉台、涉藏、涉疆和反恐等中國的核心利益和重大關切上，繼續密切配合中國，給予了寶貴的支持。巴基斯坦是公開明確支持中國實現和平統一大業的少數國家之一，並在打擊「東伊運」恐怖勢力上堅定支持中國的立場。這是中國人民永遠不會忘記的。

二○○九年七月二十五日至二十七日，我作為楊潔篪外長的特別代表訪問巴基斯坦，先後拜會了巴外秘巴希爾、外長庫萊希和總理吉拉尼。我向他們介紹了新疆烏魯木齊「7‧5」嚴重暴力違法犯罪事件的原因和重大後果，以及中國採取的穩定當地局勢的措施和收效。我代表中國政府感謝巴基斯坦政府在此問題上對中國的充分理解和明確支持。吉拉尼總理說，中國是巴的好朋友，在中國需要的時候，巴應該給予支持，正像中國在巴有困難時一貫支持巴一樣。庫萊希外長和巴希爾外秘都表示，巴方完全理解中國的處境，支持中國所採取的舉措。

一九九三年五月三十日，周剛大使和夫人鄧俊秉同謝里夫總理夫婦在一起。

一九九四年九月二十九日，周剛大使陪同巴參議院主席薩加德出席中國國慶招待會。

他們非常誠懇地說，中國的穩定就是巴基斯坦的穩定，中國的穩定和發展有利於巴基斯坦。在伊斯蘭國家組織秘書長擬召開緊急會議討論烏魯木齊事件時，巴基斯坦不僅明確反對，而且還告訴秘書長，中國是伊斯蘭國家的好朋友，在中國面臨困難時，伊斯蘭國家應該支持中國，而絕不能做傷害中國利益的事情。庫萊希外長說，為了爭取取消上述緊急會議，他不惜同那位土耳其籍的秘書長激烈爭辯。

在伊斯蘭堡的三天中，我還會見了巴穆斯林聯盟（謝里夫派）秘書長達爾、伊斯蘭促進會秘書長和伊斯蘭神學會負責人，以及前議長、前外秘和前駐華大使，同巴多家媒體座談，介紹有關情況和中國政府採取的舉措。他們不僅向中國表示同情、理

解和支持，還提出不少有關如何做伊斯蘭國家工作的建議。

患難見真交。這就是中國面臨困難時的巴基斯坦朋友。

全力營救被綁架的中國工程技術人員

進入二十一世紀，國人對中國駐外大使館和總領事館的領事保護業務越來越熟悉。隨著數千萬中國人走出國門和上萬個中國企業實施「走出去」戰略，保護在海外的中國公民和法人的利益和安全成為中國駐外使領館的一項重要任務。中國公民在國外遭遇天災人禍，中國最高領導人會在第一時間作出指示，有關駐外使領館會立即啟動營救方案，中國的廣大老百姓會跟蹤關注自己同胞的生死存亡。這種「外交為民」的理念和實踐已成為今日外交的常規。

二十多年前，當我在巴基斯坦工作時，就曾遇到中國公民遭遇綁架、車禍等突發事件，但那時領事保護業務還沒有機制化。當時巴基斯坦的治安形勢總體上是穩定的。但是，由於阿富汗戰亂的影響以及巴邊境部落地區同中央的利益摩擦，在巴工作的中國工程技術人員的安全已存在隱患。

一九九三年九月，中國地質工程集團公司在巴工作的王慶平和鄭洪保被綁架。九月二十二日，我拜會巴看守政府外長阿卜杜勒‧薩達爾，請巴方採

取措施解救二人。由於巴當時正進行大選，營救工作進展緩慢。其後，在一九九三年十一月，一九九四年三月、四月和五月，我先後約見巴外秘，敦促巴方加大營救力度。經多方努力，王、鄭二人不久獲釋。一九九四年五月下旬，我患急性傳染性肝炎，回國治療和休養，八月出院。八月十九日，我在北京參加了中地公司為王、鄭二同志安全回國舉行的招待會，當面向他們表示祝賀和慰問。這次營救持續時間很長，王、鄭二同志備受折磨，反映了綁架事件的複雜和營救工作的艱難。

災難從天而降

相比之下，一九九二年十月發生的綁架事件卻複雜曲折得多，而且帶有很大的戲劇性。

十月十九日午夜，我和夫人鄧俊秉教授在國內接待巴基斯坦總理謝里夫訪問後，乘民航班機回到伊斯蘭堡。使館臨時代辦一見面就緊張地告訴我，在俾路支斯坦省山達克銅金礦工作的六名中國專家被不明身分的人綁架，詳情正在查詢。

經連夜向負責同該礦合作的中國冶金公司負責人和中國駐卡拉奇總領館了解，事件發生的經過是：山達克銅金礦項目副經理張豐學和工程技術人員王承覺、王喜玲（女）、張玉華（女）、史國泰、陳喆一行六人，於十九日晨七時乘吉普車離開工地赴俾路支斯坦省省會奎達公幹，巴武裝警察乘車在後警衛。下午二時，行至帕達克時，在一個前後無

人的拐彎處，吉普車被尾隨在後的一部卡車趕超。卡車上跳下武裝人員，命令張豐學等六人下車，換乘他們的卡車後絕塵而去。巴警車抵達拐彎處時，已不見中國專家的蹤影。據巴礦業發展公司告，他們已將此事報告俾路支省省長，巴當地駐軍已開始全力追蹤搜索。

這一整夜，我和使館的主管領導難以入睡。

緊急大營救

祖國親人在國外遭到綁架，牽動萬人心。國內外立即展開了營救工作，北京的外交部是指揮部，中國駐巴基斯坦大使館是前線。另外，還有駐卡拉奇總領事館和駐阿富汗大使館從旁協助。

二十日上午，我緊急約見巴外秘夏利亞爾。外秘主動表示，巴政府獲悉這一不幸事件後深為關切，巴中央政府、俾路支斯坦省政府、巴軍方正全力以赴進行營救。巴方還注意不採取過激行動，以免綁架分子鋌而走險，威脅人質的安全。據俾路支斯坦省首席部長告，綁架者及六名中國人已於十九日下午經巴基斯坦和阿富汗邊界口岸阿納姆波斯坦進入阿富汗坎大哈省。我表示：從北京一抵達伊斯蘭堡即得到此不幸消息。現在我奉命告訴閣下，中方對中國公司員工安全十分關注，希望巴方采取一切可能措施，使中國六名員工早日獲釋。當前最重要的是安全、特別是兩位女士的人身安全。我要求巴方對山達克項目工地中方人員往返工地和卡拉

奇、奎達、拉合爾採購生產和生活物資提供旅途安全保障。外秘表示，巴方正在採取一切可能措施營救中國朋友，並增派警力保護工地中國員工的安全。他還告，巴政府還要求阿富汗政府和坎大哈省當局合作營救。

下午，大使館經濟商務參贊陳子斌約見巴內政秘書西帕拉，商談營救事宜。

二十二日，中國外交部亞洲司副司長張成禮緊急約見阿富汗駐華大使館臨時代辦蘇哈尼亞爾，表示中國政府十分關心，員工家屬極為焦慮，請阿方採取一切可能措施營救，尋找人質下落，保證其安全並早日獲釋。代辦表示，阿方將盡力協助尋找。

謝里夫總理關心營救工作

事發第二天，巴政府派奎達地區專員和山達克礦負責人率領五十名武裝警察，分乘八輛汽車，沿路搜尋線索、追蹤綁架者，並於當日進入阿富汗境內。

二十二日下午，我會見巴內政部長舒賈特‧侯賽因。部長表示，兩小時前，謝里夫總理同他討論了此事。總理深感不安，指示內政部採取一切可能措施營救。內政部打破常規，越過省政府直接處理此事。

二十三日晚七時，侯賽因部長打電話告訴我：六名員工現在巴阿邊境一個阿富汗部落手中，巴方已派人同其進行談判，綁架方提出了一些釋放條

件。巴方要求首先放人，對對方提出的條件將給予同情性考慮。為了確保中國人員不受傷害，巴方采取了特殊措施。

一個小時之後，夏利亞爾外秘給我打電話稱，經過核實，六人現在阿富汗境內，系被卡來布扎伊部落綁架，這一事件同邊境兩邊的部落矛盾有關。巴方已同阿政府聯繫，擬派准軍事部隊到阿境內營救。外秘強調，謝里夫總理非常關心此事，當務之急是保證人質安全。

二十五日，巴外長坎久和外秘、總理顧問羅伊達德·汗、科技部長蘇姆羅先後告我，謝里夫總理召開內閣會議，專門討論營救事宜。總理十分不安，指示派內政部秘書前往俾路支斯坦省省會奎達協調營救工作。

二十六日，謝里夫總理在為美國大使餞行的午宴上同我專門交談了 十分鐘，他對六名中國員工被綁架事深表不安和歉意。他說，巴政府正在採取一切措施進行營救。他已派內政部秘書去奎達，事情已有進展。他強調，巴政府處理此事的首要考慮是中國人員的安全，不使他們受到任何傷害。他說，請大使放心，相信事件可於近日解決，一有好消息即告閣下。我對謝裡夫總理的關心和巴政府採取的營救措施表示感謝。

二十七日中午，巴內政部長打電話告我，根據謝里夫總理的指示，巴有關機構和邊防部隊已加強警戒，搜捕罪犯。部長強調，巴決不允許第三者阻

礙中國朋友對巴援助的圖謀得逞。他說，已成立一個由巴基斯坦和阿富汗中央及地方政府、部落會議代表組成的協調委員會。巴方已派人赴阿，二十八日將同綁架者所在的部落談判。

阿富汗政府積極協助

二十一日，即事件發生的第二天，巴內政部秘書會見正在巴訪問的阿富汗政府國務部長，通報了有關情況，請阿部長親自過問，使人質早日獲釋。阿部長表示願盡力幫助。

二十二日，中國駐阿富汗大使館臨時代辦張敏約見阿外交部副部長卡爾扎伊，請阿方協助尋找六名中國員工。副外長告，巴方已向阿方通報，此事為阿西南部的一個名叫葉海亞‧努裡的軍閥所為，人質已被劫持到赫爾曼德省和法拉省一帶。

二十六日下午，巴三軍情報局打電話給我稱，阿富汗有關部門請巴方轉交中國六名員工二十四日簽名的一張便條。便條上的英文內容是：「我們在這裡。我們很好。他們給我們食物、水以及我們日常需要的其他東西。他們對我們照顧很好。我們希望巴基斯坦政府對於他們的要求，儘快給予很好的答覆。」我收到巴方送來的便條後，立即用中國大使館的信紙答覆六位同胞，表示祖國人民和大使館十分關心他們的安危，正同巴政府一道積極營救他們。請他們保重身體，相信不久他們一定能平安歸來。接著，我請巴情報局將大使館的覆信儘快轉交

中國六名員工。

二十九日，阿富汗副外長卡爾扎伊告張敏臨時代辦，他今晨同他的父親（坎大哈省聖戰委員會領導人阿卜杜·哈克·卡爾扎伊）通電話時了解到，六名中國人現在坎大哈省的沙漠地帶，全部安然無恙，請中方放心。巴基斯坦人綁架了中國人，並將其交給同部落的阿富汗人，巴、阿當局正在同有關部落談判。卡爾扎伊說，中國是阿富汗的偉大朋友，阿方將盡全力救人。在六名員工獲救後，巴外秘告我，在營救過程中，阿富汗游擊隊蓋拉尼派起了積極作用。蓋拉尼的兒子曾專門為營救事回阿富汗做有關方面的工作。

在營救的全過程中，阿富汗政府積極予以配合，阿駐巴大使館派外交官三次去坎大哈省，同綁架方進行了四次談判。

巴基斯坦各界人士關心

幾天來，巴基斯坦報紙就中國工程技術人員被綁架事用「令人震驚」、「不能容忍」的大標題作了大量報導，表達了對營救中國朋友的關心。巴各大報強調山達克銅金礦項目對巴經濟發展的重要性，要求政府加強對中國專家的安全保護措施。

二十一日，巴反對黨領袖、前總理貝·布托發表聲明，對中國員工被綁架表示嚴重關切，要求政府立即採取行動營救。二十五日，貝·布托還派巴人民黨中央執行委員會見中國駐卡拉奇總領事張真

瑞，轉達關心和問候。

在各種外交場合，巴各界朋友紛紛向我和鄧俊秉教授以及大使館外交官表示關切。巴朝野上下的努力在營救工作中發揮了重大而積極的作用。

平安歸來

十月三十日晚七點三分，巴三軍情報局局長賈維德‧納西爾打電話向我報喜。他說，六名中國工程技術人員已安全返回巴領土。接著，巴電視台晚間新聞播發了中國工程技術人員獲釋的消息。

晚十時，夏利亞爾外秘給我打電話。他說，中國六名員工已回到巴基斯坦的古力斯坦鎮，他們平安無事，身體健康，將在體檢後去奎達。我表示很高興聽到這一特大喜訊，衷心感謝謝里夫總理的親自關心，感謝巴政府、外交部和內政部、軍方以及俾路支斯坦省的大力營救。

中國大使館立即將這一喜訊報告國內，並請轉告六位同志的家人，同時通報卡拉奇總領館和山達克項目駐奎達辦事處。三十一日，俾路支斯坦省省督和巴內政部秘書會見經過體檢後身體狀況良好的六名中國工程技術人員。當晚，省首席部長設家宴為六人壓驚洗塵。

十月一日，大使館經濟商務參贊陳子斌飛抵奎達，代表中國政府、中國大使和大使館看望平安歸來的六位同志，對他們表示親切的慰問。在座談會上，六位飽受驚嚇的同志對黨和政府以及中國大使

館和總領事館的通力營救表達了衷心感謝之情。他們紛紛表示，今後一定加倍努力工作，以不辜負祖國親人的關心和期望。

專家歸來話歷險

六位遇險同胞在休息之後，向使館、總領館和中冶公司辦事處領導介紹了歷險的前前後後：

十月十九日下午，在俾路支斯坦省的帕達克荒郊野外無人之處，當我們乘坐的吉普車被突然趕超，武裝人員用槍逼迫我們改換車輛時，我們意識到被綁架了。在汽車上，大家鎮靜下來，思考應對之策。我們在槍口下雖然不能說話，但可以用眼神交流。我們決定把隨身攜帶的紙張撕成小片，每隔一段時間就向車後拋棄一些，以便巴方營救人員可以循跡追蹤。這一招在以後的搜尋中真起了作用。

進入阿富汗境內後，武裝分子每天都改換宿營地。我們采取低姿態，不對抗，不暴露身分。對武裝分子提出的要求，表現出合作的態度，盡量避免不必要的傷害。過了一段時間，雙方相處已熟，可以用英文簡單交流。對方的頭目會講英語。他表示，他們知道中國，中國好，是阿富汗的朋友。他們是不得已而為之。此前，他們曾給巴政府寫信，要求釋放被關押的親屬。遭到拒絕後，他們又給山達克項目的業主寫匿名信，揚言要綁架人質，希望借此向巴政府施加壓力，交換被關押的親屬。他們事先進行了充分準備，選好了下手地點和行車路線。

在被看管的十一天中，武裝分子對我們基本上以禮相待，未加虐待，也不蒙面，可以自由交談。他們尊重婦女，就宿時男女分開。得知張玉華患感冒後，還想法弄了一些藥。在沙漠地帶的凹處，我們能自由活動，對方不放崗哨。過了兩天，小頭目開始同我們稱兄道弟，他問我們男同志會不會打槍。儘管我們中有人當過兵，卻假稱不會，端起槍來不知如何瞄準。小頭目一見哈哈大笑，主動教我們使用方法。平時吃飯雖然簡單，但有饢（烤的麵餅）、有菜。有時還殺雞宰羊，買水果，改善生活。十來天中我們雖然受了些驚嚇，風餐露宿，但未受大苦。巴基斯坦、阿富汗政府大力相救和綁架者對我們的態度，讓我們深深感到祖國的強大和巴阿人民對中國的友好。這是一次我們永生難忘的奇特歷險經歷。

向巴基斯坦和阿富汗政府致謝

十月三十一日晚，我和夫人鄧俊秉宴請陪同謝里夫總理訪華歸來的巴外交國務部長坎久，請他轉達對謝里夫總理、巴外交部和內政部，以及有關地方當局和部門為營救中國公司員工所做的艱巨努力的衷心謝意。

十一月三日，我往見巴外秘夏利亞爾，按中國外交部指示，代表中國政府對巴基斯坦政府在短期內使六名中國公司員工全部安全獲釋表示衷心感謝，特別感謝謝里夫總理的親自關心，感謝巴外交

部等各有關部門和朋友富有成果的努力。外秘說，這是巴方應該做的事情，不值得一謝，巴方從一開始就制定了確保中國員工不受任何傷害的對策。

與此同時，中國駐阿富汗大使館臨時代辦張敏往見阿副外長卡爾扎伊，對阿富汗政府、蓋拉尼外長和卡爾扎伊本人，以及其他相助的友人表示衷心感謝。

我和巴基斯坦的故事

張春祥

（中國前駐巴基斯坦、匈牙利大使，

中巴友好協會常務理事）

　　我自一九七〇年八月進入北京大學學習烏爾都語開始，與巴基斯坦交往至今已有四十多年。期間，在巴基斯坦工作五次，共計二十三年，先後經歷了佐勒菲卡爾．阿里．布托總理、齊亞．哈克將軍（總統）、居內久總理、吳拉姆．伊沙克．汗總統、貝．布托總理、謝里夫總理、穆沙拉夫將軍（總統）時期。我幾乎走遍了巴基斯坦這片充滿活力和希望的美麗大地。我的一生與巴基斯坦人民結下了深深的不了情誼，親身感受到巴基斯坦人民對中國人民的兄弟深情，親身經歷了中巴兩國全方位戰略夥伴關係的持續提升，並親眼見證了中巴兩國政府和人民友好交往的重大歷史事實。我為自己能成為中巴特殊友好關係的參與者並作出應有貢獻而深感自豪。

在世界屋脊築建喀喇崑崙公路

　　一九七四年二月至一九七九年十月，我有幸在巴基斯坦北部山區參加修建喀喇崑崙公路（亦稱

「中巴友誼公路」）。前兩年，我擔任由中國科學院冰川、凍土、沙漠研究所專家組成的巴托拉冰川科學考察組的翻譯工作，與中國科學家、登山隊員、工作人員和巴方聯絡官、當地居民搬運工一起爬冰川、登雪山，設點測量，搞地面立體攝影，對取得數據進行計算，最後提出考察報告，對路害作出評估，為公路和橋樑選線建造提供科學數據。

巴托拉冰川是世界第五大冰川，高寒缺氧，氣候條件非常惡劣，天氣變化無常，一會兒晴，一會兒陰，一會兒大雪；雪崩、滾石、塌方、泥石流隨時可能發生，夏天冰川消融時還會發生冰洞、冰裂。冰川考察工作十分艱苦，我們爬冰臥雪，在海拔四千到六千米的冰川及山頂上作業。我們身穿登山服，手拿冰鎬，腳穿防滑釘鞋，背著特製的登山帳篷、各種儀器、高壓鍋、煤油爐；吃壓縮乾糧，喝冰雪融水；白天在野外工作，晚上睡在冰川上。我們還走訪冰川附近村莊的居民，向年紀最長的老人詢問了解冰川歷年變化和夏天洪水情況；手把手教巴工程兵技術官員和聯絡官使用測量測繪儀器和計算方法，一起討論考察報告。

當年我們完成的巴托拉冰川考察報告，於一九八二年榮獲國家自然科學三等獎。兩年多冰川考察的種種艱難險阻磨練了我們的堅強意志，也鑄造了我們做好中巴友誼鋪路石的頑強韌性。

後面的三年多時間，我在中國築路指揮部和技術大隊任翻譯。其中在技術大隊第一分隊修建從杜

走訪冰川附近村民。

在公路最南端的塔科特大橋前留影。

白瓦到塔科特大橋橋頭路段期間，我負責與四個巴方士兵營打交道，天天在工地與巴軍官聯絡。我們與巴工程兵朋友和當地勞工一起，手把手、肩並肩，不怕冬季嚴寒和夏季酷熱，一起打眼放炮，開山辟路。一旦發生塌方、翻車、泥石流等事故，兩國員工不分彼此，紛紛冒著生命危險奮力搶救傷員，背的背，抬的抬，救死扶傷；搬運遺體，揮淚安葬。中巴員工為修

建「友誼路」一起流汗，一起流血。一千多名中巴員工獻出了寶貴生命，其中中方員工數百名。有八十八名中方員工長眠在一九七八年建成的位於巴北部重鎮吉爾吉特的烈士陵園中。

為中國烈士陵園樹紀念碑

一九七九年十月，當喀喇崑崙公路完全竣工移交給巴方後，我從中國築路指揮部直接去駐巴基斯坦大使館工作。臨走前一天，築路指揮部王政委把我叫到辦公室，語重心長地囑託：「小張，你就要去大使館工作，我們也要暫時分別了。我們這些老傢伙以後很難有機會再來巴基斯坦。希望你在大使館工作期間，多抽空來看看長眠在烈士陵園中的戰友們……也多關心一下自願為戰友守墓的巴方村民朋友。」如今，我可以自豪地向各位老首長、老戰友匯報：我做到了！

我仍記得，第一位被安葬在烈士陵園的是李福獻戰友。他曾是解放軍某部運輸團的汽車司機，修築公路時開「黃河」牌大型運輸車。一九七五年五月的一天，他從新疆吐魯番火車站開車拉推土機到施工地，行進到巴北部罕薩鎮南邊的尼爾特村時，公路路基突然坍塌。正在該路段修路的中國同志喊叫：「快跳車！快跳車！路基要塌了！」但他為了保護汽車和推土機，沒有棄車逃命，而是加大油門想衝過去。結果連車帶人一起掉下懸崖，壯烈犧

牲。他的精神感動並鼓舞了築路的戰友們。當時，根據國內指示，遺體不能被運回祖國，他成了第一位被就地安葬的犧牲人員。戰友們當時都想不通，情緒激動，還曾打算把他強行運回喀什安葬。

我仍記著，長眠在烈士陵園中職務級別最高的是武治業教導員，河南許昌人，一九五八年的老兵。他當時任技術大隊第四分隊教導員。在巴丹鎮附近的金加爾村北邊路段，一次較大規模爆破後，根據安全施工條例規定，幾個小時內是不允許任何人從此爆破面路段通過的，因為山上還會不時有鬆動的石頭滾下，很危險。偏偏有幾位急著趕路的巴村民大概因等待時間太長，著急上火了，不顧中國員工阻攔，硬要強行衝過有三十多米長的危險地

張春祥大使與中巴各界代表出席烈士陵園紀念碑揭幕儀式後留影。

段。武教導員大聲呼叫，並親自上前阻攔這幾位村民：「赫得兒那克！」「赫得兒那克！」（烏爾都語：危險）正當他阻攔村民時，山上滾石落下，一塊大石砸到他的頭上。同志們哭叫著：「武教導員！您醒醒！」村民朋友們痛心地拍著胸脯，圍在他身邊呼叫著：「秦尼導斯特！秦尼導斯特！」（烏爾都語：中國朋友）可他再也不會回應。武教導員是為了保護老巴朋友而光榮犧牲的。我和技術大隊的戰友們一起抬著他的遺體到烈士陵園，向他作最後的告別。

八十八位戰友，各有著不同的經歷和事蹟，但他們都是為了中巴友誼而獻身的。

記得從一九八〇年起，中國駐巴基斯坦大使館和駐卡拉奇總領事館每年輪流派人在清明節時專程到烈士陵園掃墓，一直延續至今。我自己還利用到北部地區出差的機會多次看望過戰友們。一九八五年中巴友誼公路對第三國居民開放以來，中國烈士陵園成為當地最吸引人、最感人的一塊聖地，來此的中國同胞、巴方朋友、別國旅行者大多都會朝拜他們。

由於烈士陵園墓碑上寫的是中文，沒有任何外文，出於對死去戰友的崇敬，更是為了讓後人，包括中國人、巴方朋友和其他外國人銘記烈士的英名，學習烈士的奉獻精神，中國駐巴大使館決定使用大使基金在烈士陵園大門口左側樹立一塊「巴基斯坦中國烈士陵園紀念碑」。碑文使用中文、烏爾都文和英文三種文字。大使館委託新疆維吾爾自治區政府外事辦公

室具體辦理。經過近一年的準備，碑身高一點二米、長三米，碑座高三十釐米，用一整塊新疆鄯善紅花崗岩製成的紀念碑運抵烈士陵園。

二〇〇五年十月三日，紀念碑落成。我邀請巴聯邦政府旅游部長賈馬爾、巴邊境工程組織（FWO）局長阿里少將、北部地區議長和首席秘書及當地駐軍官員出席紀念碑揭幕儀式。

青春熱血築豐碑，雲間天路勵後人；喀喇崑崙作證，烈士豐碑銘記。戰友們，你們英靈永駐天宇，奇功長留人間！

執著勤勞的當地村民，不要報酬、自願守護陵園數十年，實在感人。烈士陵園內花草樹木茁壯，管理井井有條。為感謝他們，我用大使基金邀請他們到烏魯木齊、北京、上海參觀訪問，也了了老戰友們的心願。

及時妥善處理突發事件

我任駐巴基斯坦大使近五年間，給我印象最深刻的是及時妥善處理涉及中國公民安全的幾大突發事件，這是以前中國駐巴大使館從未遇到過的。我利用自己與巴總統、總理及軍方高層的特殊人脈關係，及時妥善處理突發事件，在關鍵時刻能「找得到人，說得上話，辦得成事」，以實際行動踐行「執政為民、外交為民」的宗旨。

瓜達爾港襲擊事件

二〇〇四年五月三日清晨八點三十五分，一輛載有十二名中國工程師、一名巴方司機和巴方警衛人員的奔駛面包車在前往港口項目工地途經瓜達爾港西海灣時，一輛停放在路邊的輕型客貨兩用皮卡車突然發生爆炸，造成中國工程師三死九傷，其中三人重傷。他們來自中國交通部第一航務工程考察設計院。

那天清晨，我和夫人高書萍正在大使館院裡散步，八點四十五分接到項目負責人孫子宇總經理從瓜達爾港打來的電話。他簡單匯報了遇襲事件的情況，請求大使館協助實施緊急救援。聽到這一不幸消息，我的第一反應是：「刻不容緩，時間就是生命，採取一切必要手段，救人！」事發當日，正值國內「五一」假日期間，又恰逢伊斯蘭教先知穆罕默德誕辰紀念日，部分館員正在休假，巴基斯坦全國也在放假。我讓夫人速去聯繫秘書趙立堅見我，起草電報向國內報告，並當即用手機打電話給穆沙拉夫總統辦公廳主任哈米德中將，請他向總統報告瓜達爾港發生的襲擊事件，要求巴方立即採取一切措施搶救中方傷員。我又立即分別給巴海軍參謀長和空軍參謀長打電話，請他們立即派飛機去瓜達爾港接送傷員。兩位參謀長表示，當天海軍和空軍在瓜達爾港附近均無飛機，答應立即安排軍用運輸機飛往瓜達爾港接運傷員，飛機從卡拉奇飛到瓜達爾港要二小時，請中方做好必要準備。

九點十分，我正準備給巴民航局主席打電話求

二〇〇三年十月，張春祥大使和王毅副外長在巴阿邊界托克漢姆口岸留影。

救，剛好他給我打來電話說，巴民航一架班機正在瓜達爾機場跑道上準備起飛，他已向機長下令航班暫停飛行，讓旅客下機，因飛機較小，還要把前邊幾排座位卸下，以便能擺放運送中國傷員的擔架。巴民航局主席強調說，他已得到穆沙拉夫總統的指令：「搶救中國傷員為第一要務。」我把這一消息告訴孫子宇總經理，請他們把傷員疾速送往機場，到卡拉奇救治。

緊接著，我又打通卡拉奇市最好的醫院——阿迦汗醫院院長阿巴斯博士的電話，請求該院救治中國傷員。阿巴斯博士表示，「一定用最先進的醫療設備，指定最有經驗的、醫術最精湛的醫生搶救中國兄弟。醫院派救護車和醫生去機場接中國兄弟。」當天下午，傷員便住進該院救治。阿巴斯院長打電話告訴我：「再晚兩個小時，三個重傷員就沒救了。」

事發當天，正在外地考察的胡錦濤主席和正在國外訪問的溫家寶總理立即作出指示：採取一切措施，盡最大努力搶救傷員、妥善處理遇害人員的善後事宜，研究採取措施保證我在巴人員的人身安全。

巴方高層和各級政府對這一不幸事件十分重視。當日，巴總統、總理分別給胡錦濤主席、溫家寶總理髮電表示慰問；巴總統和總理分別發表聲明，對襲擊事件予以強烈譴責，對遇害者家屬深表同情，並下令儘快查明真相，嚴懲兇手。他們還責成有關部長、省長、警方領導人立即趕赴現場，處理善後，督促破案，落實加強對在巴中國人員的安保措施。

五日下午，我從伊斯蘭堡趕赴卡拉奇市，和孫春業總領事一起直奔阿迦汗醫院看望受傷的九名中國工程師和二名巴方傷員。中國傷員都住單獨病房。在阿巴斯院長陪同下，我向傷員轉述了胡主席和溫總理的親切慰問，轉達祖國人民對他們傷情和恢復情況的關心，希望他們積極配合治療，爭取早日康復。正在呼吸機上救治的三位重傷員，不能說話也不能點頭，但能聽到我說話的聲音，感激的淚水不斷溢出眼眶。我還看望了受傷的巴籍司機和安保人員。

看望傷員後，我又查看了遇害工程師的遺體，要求院方做好防腐處理，保存好遺體。離開醫院前，阿巴斯院長交給我一封信，信中對中國朋友遭遇不幸深表痛心和同情，並表示：中國傷員在阿迦

汗醫院進行搶救治療的一切費用都由院方承擔。我對該院對中國傷員的積極救治表示感謝，並強調說：「中巴傳統友誼不會因此事件受到影響，兩國政府和人民將繼續並肩合作，確保瓜達爾港建設工程如期完工。」

為救治受傷人員，中國衛生部選派了北京協和醫院外科和骨科專家及護理人員共四人組成的醫療專家組，於六日下午飛抵卡拉奇，與巴醫護人員一起對傷員進行治療。

五月四日，唐家璇國務委員批示：兩館同志工作積極主動，反應迅速，交涉得力，措施得當，值得充分肯定。希望認真落實胡主席、溫總理重要批示，本著以人為本、執政為民的精神，全力以赴，再接再厲，進一步採取措施，做好各項後續工作。交通部張春賢部長來電表示：在你館有力領導和組織下，傷亡人員得到了及時救治和安置。特向張春祥大使和你館全體工作人員表示感謝。

高瑪瓚工地人質事件

二〇〇四年十月九日早晨七點五十分左右，在巴西北邊境省南瓦濟裡斯坦部落地區建設高瑪瓚水利工程的中國水利水電建設集團兩名工程師王恩德和王鵬及一名巴方警察在前往工地上班途中被五名持槍歹徒綁架，綁匪劫持三名人質後迅速向巴邊境部落地區逃竄。

我當時正陪同新疆維吾爾自治區政府代表團訪

問拉合爾。得知這一不幸消息，我意識到這是一場事關同胞生死的較量。我當即打電話給總統辦公廳主任哈米德中將進行交涉，表達了中方對綁架事件的嚴重關切，要求巴方採取一切措施營救並確保兩名中國工程師安全獲釋。哈米德中將說，總統已得知中國工程師被綁架的消息，對發生綁架事件深表歉意，巴政府和軍方將盡一切努力解救人質。

胡錦濤主席、溫家寶總理、唐家璇國務委員作出批示，要求大使館立即與巴方交涉，確保人質安全並儘快將他們營救出來，同時立即加強所有在巴中方機構和人員的安全。李肇星外長給巴外長卡蘇里打電話，要求巴方全力以赴採取一切必要措施，設法營救中方人員，確保他們生命安全。我給工地項目負責人打電話，轉達了黨和國家領導人的親切慰問，並要求項目負責人務必保持鎮靜，穩定員工及家屬的思想情緒，將所有中方人員集中起來，確保安全。

穆沙拉夫總統和阿齊茲總理分別給我打來電話，表示安全解救中國人員已成為當前巴政府的首要工作。巴外秘來大使館向我表示：「我們把中國朋友的生命看得比自己的生命還重要。」

營救人質期間，我直接與哈米德中將及巴三軍情報局局長、陸軍作戰局局長聯繫，每天數次通過電話了解最新情況，武官和各位參贊與巴軍方和外交部、內政部、水電部主管官員保持二十四小時熱線聯繫。

事發當天，巴軍方立即出動六架直升機、三十多名安全部隊突擊隊員和警察趕赴出事地區解救人質。傍晚，將綁匪包圍在距壇克鎮以西大約五十公里、距巴阿邊界七十公里的一個部落地區。隨後，巴官方代表通過中間人與綁匪就釋放人質進行了多輪談判，並及時向中方通報談判最新進展。

　　為安全營救人質，大使館考慮派官員前往工地現場實施「靠前指揮」。由於當地屬部落地區，又是巴軍剿恐的主戰場，巴方以安全為由不予批准。我要求巴外秘與軍方協調安排直升機運送我大使館人員到工地慰問中方員工，巴方也以部落地區安全形勢複雜及處理人質事件十分敏感為由婉言謝絕。經我一再要求，十一日中午，巴方才同意我館派人到白沙瓦市協調人質事件的處理工作。我館立即派政務參贊和武官等奔赴白沙瓦，會見負責營救工作的省督和巴陸軍十一軍軍長，了解第一手情況。後經證實，阿富汗塔利班成員馬哈蘇德是綁架人質事件的主謀，此人曾被囚於美軍駐古巴關塔那摩軍事基地，二〇〇四年三月結束長達兩年的囚禁生活，返回巴南瓦濟裡斯坦部落區，並組建了一支和「基地」組織有聯繫的地方武裝。狡猾的馬哈蘇德並沒有親自出面，而是藏身於南瓦部落區附近的一個祕密地點，通過電話進行遙控操縱，向綁匪下達指令。他最初要求巴政府釋放兩名和「基地」組織有關的被捕武裝成員，後來又要求巴政府允許綁匪攜帶人質與他們會合，一起撤離巴部落區去阿富汗，

還要求巴軍方停止在南瓦部落區的軍事行動。

十四日早晨，從現場傳來的消息說，綁匪在人質身上拴上了手雷和火箭彈，情況十分危急。十二點四十分，巴三軍情報局一位將軍給我打電話說：在採取的解救人質措施均告失敗的情況下，巴軍方迫不得已於十二時採取了解救人質的軍事行動。巴特種部隊士兵偽裝成當地部族成員衝進綁匪和人質所在房屋，擊斃了五名綁匪，一名特種部隊士兵受重傷，年紀大的一位中國朋友（王恩德）獲救，年輕的一位（王鵬）因傷勢過重遇難，整個解救過程十五分鐘。下午巴方將分別用直升機把獲救人員和遇難者遺體運回伊斯蘭堡和拉瓦爾品第三軍聯合醫院。面對這樣的結果，當時我和在場同志的心情十分複雜：強攻迫不得已，結果不盡如人意，儘管大家都盡了自己的最大努力。六天五夜長達一百二十四小時的營救，大使館就像戰時指揮部，各部門通力合作，在不分晝夜的揪心和忙碌中度過了整整五個不眠之夜。

我當即向外交部領導報告，並立即召開館務會，部署有關善後事宜。

下午三點十五分，巴外長卡蘇里、內政部長謝爾寶分別來大使館，代表巴政府對中國一名工程師不幸遇難表示沉痛哀悼。

卡蘇里外長給李肇星外長打電話稱，巴政府是在所有其他營救努力均告失敗、綁匪隨時可能殺害人質的情況下採取軍事行動的，巴政府和人民為一

位中國朋友遇難深感悲痛。李外長表示，中國領導人和中國人民對中國工程師不幸遇難深感悲痛，中國政府強烈譴責這一綁架中國公民的恐怖主義行徑，希望巴方進一步採取有效措施，確保所有在巴中國公民的安全。

下午五時，我們接到王恩德同志後，又去拉瓦爾品第三軍聯合醫院查看了王鵬同志的遺體。望著這位曾跟綁匪鬥智鬥勇的年輕人稚嫩的臉龐，回想起這幾天來他親手所寫並傳出的七張紙條，我和在場的同志向王鵬的遺體深深地鞠躬，向他祈祝冥福。我告訴醫院院長，一定要保存好遺體，做好防腐和美容。當晚，穆沙拉夫總統給我打電話，表達了他本人對王鵬遇難的沉痛哀悼，決定十六日派空

二〇〇四年十月十六日晚，在巴基斯坦人質綁架事件中遇難的中國工程師王鵬的遺體由巴基斯坦空軍運輸機運抵濟南國際機場。巴基斯坦內政部和國務部的官員專程護送靈柩同機抵達。（供圖：中新社）

軍專機送遺體回國，由巴外交國務部長護送。

情系巴災民，患難見真情

二〇〇五年十月八日早晨八點五十分，巴基斯坦發生里氏 7.8 級強烈地震，震中位於首都伊斯蘭堡東北部九十五公里。此次地震是巴建國以來發生的強度最大的地震，使包括伊斯蘭堡在內的整個巴中部、北部地區遭到不同程度破壞，造成近 8 萬人員傷亡。地震還波及印控克什米爾地區和阿富汗。

地震發生時，我們館員均在上班，我本人正在辦公室閱讀當地報紙。突然整個辦公室發生劇烈晃動，辦公桌和椅子左右搖擺，我想起身也站不起來，想快步邁出辦公室，腳卻不聽使喚。地下深處發出陣陣怪響，地面還上下抖動了幾下。我當即意識到發生了強烈地震。「大地震啦！」「快離開辦公樓！」「跑到樓下去！」館員呼叫著，相互挽著手，扶著樓梯、牆壁，跑到樓下大院空地。這時，伊斯蘭堡上空拉響了警報聲。強震發生後，了解在巴中國公民安全狀況成為當務之急，我館迅速啟動應急機制：命令大使館人員撤出辦公樓，到使館大院或汽車上辦公，評估大使館損失；要求文武經商領事部各處室了解在巴中國公民和華人華僑的安全情況。不久，得到在伊斯蘭堡及附近城鎮居住的中國公民和華人華僑無傷亡的消息，但卻無法了解到在巴北部災區從事工程建設的十一個項目中三百九十多名中國工程技術人員的情況。由於強震造成山體塌方、滑坡，道路交通和通訊中

斷，我發動館員與巴有關部門進行不間斷聯絡，多方打聽中方人員下落。終於在八日深夜掌握了全部信息，確認中國水利水電集團在汗瓦、杜白瓦和阿萊瓦等水電站項目工地有一人遇難、一人重傷、三人輕傷。特別是阿萊瓦項目損失慘重，從工地到大本營道路中斷，人員無法進出，情況十分危急。我立即敦促巴軍方提供直升機，將中國被困人員轉移到安全地區。我館還積極配合香港出入境管理處，找到在巴旅遊的三名香港同胞的下落。

時間就是生命，震後四十八小時是救援的黃金時間。強震發生後，我及時向國內報告了災情，建議國內立即派國際救援隊赴巴重災區救援並對巴提供必要援助。中國政府迅速作出反應。八日當晚，決定派中國國際救援隊赴巴災區救援，並向巴無償提供緊急救災物資。救援隊由中國地震局副局長趙和平帶隊，搜索、營救、醫護人員以及地震專家等共四十九人組成，隨隊攜帶六條搜救犬和八噸專業搜救設備以及九噸救災物資。

九日下午三點，我主動約見巴外秘了解巴方將派中國國際救援隊去何地救援。巴方當時還未決定，我說中國救援隊兩個小時後就到了，並主動向巴外秘提出，要求派中國救援隊去巴拉考特鎮。因為綜合各方面的信息，我認為巴拉考特是震中，是重災區。而且，二〇〇四年「五一」節假期，為考察喀喇崑崙公路改線路段，巴國家公路局軍官曾帶著我和館員去巴拉考特一帶參觀，這一帶路熟。巴

外秘當即同意了中方的要求。

當時正值穆斯林齋月，巴方有關部門為應對強震忙得不可開交。為贏得寶貴時間，九日傍晚，我和大使館主要外交官一起提前到達恰克拉拉軍用機場做好中國救援隊員和設備器材、物資的入境和通關手續。當國航波音 747 包機降落停穩後，我現場指揮協調，將設備器材卸機並裝運到所租用卡車上。為保證救援隊當晚迅速從機場直奔重災區，大使館還為救援隊做好飯菜送到機場。我館還專門為救援隊派了四名青年外交官協助工作。

巴朋友用五個「第一」稱讚中國：中國領導人第一個向巴基斯坦政府發來了慰問電；中國是第一個宣布向巴基斯坦提供現匯和物資援助的國家；中國是第一個派出國際救援隊的國家；中國國際救援隊是第一個到達重災區展開救援工作的國際救援隊；中國援助的物資也是第一批運到巴基斯坦災區。

十二日，不顧餘震和道路隨時可能塌方的危險，我和館員代表乘車前往巴拉考特視察和慰問中國救援隊，原本四小時的路程走了八小時才到達，但我也成為第一個前往重災區的外國大使。沿途災民高呼：「中國大使來了，中國朋友來了！」

中國國際救援隊救出了三名倖存者，先後對二千多名當地傷員進行了救治，還為震後災區第一個新生兒接生。救援隊不僅在重災區巴拉考特進行了卓有成效的救援工作，還對巴方災後重建工作提出有益的建議，受到巴政府和人民的高度評價。

張春祥大使看望中國國際救援隊。

中國政府分三次向巴基斯坦提供了二千六百七十三萬美元的無償援助,包括物資、現匯等,提供的物資總重量達一千九百一十一噸,分二十四架次包機運往巴基斯坦災區。中國援助的緊急物資包括:棉帳篷三千一百二十四頂、單帳篷一千五百五十頂、棉被二萬四千床、棉褥二萬四千條、毛毯九千二百條、床單二萬四千條、發電機九百台。

做客開伯爾・阿夫里迪部落,體驗普什圖族人特殊待客之道

一談起普什圖人,人們大都用「純樸善良、待人坦誠、熱情好客、勤勞勇敢、尚武強悍」來形容。在巴基斯坦民間,人們常用「像普什圖人一樣

好客」來讚美主人對客人的熱情款待。

居住在巴阿邊境部落區和西北部山區的普什圖族男人，幾乎人人肩扛一桿長槍，有的人腰間還挎著一把手槍，一長一短，顯得很威武，這正是男人們所崇尚的。不了解當地民俗的人第一次見到這身行伍打扮，還真有點膽顫心驚。據說，當地女人也大多佩帶一把小左輪手槍用於自衛。

由於工作需要，我常常應邀去普什圖人朋友家裡做客。給我印象最深的一次是應阿夫里迪參議員多次邀請，二〇〇四年五月去阿夫里迪部落做客。阿夫里迪家族多年來與中國做生意，還與中資企業合資辦廠，生意做得很大，在當地聲望很高。阿夫里迪參議員和他侄子親自到大使館接我們，給我們帶路。他的部落在開伯爾山口附近，是敏感地區。出於安全考慮，伊斯蘭堡警察護送我們到白沙瓦市。進入白沙瓦市區後，安全工作由巴邊防軍士兵負責。在市中心的邊防軍司令部稍事休息後，我們乘車直奔開伯爾山口方向，在彎彎曲曲的山間公路上爬行了五十多分鐘才到達阿夫里迪部落。所謂部落，其實就是一大片村落。

參議員組織他的部落成員熱烈歡迎，給我們胸前掛滿花環，還撒了許多鮮花瓣。從外觀看，參議員家是深宅大院，院牆又高又厚，用泥巴壘成，在大門外根本看不見院內的房屋，一點也不顯眼。進入大門卻讓人眼前一亮：院落寬大，樹木花草茂密，房屋錯落有致，分前院後院。前院是會客廳、

張春祥大使做客開伯爾·阿夫里迪部落。

辦公室、停車場等；後院是家眷住宅、廚房等。會客廳富麗堂皇、裝修講究。主人自豪地說，這些裝修材料全是從中國進口的。會客廳大桌子上已擺滿各種乾果、甜點、新鮮水果等供客人享用。喝完當地特色奶茶「都特·波蒂」（鮮奶煮茶）後，主人邀請我們進行戶外活動。在會客廳門外，主人拍拍兩隻頭上塗有紅顏色的又肥又大的綿羊說：「這是給閣下的禮物，閣下拍拍它的頭，表示認領了。」然後，我們又上車往村莊後邊的山溝裡開，在盤山道上走了大約十多分鐘後停下，我們在半山腰下車，又步行了三十米，主人說：「阿夫里迪部族用最最高貴和傳統的儀式歡迎中國兄弟。」主人從車上拿下兩把步槍和兩把手槍，用手指指向對面山崖上用白色畫的圓點說：「瞄準圓點，用臥姿、跪姿、站姿三種不同姿勢射擊。」對於射擊，我本人很感興趣，當年在部隊時還獲得過「特等射手」稱號。我目測了一下到對面山崖上圓點的距離，大概

有三百多米遠，我設定好槍上標尺，試了幾個動作和姿勢，說：「準備好了。」主人把彈夾遞給我說：「都是洩光彈，我們會看到彈著點的。」我說：「一個彈夾三十發子彈，每種姿勢各射擊十發吧，是單發、點射還是連發？」主人說：「你隨便，子彈有的是。」我當時別提有多高興了，在心裡告誡自己，一彈夾子彈足夠了。三種射姿我都嘗試了一把，主人和部落的男人們都拍手叫好，稱讚中靶率高。主人高興地說：「大使閣下，你的槍法很準的啊！這一長一短兩把槍是我們部落送給你的最珍貴的禮物。」我說：「多謝，我收下了。但還得麻煩你們替我保管著，下次我再來還要用它射擊。」

野外射擊結束後，主人在家族大院內為我們安排了非常豐盛的普什圖家宴。那兩隻頭上塗了紅色的羊已被做成了地道的普什圖美味大餐。這就是我所經歷的普什圖族人特別的待客之道。

喀喇崑崙公路建設者訪談錄

陸水林

（中國國際廣播電台譯審、學者）

　　喀喇崑崙公路，起自中國新疆的喀什，經紅其拉甫達阪，至巴基斯坦的塔科特，全長一千零三十二公里，是連接中巴兩國的一條交通大動脈。

　　這條公路的國內段，由中國自行建設。公路的巴基斯坦境內段，原由巴方建設，後因諸多原因進展緩慢，遂改由中方援建。中國援建工程分為三期，從一九六八年六月至一九七九年十一月，歷時十一年多。中方先後投入二萬二千餘人，投入築路機械設備和汽車最多時達二千台件。公路建設過程中，中方施工人員死亡一百六十八人，受傷致殘二百零一人，一般受傷的就更多了。巴基斯坦方面先後參加築路的人員亦在 2 萬以上，也付出了很大的犧牲。

　　喀喇崑崙公路越過號稱「世界屋脊」的帕米爾高原，穿行於喀喇崑崙山脈和喜馬拉雅山脈的崇山峻嶺之中，工程浩大，施工任務異常艱巨。此外，築路人員還要面臨高山缺氧、氣候惡劣、後勤供應困難、地質條件複雜、地震、雪崩、岩崩、塌方、滑坡、泥石流等種種困難和危險。但是，中巴兩國的築路人員百折不撓，頑強拚搏，克服無數艱難險

阻，硬是在高山深谷和冰峰達阪間建起了一條現代化的雙車道瀝青路面公路。因此，喀喇崑崙公路被譽為「世界第八大奇蹟」。

喀喇崑崙公路的建設是值得大書特書的。筆者有幸多次在喀喇崑崙公路旅行，深受公路之惠，因而很希望多了解一些當年建設公路的情況。由於一些偶然的機會，筆者得以採訪了一些當年公路的建設者。現將對其中三位建設者的採訪記錄略加整理，貢獻於讀者之前，並借此向喀喇崑崙公路的建設者們表示崇高的敬意。

孟冬民

一九二一年十一月五日生，河南睢縣人，喀喇崑崙公路築路指揮部總指揮，離休前為基建工程兵交通部辦公室副主任。

二〇〇三年，筆者打聽到曾任喀喇崑崙公路築路指揮部總指揮的孟冬民先生就住在北京，便前往採訪。孟老當時已八十二歲了，但身體健旺。他很高興地介紹了當年的情況。

孟老說，他是五十歲那年參加喀喇崑崙公路建設工作的。孟老是正師級幹部，當時正在新疆生產建設兵團化工廠任政委。一九七〇年一月，他接到去築路指揮部工作的命令，便出發去了工地。當時，築路指揮部設在底河（Dih），離紅其拉甫山口有五十多公里。

孟老是接替第一任總指揮李道偉去築路指揮部工作的。按照中巴《關於修築喀喇崑崙公路的協定》，公路以紅其拉甫達阪為界，中巴兩國各自修建本國境內的路段。為了加快工程進度，巴政府與中方換文協商，於一九六六年七月用飛機運送一千五百人到新疆和田，再由中方派車轉送至紅其拉甫達阪巴方境內施工。他們所用的機械、帳篷、食品等一百二十三項物資全部由中方提供。中方還在卡拉其古設立了醫院，為巴方施工人員提供醫療服務。但是，由於工程任務艱巨、交通不便、技術落後等多種原因，工程進展非常緩慢，兩年間僅完成了二十五公里路基，未鋪路面，也未架橋樑，剩下的工程量還很大。巴築路人員已竭盡全力，但確實難以為繼。於是，巴方請求中國政府幫助修建。一九六八年五月六日，兩國政府換文確認，由中國派築路人員修築自紅其拉甫達阪至帕蘇間一百二十公

一九七四年十一月二十六日，巴總理佐·阿·布托親赴工地看望中國築路工程技術人員。圖為布托總理在巴最北部的底河地段接見中方領導。（供圖：張春祥）

里公路，以免去巴方過境築路的困難。六月二十日，喀喇崑崙公路築路指揮部成立。七月，中國第一批援巴人員八千人出國進入工地。第一期工程應巴方要求兩次延長，一直修到哈利格希，總長一百五十六點七公里。

孟老說，他先後參加了兩期工程。第一期工程將公路從紅其拉甫山口修建至哈利格希。工程於一九七一年一月完成，二月就交工了。中巴雙方在哈利格希的友誼橋舉行了交接儀式。接著，由於巴方提出要我們繼續援建哈利格希至塔科特的公路，中方又進行了第二期工程。一九七三年做準備工作，一九七四年六月築路人員進入工地。這段公路長四百五十九點三公里，一直幹到一九七八年六月。

孟老說，這兩期工程，他都擔任築路指揮部總指揮，從組建隊伍到工程結束，在巴基斯坦一共工作了六年多，也住了六年多的帳篷，在高山峽谷中過了六年多的野外生活。

談到當年的困難，孟老說，最大的困難在於喀喇崑崙公路是一條高山公路，地質條件和氣候環境都十分惡劣。比如在紅其拉甫，海拔四千三百多米，五千米就是雪線了，那裡氣溫低，空氣稀薄。到了塔克泰，降到四千零八米，氣溫變化很大。另外，喀喇崑崙山的山體破碎嚴重，冰川眾多，公路上災害頻繁，雪崩、泥石流、滾石、塌方等樣樣都有，施工難度很大。不少員工在施工中犧牲了，還有許多人傷殘。

提到生活方面的困難，孟老說，在第一期工程施工時，所有的築路物資和生活用品，甚至連火柴都是從新疆運過去的，施工人員實際上只吃了當地的水。雖說第一期工程離新疆近，運輸似乎比較方便，但實際上運輸線很長，從喀什到邊境有五百多公里，從烏魯木齊到邊境有一千到一千六百公里，許多物資還要從內地運來，就更遠了。孟老說，汽車運輸要一星期至十天才能到達工地。最大的問題是施工人員吃不上蔬菜，只能靠鹹菜、乾菜、脫水菜度日。到了第二期工程，路越修越遠，困難就更大了，工程所需的物資材料和食品經常不能及時運到。當時還開闢了第二條運輸路線，即海運，從國內將麵粉、大米等用船運到卡拉奇，再由巴方運到工地。結果，米麵在運輸途中發生黴變，築路人員不得不吃黴變的米麵。孟老說，頭一兩年是最困難的，由於長期吃不到新鮮蔬菜，缺乏維生素，員工的健康受到影響，有些員工頭髮脫落、指甲凹陷。為了解決這些困難，最後一年，開始從巴基斯坦採購大米和麵粉，並請巴方提供一些土地，我們自己種蔬菜，這樣總算好了一些。

說到施工人員的待遇，孟老說，當年修建喀喇崑崙公路，完全是無償援助，出國施工人員都是盡自己的國際主義義務。他們的工資都是按國內原有的標準發放，在國外是供給制，住的是帳篷，冬天很冷，夏天酷熱，好處是空氣新鮮。在第一期工程時，每人每月發五元零用費。到第二期，零用費增

加到每人每月四十元，可以買點日用品。孟老說，他的零用費也是每月四十元，連抽菸都不夠，時不時還要讓家裡寄錢來。孟老說，雖然生活很艱苦，工作很危險，但當時人們的覺悟都很高，大家對待遇沒有計較，甘願奉獻。

孟老最後說，他在巴基斯坦工作的六年多時間裡，深深感受到中巴友誼深深地紮根於人民心中。同巴方官員接觸時，他們都說中國在巴基斯坦最困難的時候支持了巴基斯坦，這是他們終生難忘的。孟老說，中方員工在巴施工期間有嚴格的紀律，必須尊重當地人民的風俗習慣，愛護當地的一草一木，不能侵犯當地群眾的利益，所以，中方員工同當地人民相處得非常友好。孟老說，他離開喀喇崑崙公路的工地已經二十五年了，後來一直沒有機會再去看看，非常懷念那段時光。令他高興的是，中國施工隊伍高標準、嚴要求，終於建設了一條合格的公路交給巴基斯坦。

蘇珍

一九三八年十二月生，甘肅臨洮人，著名冰川學家，一九九九年退休。

蘇珍先生是一位冰川學家，是中國科學院蘭州寒區旱區環境與工程研究所（原蘭州冰川凍土研究所）的研究員，上世紀七〇年代曾在罕薩地區對巴托拉冰川進行考察研究。筆者於二〇〇二年在蘭州

採訪了他。

　　喀喇崑崙公路在罕薩河右岸要經過世界八大冰川之一的巴托拉冰川的末端，冰川的進退和冰融水道的變遷對公路有極大影響。一九七二年夏季和一九七三年夏季的兩次冰川洪水沖毀了兩座橋樑和路基，築路人員不得不多次修建便橋，以維持交通。

　　一九七四年四月十一日下午六時許，罕薩河左岸帕提巴爾溝（Baltbar Nala）突然爆發了大規模泥石流，沖出泥石量達五百萬立方米以上，沖走溝口一座鋼筋混凝土橋，在罕薩河中形成了長一百五十米、寬三百到四百米、高八十至一百米的泥石流壩，堵塞了罕薩河，並形成一個長十公里、最深處達四十二米的堰塞湖，淹沒了已建好的一座一百八十三米長的大橋和數公里長的公路。泥石流還沖毀了大片農田、樹林和草場。

　　除帕提巴爾溝外，罕薩河左岸巴托拉段還有四條泥石流溝，經常發生泥石流。一九七四年八月十四日，又因降雨發生了泥石流，尤其是二號溝的泥石流，堵斷了罕薩河，形成水庫，淹沒了橫跨罕薩河的一座鋼橋和一百五十多米便道，致使交通中斷三天。

　　接二連三的泥石流對正在建設中的喀喇崑崙公路造成了很大威脅，中國築路人員認識到，要修復這段公路，必須將巴托拉冰川及其周邊的情況搞清楚，正確地預測未來數十年巴托拉冰川的進退趨勢等一系列問題，否則會造成更大的浪費，並影響將來公路的使用。

中國政府調兵遣將，派出了二十二人的考察組前往考察研究，包括中科院蘭州冰川凍土研究所的科研人員和國家體委登山處的教練員。蘇珍先生說，考察組要對冰川是否還會繼續前進，會不會再次形成大洪水，洪水會有多大，公路通過的地段有沒有埋藏冰，以及冰川運動狀況，五十年內會有什麼樣的變化等進行預報。為此，要對冰川進行測量、繪圖，對冰川的厚度、溫度變化、運動速度、物理性質，以及當地的氣象、水文情況進行詳細的勘測，工作量很大。

蘇珍先生負責測量冰川厚度和冰川地貌，這種工作當時在國內也沒有幹過。所以，一九七四年，他先去雲南、陝西等地學習重力測量冰川厚度的方法，然後進行儀器等方面的準備。一九七五年初，他乘車到達巴托拉冰川，並帶去了一台當時最好的石英彈簧重力儀。

測量過程是非常艱苦的。蘇珍先生主要負責觀測，另外兩位科考人員，張祥松記錄，顧鐘煒配合計算。他們一共布設了五個重力測厚斷面、六十六個重力測點，最後圓滿完成了任務。

蘇珍先生說，測量儀器的調試是一項非常困難的工作。他帶去的重力儀精度很高，每換一個地方，都要對儀器進行全面調試，達到合格精度後才能使用。有一次，他調試到第五天，儀器才達到了標準。為了保護儀器，在行進時，他經常自己背著儀器。

在冰川上測量，同平地上完全不同。有的測量

點在非常陡峭的地方，測量人員爬不上去，便請登山隊的人協助。碰到懸崖峭壁，登山隊員先上去，再把測量人員拉上去。要選擇安放儀器的地方，也由登山隊員先上去觀察一番，看行不行。蘇珍先生說，有的測點在筆直筆直的陡崖上，有的測點在三四十米高的地方，下面就是冰川的石頭，摔下去就會粉身碎骨。

冰川上不僅冰面凹凸不平，還有冰裂縫和冰面河，十分危險。有一次，張祥松和顧鐘煒背著行李在前面探路，蘇珍先生背著儀器走在後面。在快到三號斷面時，張祥鬆掉進了一個深五米的裂隙，摔得很厲害，大家都很緊張。但這個冰裂隙是必須過去的。接下來，顧鐘煒慢慢下到冰裂隙的底部，蘇珍先生用繩子把儀器放下去，自己再下去，然後再爬上冰裂隙的對面。

說到張祥松，蘇珍先生說，他頭一年就摔過一次，從很高的陡崖上掉下去，摔在罕薩河邊，當時就昏過去了。等施雅風先生他們繞道下到河邊時，張祥松已經甦醒過來，但照相機被沖走了。張祥松一九九五年就去世了，年僅五十八歲，這同他當年工作之艱辛是有很大關係的。

考察組在山上考察時，就住在帳篷裡。帳篷由巴方用直升機送上去，他們自己用煤油爐做飯，中午就吃乾糧。考察組有基本營地，那裡有大夫和行政人員，還有炊事員，就不用自己做飯了。他們測得數據後，就在基本營地進行計算。工作量很大，

而他們只有手搖計算機，三個人算了半個月，終於把冰川厚度問題解決了。他們還算出了年冰流量和冰儲量。就這樣，他一直幹到一九七五年年底。

巴托拉冰川地區有狼和狐狸，它們常到營地來偷雞、肉和罐頭。尤其是狐狸，一到晚上就來，考察人員還得起來趕它們。劉光遠是負責氣象觀測的，每天凌晨二點和早上八點，都要按時去觀測點記錄數據。有一天早上起來，他被兩頭狼跟上了，弄得很緊張。

除了考察中的危險外，在公路上來來往往也會遇到危險。蘇珍先生說，在基本營地計算冰川厚度期間，有一次，他和司機去築路指揮部取豆腐。返回時遇到塌方，路斷了，吉普車的頂篷都被石頭砸

巴基斯坦喀喇崑崙山巴托拉冰川（供圖：FOTOE）

破了，好在人沒有事。蘇珍和司機被困在半道上，晚上很冷，他們凍了一夜，沒有吃的，就吃豆腐充飢。

考察組有三個人負責水文觀測。他們晝夜觀測，最後得出了罕薩河最高水位的數據，最大洪峰流量也算出來了。為弄清地下埋藏冰的問題，他們選了好幾個地方探測，人工挖好幾米深的探坑，看有沒有冰，還用鑽機鑽孔，用熱敏電阻溫度計測量地下溫度。研究冰川運動的幾個人也很辛苦，要測量、攝影，第一年測量，第二年繪圖，最後弄清了冰川前進和後退的週期，也弄清了冰川的運動速度。科學家們研究證明，當時冰川雖處於前進期，但不會危害公路。考察組的工作成果，為公路和橋樑設計提供了重要依據。他們對帕提巴爾溝也進行了考察，證明在近百年內，如果沒有特殊情況（如地震等），那裡不可能再出現一九七四年四月十一日那樣大規模的泥石流。

巴托拉冰川長五十多公里，中國科考人員要測量的長度達二三十公里。蘇珍先生說，有一次，他們想到上面看看情況，天不亮就出發了。走到上面時，發現有帳篷桿子和登山靴，還發現一本英國小說。後來一了解，才知道曾經有英國登山隊員在巴托拉冰川遇難。

中國科學家對巴托拉冰川的考察研究受到兩國政府的高度關注，也受到國際冰川學界的關注。考察期間，中國大使館派人看望過他們，巴領導人

佐・阿・布托也曾親臨視察。蘇珍說，罕薩王也來看望，還給他們送櫻桃。他女兒出嫁，還請他們去參加婚禮。

考察期間，中國科學家同當地人民也結下了深厚的友誼。蘇珍先生說：有一個當地嚮導，是退伍軍人，對我們非常好。大本營的老鼠很多，啃咬得厲害，他就把家裡的貓抱來，鼠害就輕多了。罕薩盛產杏和蘋果，他經常給我們送。他說，你們需要什麼，我都可以提供。有一次，蘇珍先生和考察組的同事去吉爾吉特，正碰上當地舉行馬球比賽，鑼

一九七六年九月，齊亞・哈克將軍到工地看望中方築路員工，與中方領導交談。（供圖：張春祥）

鼓喧天，非常熱鬧。一看有中國人來了，人們馬上把他們擁進了馬球場的台上，坐在中間的沙發上。台上總共只有兩個沙發，本來是為貴賓準備的，這下成了蘇珍先生一行的專座。蘇珍先生還被邀請為馬球賽發球，這是當地一種特殊的禮遇。

從一九七四年四月至一九七五年十一月，冰川考察組在巴托拉冰川及其鄰近地區進行了冰川、水文、氣候、地面立體攝影測量和泥石流的系統考察與研究。在此基礎上，他們寫出了《巴基斯坦伊斯蘭共和國喀喇崑崙山巴托拉冰川考察報告》和《喀喇崑崙山巴托拉冰川考察與研究》專集。他們的工作，不僅直接為喀喇崑崙公路的建設作出了貢獻，對冰川學的理論研究也有重要的科學價值。他們的研究成果在國際上也獲得了讚譽。

蘇珍先生說，冰川考察使他們對喀喇崑崙公路產生了深厚的感情。上世紀八〇年代和九〇年代，他們中都有人重訪故地。

馬立克・穆罕默德、伊克巴爾

一九九九年，筆者應邀參加中國新聞代表團訪問巴基斯坦，參加巴方慶祝中華人民共和國成立五十週年的活動。借此機會，經同事介紹，筆者採訪了馬立克・穆罕默德，伊克巴爾先生（Malik Muhammad Iqbal），他曾經是喀喇崑崙公路建設的巴方總設計師。

馬立克‧穆罕默德，伊克巴爾先生說，他於一九五一年取得了民用工程的學位，他所在的班級是巴基斯坦獨立後第一個學習民用工程的班。隨後，他加入了工程兵部隊的軍事工程部（MES），從助理工程師幹到總工程師，一直工作到退休。

　　馬立克先生參加了巴基斯坦許多大型工程的建設，但他說，他一生中參加的最大的工程，就是喀喇崑崙公路。這是最值得紀念的工作，對此，他感到非常高興和自豪。

　　巴基斯坦相關資料對喀喇崑崙公路建設的記載頗為複雜。巴基斯坦在這方面的努力，要追溯到其建國初期。

　　包括吉爾吉特在內的巴基斯坦北部地區是一大片山區，印、巴分治時，那裡沒有任何公路。從拉瓦爾品第至吉爾吉特的唯一道路要經巴布薩爾山口（海拔 13690 英尺，約合 4170 米），僅夏季有三四個月可以通行。其餘時間，因山口積雪，交通斷絕。那時候，從拉瓦爾品第到吉爾吉特，要走十九天。山裡的人們從家裡出來時，要帶上十天的乾糧，乾糧吃完後就在路上打工，掙錢準備乾糧，然後再走。

　　巴基斯坦獨立後，便打算修建通往吉爾吉特的全天候公路。根據有關資料，巴基斯坦從一九四九年開始修建曼塞赫拉——卡甘——吉爾吉特公路，於一九五二年完工。顯然，這只是一條土路，頂多可以走吉普車。為了修建一條現代化的公路，巴測

量人員於一九五三至一九五四年間開始了測量工作，直至一九五六年。

　　在巴基斯坦的一些資料中，喀喇崑崙公路的建設是從一九五九年算起的。一九五九年初，巴基斯坦的一個工兵營奉命修建一條九級公路，把斯瓦特同吉拉斯連接起來。與此同時，另一個叫公共工程局（PWD）的機構奉命拓寬自吉拉斯至吉爾吉特的長九十英里的吉普路。

　　工兵營負責的這條公路起自斯瓦特的卡洛拉（Karora），至吉拉斯止，長一百五十五英里（1 英里約合 1.61 公里）。公路的很長一段沿印度河而行，故被稱作「印度河河穀道」（IndusValley Road）。從斯瓦特中心地區的華扎海爾（Khuza Khel）至公路起點的卡洛拉，只有一條連騾子都難以通行的很窄的小道，其間還要翻越欣格拉（Shangla）山口。築路所用的小型推土機、空壓機等設備，都是拆開後人工背上去的，到卡洛拉再組裝起來使用。築路者於一九五九年一月七日到達卡洛拉，這一天就被算作公路開始建設的日子。公路所經地區都是部落區，連鈔票都不通行，人們都是以物易物。工程所用的炸藥、油料、給養，都要靠人背上去。冬天，欣格拉山口因大雪封閉，日子就更加艱難，築路人員只能以當地的玉米充飢。至一九六五年第二次印巴戰爭發生時，這條公路已完成一百四十英里長的單車道九級路，還差十五英里。由於築路部隊被調往前線，工程被迫中止。這條公路，直到一九七〇年才

告完成。不過，公共工程局完成了吉拉斯至吉爾吉特九十英里道路拓寬的工作。

一九六六年，喀喇崑崙公路的建設開始了一個新時代。一九六六年一月，中巴雙方簽訂了《中巴公路聯合勘查組關於修築中巴公路的會議紀要》。三月，中巴兩國政府又簽訂了《關於修築喀喇崑崙公路的協議》。巴方於同年成立了一個專門機構，叫邊境工程組織（FWO），負責修路。巴基斯坦方面對喀喇崑崙公路的大規模建設是從一九六七年開始的。巴方在塔科特、吉拉斯、吉爾吉特和紅其拉甫等地同時開始作業，巴空軍運輸了一萬噸的設備，作出了突出的貢獻。到一九六八年，巴方在塔科特—哈利格希段修了三百九十公里粗通卡車的毛路，其他路段只能通吉普車，而哈利格希—紅其拉甫段只修了二十五公里路基。為了加快工程進度，中巴兩國政府決定由中國派築路人員赴巴援建。

馬立克先生在上世紀五〇年代參加公路建設後，便負責勘測工作。他說，如果你在那個時候看到這個地區，肯定會說這條路是修不成的。路線這麼長，一路上有這麼多的高山、深谷，根本無法通行。環境又極其惡劣，夏天酷熱，冬天非常寒冷。但是，工程兵部隊的青年人不畏艱險，勇敢地挑起了重擔。他們跋山涉水，開始了工作。

馬立克先生工作了一段時間後，便被政府派去澳大利亞進修。一九六七年二月，他從澳大利亞回來，便奉命負責從阿伯塔巴德至紅其拉甫山口間公

路縱剖面（Long Unro Section）的測量。馬立克先
生說，測量是公路建設的基礎工作，測量不準確，
便無法設計。如果這一工作完成得好，就可以建成
一條好公路。他同工程兵的總工程師部和其他人員
一起，跋山涉水，風餐露宿，冒著嚴寒和酷暑，完
成了這一艱巨的工作。

　　馬立克先生說，縱剖面測量完成後，就開始計
算工程量，有多少挖方，有多少填方，都要算清
楚。有的地方可以使用人力，但許多地方必須使用
機械。如何把設備運上去成了大問題，因為沒有

一九七九年，新疆喀什，
塔吉克族群眾載歌載舞
歡迎巴基斯坦商隊的到
來。（供圖：FOTOE）

路。他們把機械拆開，用直升機運到工作面，再裝配起來工作。對於那時的困難和艱險，只有幹過這一工作的人才能了解。許多中國朋友犧牲了，巴基斯坦也有許多人犧牲了，但他們表現出了一種必勝的信念，相信通過齊心協力，一定能把公路建成。在這樣艱苦的地方，做這樣艱巨危險的工作，這種信念非常重要。

馬立克先生說，在建設喀喇崑崙公路的過程中，他向中國人學到了建橋的技術。按照書本上的辦法建橋，要費很長的時間，中國朋友把他們獨特的技術教給巴基斯坦人，這種技術非常成功，工作順利多了。筆者後來向新疆公路局的朋友了解到，這種技術叫肋板拱，通過現場設計、現場預制吊裝拱肋，大大加快了施工進度。

巴基斯坦是一個炎熱的國度，但北部地區冬天很冷。巴基斯坦人不懂得在寒冷地區如何打混凝土，用老辦法打混凝土，會結冰破裂，導致橋樑坍

二〇〇三年，陸水林（左2）在喀喇崑崙公路沿線採訪時於紅其拉甫山口界碑處留影。

塌。馬立克先生說，中國朋友提出了蒸汽養護的辦法，他們學會了這種辦法後，工作效率大大提高，一天能完成以往十五天的工作量。他們開始建造各種大大小小的橋樑，使整條公路得以貫通。

在中巴兩國築路人員的共同努力下，喀喇崑崙公路終於竣工了。一九七八年六月十八日，在塔科特舉行了公路交接儀式，巴基斯坦首席執行官齊亞・哈克將軍和中國政府代表團團長、副總理耿飈分別代表兩國政府在交接證書上簽字，三十七名中國築路人員榮獲齊亞・哈克將軍頒發的勛章。這個儀式，在巴基斯坦的資料中均被稱為喀喇崑崙公路正式通車儀式。

從巴基斯坦方面來說，喀喇崑崙公路的建設共費時二十年。由於全部築路機械、車輛、設備、器材、工具和中國施工人員的生活物資均由中方提供，巴方只負責提供部分水泥、燃料、油料，所以，我們在巴基斯坦方面的資料中看到的只有這幾項數字：水泥，八萬噸；汽油等油料，八萬噸；炸藥，八千噸；煤炭，三點五萬噸。另外，有一千輛卡車隨時都在運行。

東方電氣在巴工程項目實踐

潘紀盛

（中國東方電氣集團公司原副總裁）

　　中國東方電氣集團公司（以下簡稱「東方電氣」），一個以發電設備製造、供應和工程項目總承包為主業的關係國家安全和國民經濟命脈的特大型企業集團，在與友好鄰邦巴基斯坦的經濟合作方面走過了二十五年的歷程。二十五年來，東方電氣在巴基斯坦共完成和在建工程項目二十餘個，履約總金額近二十億美元，其中包括近期發電的蘭迪普燃機工程、真納 8×12MW 貫流式水電項目總承包工程、阿萊瓦 2×60.5MW 水電土建和漢瓦 2×34MW＋4MW 水電站設備成套工程；二〇〇七年以前完成的主要項目有巴羅塔 5×290MW 水電廠房樞紐土建（C03 標）和水電站機電及輸變電設備成套（ME03 標）工程，鐵路項目六十九台機車和一千三百台貨車供貨，火電工程項目承包，水、火電機組修理，以及污水處理等各類工程項目。

　　在完成巴基斯坦市場開拓和工程項目履約的同時，東方電氣廣大員工與巴基斯坦同行建立了深厚友誼。二〇〇六年二月巴基斯坦時任總統穆沙拉夫訪華期間，於二月二十三日訪問了中國東方電氣集

團公司總部並發表講話，感謝東方電氣為巴基斯坦所做的一切。

巴羅塔水電站工程成功履約

上述巴基斯坦的工程項目除真納水電站、鐵路工程等少數項目為中國政府信貸外，巴羅塔水電站等大部分工程項目都是通過激烈的國際競標方式獲得的，較之國內相關的工程項目，有三個顯著的特點：

（1）幾乎所有的工程項目投標和履約，必須符合世界銀行「招標採購導則」和 Fidic 條款的規定，這就要求我們加快與國際接軌的步伐，從觀念和行為規範上來一個根本的轉變；

（2）經濟全球化導致國際競爭的白熱化，對東方電氣這樣的企業集團，雖然在國內有比較大的優勢，然而我們缺乏一些國際先進技術和先進管理經驗，為了躋身國際市場，我們必須擴大服務領域，學會用資源整合的辦法擴大優勢，彌補差距。一段時間內，低價中標，然後通過強化國際化的施工組織管理去成功履約進而達到名利雙收，便成為一種需要，也是一種必然；

（3）巴基斯坦是我們的友好鄰邦。在巴工程項目的履約，在各個不同階段，我們既要履行合同的責任和義務，又要爭取平等的合同權利，特別是還要服從和服務於中巴友好的大局，盡應盡的社會責任。

一個工程項目，特別是一個大的工程項目的建設，少則需要幾年，多則需要十幾年才能完成，在投標和履約過程中，情況在不斷變化。面對不斷變化的情況，作為一個合格的承包商，不僅要從施工的組織管理上制訂以變應變的戰略和策略，較好地適應不斷變化的情況，最大限度地避免或減輕可能給承包商帶來的經濟損失；而且要從商務管理上分析、預測變化的情況和原因，如果屬於業主／工程師或人力不可抗拒因素造成的延誤或變更，承包商就應該通過合同規定的合法程序同業主／工程師商量簽訂新的補充協議，或直接向業主／工程師提交索賠報告，以求得合理的工期和費用補償，從商務上化解承包商的風險。

一九九六年十一月二十九日，潘紀盛與 WAPDA 時任巴羅塔項目總經理就 C03 標簽署諒解備忘錄。

現以已經完工的巴羅塔 5×290MW 水電 C03 標土建合同為例。東方電氣為擴大服務領域，在國際競爭十分激烈的情況下，以比第二名韓國現代低三千八百萬美元的價格（即 2.5 億美元合同價）中標，按照授標後的概預算，正常情況下，工程成本將超過二點七五億美元，換言之，工程虧損將高達二千五百萬美元以上。對第一次以競標形式在國外承擔最大水電工程承包的東方電氣來說，C03 標合同從一九九七年二月開工到一九九九年八月整整三十個月的時間內，我們經歷了一個痛苦的學習過程：由於觀念滯後、管理體制和機制滯後、管理人員特別高層管理人員缺乏國際工程承包的經驗，導致合同工期過了近半（原合同工期 64 個月）工程量才完成百分之二十五，其中　澆築僅完成百分之五，工程履約幾近崩潰的邊緣。加之概預算的嚴重虧損，如不及時糾正，必然給工程履約帶來災難性的後果。

經過深刻反思之後，東方電氣和合作單位作出了調整思路、調整體制、調整機制、調整高層管理人員的正確決策，工地則著力理順各種關係，強化施工組織管理，使工程很快進入「遲來」的高峰期，並連續數年保持良好的工程量和形象進度，直至工程結束。東方電氣的出色表現，終於贏得業主巴基斯坦水電發展總署（簡稱 WAPDA）和工程師的尊重，並主動提出簽訂#2 補充協議，解決因業主延期交地等原因給承包商十三個月的工期補償和約二千萬美元（含 500 餘萬美元的全額獎金）的費

用補償問題。

巴羅塔工程的成功就在於及早糾正了工期的自身延誤，並搶回了工期，不但避免了業主的罰款，而且變被動為主動，從業主方面獲得了因業主延誤和合同變更等帶來的數千萬美元的費用補償收入。

質量安全同樣重要。巴羅塔工程某外國公司承擔的 C01 標合同，因一批砼鋼筋不合格，導致工程質量的下降，被業主罰款一千多萬美元；而東方電氣的廠房樞紐 C03 標合同，由於措施得力，依靠專人管理，從未出現大的質量安全事故。東方電氣還在巴羅塔工程履約中恰當地應用中巴兩國政府互免雙重徵稅的政策，並促成中巴兩國政府關於互免雙重徵稅第二號議定書的簽訂，既為工程退免了一千

二百多萬美元的稅收，又促成了一千多萬美元利息
進成本和免交百分之十利息稅。這不僅惠及東方電
氣的巴羅塔工程和該司後續項目，而且惠及所有中
國公司的在巴項目，對維護國家和中國公司的利
益，對巴基斯坦企業到中國投資搞項目以及維護巴
基斯坦國家和企業的利益都起了積極的推動作用。

　　一九九九年末至二〇〇一年，正當我們理順巴
羅塔工程各方面關係，工程量和形象進度日新月異之
時，二〇〇一年「9・11」事件和同年十月七日開始
的阿富汗戰爭，迅速將整個巴羅塔工程建設推向危
局。由於該工程與毗鄰阿富汗的巴基斯坦西北邊境省
省會白沙瓦相隔僅八十餘公里，一時之間難民遍地，
亂象叢生，參加巴羅塔工程建設的所有外國公司和其

潘紀盛（中）和時任
中國駐巴大使陸樹林
與WAPDA 主席阿里・
汗將軍合影。

他中國公司迅速撤離。東方電氣的巴羅塔工地也一連五個「緊急報告」飛向成都總部，讓總部領導心急火燎，在撤與不撤的重大問題上必須作出決策。撤，不僅將使東方電氣蒙受數千萬美元的損失，巴基斯坦這一花費二十多億美元巨資的國家重點工程將會遭受更大的損失；不撤，工地現場和在巴的一百多名東方電氣員工將面臨生命危險。為了作出正確的決策，我們認真調研，相繼向外交部、商務部相關部門領導請教，特別是與曾任或在任資深外交官周剛、張成禮、陸樹林等大使廣泛而深入交換意見。在全面分析和判斷形勢基礎上，總部領導班子作出了繼續留守施工，靜觀形勢變化，緊緊依靠中國駐巴使館和工地廣大員工，採取各種防範措施，確保中方人員生命財產安全的大膽決策。

形勢的發展，印證了東方電氣對形勢的正確估計。東方電氣轉危為機、變壞事為好事的出色表現，不僅為自身履約贏得了時間，也為各建設單位作出了榜樣，促進了巴羅塔水電工程的迅速復工，贏得了業主 WAPDA、巴基斯坦政府和人民的高度讚譽，體現了東方電氣「Friend in need is friend in deed（患難之交見真情）」的高尚情懷和中巴兩國的深情厚誼。

鞏固、發展中巴兩國的經濟合作關係，就是鞏固和發展兩國政府和人民的友誼。我們在項目實施過程中，既服從於、服務於工程項目的履約，又服從於、服務於對外友好的大局，盡一份應盡的社會

責任。巴羅塔項目合同生效初期，各個承包商處境
都比較困難。有一次，某承包商所在國的大使會見
中國時任駐巴大使，希望兩國駐巴使館聯合照會巴
基斯坦政府，對巴政府施壓，試圖以「強權」改善
承包商的外部環境。中國駐巴大使及時向我們通報
了這一信息，經過討論並一致認為，因國情、司情
的不同，我們不能聯合採取行動，從而婉拒了該國
大使的請求。在此後履約和與巴方的交往中，我們
始終堅持友好協商原則，既在履約中起到異曲同工
的效果，又在交往中維護了中巴友好的大局。

　　然而，在實際工作中，維護中巴友好也並不是
一帆風順的。在各個工程履約中，我們每天都要面
對數以千計的巴方員工，特別是像巴羅塔工程有來

潘紀盛與巴基斯坦原
子能委員會時任主席
佩爾韋茲·布特（右
3）及其他巴方領導成
員合影。

自多個國家的承包商，由於國情、司情和項目履約的差異，以及各個員工的宗教信仰和素質的不同，指望每個環節不發生矛盾以及所有員工「和諧」相處是十分困難的。在「9‧11」前的近三年時間內，由於巴羅塔項目 C03 合同報價低，東方電氣的巴方員工的工資無法同其他外國承包商的巴方僱員相比，加之少數工會頭目（由於員工工資少，他們抽頭也少）的挑唆等原因，工地連續發生七次罷工事件。經中國駐巴使館的努力，巴國內務部宣布罷工非法，同時增派警力，與 WAPDA 通力合作，保護我方員工的安全，從而避免了事態的擴大。

後來，隨著「9‧11」事件導致其他所有承包商撤離，其巴方員工全部失業，這時東方電氣的巴方數千員工才深切體會到，還是中國友好、東方電氣友好，這份工作來之不易，應該珍惜。「9‧11」事件後，再也沒有發生過罷工事件。東方電氣在巴的各個工程項目的實施還解決了數以千計的巴方員工

潘紀盛與巴基斯坦時任外交部長阿卜杜勒‧薩塔爾交流。

的就業問題，對巴國社會的穩定也起了積極的作用。

阿萊瓦水電工地行路難

帶著組織的重託和水電工程需要解決的問題，二〇〇七年三月二十八日，我們再一次來到友好鄰邦巴基斯坦，這是我第五十九次巴基斯坦之行。機場、道路、建築、山川、平原、人文、地貌……似乎都是那樣熟悉、親近！

四月一日一大早，巴羅塔營地微風吹拂，空氣清新，讓人稍感些許涼意。朝陽照耀在水庫的寬闊水面上，折射出萬道「魚鱗」之光。我和孫自強同志以此為起點，踏上了前往東方電氣在建的阿萊瓦水電站工地的征程。阿萊瓦和漢瓦兩座水電站分別位於巴基斯坦西北邊境省（現為開伯爾─普什圖省）的巴特格拉姆（Batgram）和巴沙姆（Basham）境內，距伊斯蘭堡和巴羅塔水電站都約二百五十公里。這兩座電站廠房在印度河谷兩岸遙遙相望，距離大約一小時車程。東方電氣通過競標贏得了阿萊瓦水電站的土建工程和漢瓦水電站的設備成套項目，合同金額分別為三千六百萬美元和一千二百萬美元。阿萊瓦水電站地處深山峽谷，廠房與大壩間靠一條長二千三百多米的壓力隧道連接在一起。如今，隧道已掘進六百多米，深山中的大壩和印度河邊幾近絕壁下的廠房基礎正在開挖施工。這裡「交通靠走，通訊靠吼，施工靠手」，對東方電氣員工

是一個嚴峻的考驗。特別是由於處在地震多發區，地質、氣候條件十分惡劣，更增加了土建施工的難度。

這是阿萊瓦電站土建工程開工以來我第四次前往。前三次去的均是大壩壩址所在地，至於印度河邊的廠址，都因沒有通車而未能成行。聽說現在廠房已通車，土建施工正在進行，而工地領導班子也多在廠房施工現場，於是，我便選擇了阿萊瓦廠房工地作為此行的主要目的地。

從巴羅塔工地出發，經過約五十公里的旅行，便到了喀喇崑崙公路的起點哈桑巴德爾（Hasan Abdal）。這條雙向兩車道的「高等級」公路，蜿蜒在彎彎曲曲的印度河谷和喀喇崑崙山的懸崖峭壁之中。東方電氣的建設者們和機具、材料運輸人員就是在這樣的條件下無數次往返其間，忍受著常人難以想像的艱辛，為東方電氣的發展建功立業，為中巴友誼譜寫一曲曲昭示後人的讚歌。

經過近五個小時的旅行，下午一點鐘我們來到了喀喇崑崙公路的一個山口，準備在路邊一個條件簡陋的「驛站」休息片刻，吃點乾糧作為午飯。正當我們拖著疲憊的身體下車時，大雨夾著大如小雞蛋的冰雹傾盆而下，打在公路、車頂、鐵皮房頂和腦袋上啪啪作響。出於本能，我們三步並作兩步跳上了台階，跑到屋內，目睹這難得的一幕。此時，遍地已是無色透明的冰雹加雨水。是運氣還是預感？也許都有，使老天爺賜給的下馬威未讓我們遭

受損失。大約過了半小時，冰雹停止之後，我們才又踏上征程。此時，天空能見度增大，遠處的雪山露出真容，婀娜多姿，顯得格外美麗。

下午三點半左右，我們行進到喀喇崑崙公路印度河友誼橋（中方建設的起點）橋頭。向左跨過印度河大橋，是前往漢瓦工地的道路。我們離開喀喇崑崙公路，沿右邊山坡的道路去阿萊瓦。從岔路口算起，往右上山走約三十七公里山路，一般情況下約二小時即可抵達阿萊瓦攔河壩建設工地。然而，從三月八日起通往那裡的道路中斷，汽車無法前往，運輸只能靠騾馬。我們這次要去的是阿萊瓦廠房建設工地，沒有抵達不了目的地的憂愁，而且比去壩址近——從岔路口計算，僅有不到二十公里的路程，按計劃半小時之內就可抵達。年富力強的阿萊瓦項目副總經理熊旭紅為了和我們一見，從壩址徒步抄近道翻越大山，歷時三個多小時到達廠房建設工地等候。想到很快就要與弟兄們見面，我們難掩內心的喜悅。汽車爬了一段山路之後，再往左沿印度河而上，直奔廠房建設工地而去。然而，就是這依山傍水而上的十多公里，卻耗費了我們兩個半小時的時間！

在離廠房工地約兩公里的一處山溝，因為兩天來的大雨和冰雹，泥石流傾瀉而下，衝斷了前進的道路，一條約一米深、二米寬的泥水加亂石的河溝橫亙在我們的面前，讓我們乘坐的「陸地巡洋艦」望河興嘆。來往的行人、牛羊群均無法通行。這

時，一條著急「回家」的白狗幾度徘徊後躍下了「河溝」的亂石灘，探索著跳躍前進。我們觀察著它的一舉一動，踩著它走過去的足跡，連續幾跳，終於到達彼岸。

前行不出一百米，一股更大更湍急的山水沿另一沖溝傾瀉而下，再次阻斷了前進的道路。此時，孫自強同志為了我的安全，要我站著不動，他往上游察看，結果發現仍是水深流急，很難過去。最後，巴基斯坦朋友站了出來，有的給我們提鞋，有的攙扶著我們，終於涉水過去。

當我們步行到可看見廠房營地的時候，山上的塌方給我們造成更大的困難，成百立方的泥土和石頭擋在我們面前。但我們已高興地發現，二百米開外，項目總經理楊永貴和行政辦主任楊學成在說著什麼。不一會兒，楊學成往回走，不久就叫來了一台挖掘機清除路障。可楊永貴突然不見了。過了二十多分鐘，他竟然從我們側後離公路數十米高的印度河岸沿陡峭的山崖爬了上來，讓我們感慨不已，含著淚緊緊握著他的手，不知是高興、是感激、是恐懼，還是擔心著他的安全，居然久久未說出一句話。

兩公里的行程，兩個半小時的搏鬥！下午六時許，我們終於迎來了同廠房工地全體員工的親切會見。三天的阿萊瓦、漢瓦之行，讓我們領略了大自然的強悍和人類征服大自然的決心，更讓我們寄託了中巴之間友好合作的熱忱和對阿萊瓦、漢瓦兩工程成功的厚望。

攜手同心，搶救中國登山隊員

單寶祥

（中國前駐巴基斯坦大使館文化參贊，

中巴友好協會理事）

　　二〇〇五年五月二十七日，黃昏，我的手機響起了急促的鈴聲，打開手機卻未見號碼顯示。根據多年的經驗判斷，此來電不同尋常，估計是衛星電話，必有大事發生。果然不出所料，是中國西藏登山隊隊長桑珠打來的，我頓時有了一種不祥的預感。電話裡，桑珠心情悲痛地報告，登山隊從斯卡杜出發到大本營的途中遭遇山體滑坡，滾落下來的山石砸傷了乘坐在敞篷吉普車裡的仁那和邊巴扎西兩人。仁那被砸傷了頭部，經搶救無效，不幸罹難。邊巴扎西頸部受重傷，現神志不清，依然有生命危險，需要轉院治療。我在電話裡詢問了其他隊員的情況，表示使館將盡全力搶救受傷的隊員，並安排其他隊員儘早撤回首都伊斯蘭堡。

　　此前，五月十五日，中國西藏登山隊一行十一人由烏魯木齊乘飛機抵達巴基斯坦首都伊斯蘭堡二十一日離開伊斯蘭堡前往斯卡杜，計劃攀登位於喀喇崑崙山區的世界第十一高峰迦舒布魯姆峰。中國西藏登山隊成立於一九九二年四月一日，目標是征

服世界上十四座八千米以上的山峰，其中有四座在巴基斯坦境內。建隊以來，西藏登山隊成功登頂十三座海拔在八千米以上的山峰，僅剩迦舒布魯姆峰尚未登頂。

情況緊急，我立即駕車前往使館向張春祥大使報告，途中接到了巴基斯坦登山協會副會長曼祖退役中校打來的電話。他也通報了西藏登山隊遇險的情況，代表巴方對仁那的不幸遇難表示哀悼，並告知明日清晨空軍將有一架 C-130 運輸機飛往斯卡杜執行任務，希望使館能與軍方聯繫搭乘此架飛機，接回重傷員邊巴扎西到伊斯蘭堡搶救治療。曼祖中校曾經服役於巴基斯坦工程兵，上世紀七〇年代，我們曾一起在巴基斯坦北部山區修建喀喇崑崙公路。我作為中方翻譯經常與他見面，他雖然不善言辭，但是待人誠懇忠厚。在那些日子裡，我們風餐露宿，並肩戰鬥，開山放炮，築路架橋，建立了深厚友誼。後來，我調到駐巴使館文化處工作，負責中巴兩國體育交流，我們又建立了聯繫。

經過十五分鐘的車程，我趕到使館向張春祥大使作了匯報，一起商定了初步的救援方案：請武官處與軍方聯繫，爭取我作為使館代表搭乘飛往斯卡杜的軍用運輸機，接回受傷隊員並請巴軍方安排我傷員在巴三軍總醫院搶救治療。危機時刻請求巴軍方的協助是我們共同想到的，也是我們多年來在巴基斯坦工作和生活的經驗，他們不僅具備應對突發事件的能力，更為重要的是，他們對中國和中國朋

友有一種特殊的感情。張大使立即撥通了武官處的電話，要求他們按照商定的救援方案，迅速與巴軍方聯繫，全力協助搶救我西藏登山隊。

從使館出來，我直接去了武館處，此時已是晚上七點多鐘了。到達武官處時，有關同志已在會議室商討營救計劃。見面後，我們又一起詳細地制定了營救計劃的每一處細節及備用方案，明確每個人的具體任務。會議結束後，天色已變暗，巴政府部門和軍方機關早已經下班。除了與值班人員聯繫，只能往決策人物的家裡打電話，如不是平常保持很好的工作和私人關系，在這關鍵時刻很難找到人辦成事。

回到文化處後，我召集相關人員開會，部署救援工作，確定張冰秘書同我前往斯卡杜。當時真是心急如焚，通常，乘坐巴軍用飛機要提前辦理相關手續，需要一定的時間，這次如此倉促，能否辦妥，心裡直犯嘀咕。九點多鐘，鄒吉志代武官打來電話，告知搭乘軍機事宜已辦妥，三軍總醫院已聯繫好。聽到此消息，我總算是鬆了一口氣。巴軍方在如此短的時間內同意中國外交官乘坐軍機赴邊防重鎮斯卡杜，可想而知是驚動了高層而作出的特殊處理。明天早晨天氣如何，能否起飛又成了我擔心的事情。巴基斯坦北部山區氣候變化無常，時常影響飛機起降，因此並不是每天都有固定的航班。而從陸路轉送傷員至少需要兩天的行程，況且山區公路蜿蜒崎嶇，道路顛簸不平，所以運送重傷員是不

可能的。只能默默祈禱和等待了，但願天助我也。

　　懷著忐忑不安的心情度過了無眠之夜，清晨，陽光照進了屋裡，我預感到氣象條件良好，飛機可以正點起飛，心情略感安慰，但心中仍然牽掛著遠方的傷員和其他同胞。按照巴空軍的要求，我和張冰秘書準時抵達停機坪。我們進入空軍基地得到了特殊禮遇，一路放行。空軍軍官和曼祖退役中校早已在那裡等候，飛機發動機已開啟，起飛前的準備工作已進行完畢，只等我們的到來。我們進入機艙後，飛機開始沿跑道滑行起飛。軍用運輸機沒有作任何的改裝，飛機的線路和管道都暴露在機艙內，座位用尼龍布帶編制而成，坐在上面感覺如同去執行任務的空降兵。機組將我們安排在機艙前面就座，因為這裡噪音較小，與我們交流也較為方便。飛機裡除了我們兩人以及登山協會的官員外，大多數是前往北部執行任務或者休假歸隊的軍人、眷屬和孩子，以及大量的軍用物資。起飛後不久，飛機就進入巴北部的崇山峻嶺之中，沿著印度河向北飛行，印度河兩岸終年不化的雪山高聳入雲。

　　透過舷窗可以清晰地看到沿印度河修建的喀喇崑崙公路，它又被稱為中巴友誼公路，北起中國新疆喀什市，南至巴北部塔科特大橋，全長一千二百二十四公里。公路穿越喀喇崑崙山脈、興都庫什山脈、帕米爾高原及喜馬拉雅山西端，全路海拔最低點六百米、最高點四千六百九十四米，被稱為世界「第八大奇蹟」。同機的曼祖退役中校和我都是建

設中巴友誼公路的參與者，也是這段歷史的見證者，此時，由於惦記著西藏登山隊，我們心情都較為沉重，無暇回顧那段艱苦而充實的時光。

四十分鐘後，飛機徐徐降落在吉爾吉特機場，飛機需要加油補給，還有部分乘客上下飛機。機場附近建有一座公園，是這個城鎮唯一的景點。園內最有名氣是馬可‧波羅羊的雕像，傳說當年馬可‧波羅前往中國路經此地時在附近的雪山高原上發現了此種山羊，因此得名。吉爾吉特是巴基斯坦北部重鎮，喀喇崑崙公路由此通過，當年第二期公路建設的中方總指揮部就設在機場往南不遠處的山腳下，離城僅有五公里。但在當時，嚴密的紀律是不允許任何人離開施工現場和營地的，除非有外事活動，所以基本上我們的築路戰友在工程結束回國時都沒有來過這座北部小鎮。指揮部的東北側建有一座中國築路員工烈士陵園，安葬著八十八位為建設中巴友誼公路而犧牲的烈士。

稍作停留後，飛機再次升空，十一點三十分抵達目的地斯卡杜機場。飛機停穩後，我和巴方人員衝出機艙，奔向在停機坪等候的西藏登山隊，看到躺在救護車上的邊巴扎西，以及仁那的遺體。當時邊巴扎西神志清晰，有意識，但是不能張口說話。隨後，我與全體隊員一一握手問候，並緊握桑珠的雙手說道，我代表中國駐巴基斯坦大使館，代表張大使本人接大家回家，大家受驚了。」

桑珠隊長向我們講述了事故發生的經過。五月

二十七日中午，登山隊分乘多輛敞篷吉普車從斯卡杜出發，在前往大本營的半途中遭遇山體滑坡，滾落的石頭擊中了仁那的頭部和邊巴扎西的頸部，當時仁那傷勢十分嚴重，已休克不醒，隊員們採取了急救措施，止血并包紮傷口。桑珠和隨隊軍方聯絡官阿塔爾果斷作出決定，返回斯卡杜搶救傷員。為了爭分奪秒挽救傷員的生命，只能求助於軍方調動直升機運回傷員。車隊抵達一處軍隊檢查站時，阿塔爾中尉迅速用軍用電話同斯卡杜、吉爾吉特及伊斯蘭堡聯繫，請求派直升機搶救傷員。很快，直升機就降落在指定位置，十五分鐘後，傷員送進了斯卡杜軍方醫院，院長親自安排部署搶救。雖然巴軍醫盡全力搶救，不幸還是沒有挽回仁那的生命。

巴軍用運輸機每次執行任務，對飛機載重量都有嚴格要求，我們十幾位搭乘飛機回伊斯蘭堡，就意味著有與我們相同人數的巴軍人不能登機。看到已在停機坪等候多時的男女老少，我心中不免有點酸楚，他們其中一部分人只能等待下次航班或者改走陸路回家，不知何時才能與家人團聚。機場工作人員向未能登機的朋友一一說明了情況，從他們的表情中我看出了理解和同情，我為巴朋友的支持和理解而感動。回程飛行途中，巴軍醫一直守護在邊巴扎西的身邊，不時檢查他的傷情，如同在守護自己的親人。這一幕永遠定格在我的腦海裡。

十三時十五分，飛機順利返抵伊斯蘭堡軍用機場，張春祥大使、巴三軍總院救護小組、使館文化

處和武官處的同事已在機場等候，救護車隨即將傷員和仁那的遺體送往總院。在場的巴空軍飛行中隊長對前來採訪的新華社記者說：「只有中國兄弟在巴基斯坦才能享受這樣的待遇。」

抵達醫院後，院方負責人對張大使說：「不要擔心，他們到這裡就像到了家一樣，我們會盡一切努力為他們治療。」院方安排了兩位技術高超的醫生為邊巴扎西治療，二十四小時在重病房監護。仁那的遺體做了處理後存放在冷凍室。為了表示友好，院方還打破醫院慣例，允許中方人員隨時到病房看望傷員。

二十九日中午，巴聯邦政府文化體育與旅遊部長賈邁勒來到隊員們休整駐地慰問登山隊員。他對隊員們講，「得知你們遇險的消息，我們感到非常難過。儘管發生了很大的不幸，但是，我們還是真誠歡迎你們今後隨時到巴基斯坦登山，把這裡當作自己的家一樣。」隨後，他又前往三軍總院看望了正在熟睡的邊巴扎西。賈邁勒部長曾經是位醫生，他仔細查看了病人的血壓和心率數據，向在場醫生詢問了病人的傷勢和治療方案，離開時還在邊巴扎西床頭留下了一束鮮花，祝願他早日康復。

幾天後，由西藏登山協會主席群增帶隊，罹難隊員仁那的妻子吉吉、受傷隊員邊巴扎西的妻子普布和西藏體育局組成的六人慰問小組抵達伊斯蘭堡。吉吉同樣是西藏登山隊的一員，丈夫犧牲時她正在珠穆朗瑪峰大本營執行回收垃圾的任務，不幸

的消息讓她悲痛萬分。他們夫妻在一九九九年曾作為隊友同時成功登頂珠穆朗瑪峰，創造了國內夫妻同時登頂珠峰的記錄。仁那是位憨厚、樸實、勇敢和剛毅的登山隊員，在重大的登山活動中，他聽從指揮，不畏艱險，勇擔重任。自一九九三年以來，已成功登頂世界十三座海拔八千米以上的高峰，兩次榮獲國家體育總局授予的體育運動榮譽獎章。他一次次以挑戰極限的勇氣完成了任務，贏得了國內外登山界同行的敬仰，也為國家贏得了榮譽。

　　按照藏族同胞的風俗習慣，需要在當地火葬仁那遺體。但巴基斯坦是信奉伊斯蘭教的國家，當地沒有火葬的習俗。幾經周折，巴方在拉瓦爾品第市區一處居民區找到了廢棄多年的印度教徒火葬場，向周圍的居民說明情況後，得到了他們的寬容和理

二〇〇七年七月二十八日，阿齊茲總理在官邸與中國西藏登山隊全體人員合影。前排右 3 為中國駐巴大使羅照輝，左 4 為桑珠隊長，左 3 為犧牲隊員仁那的妻子吉吉。

解。六月二日下午，仁那的靈柩被運到火葬場，上面擺放著花圈和潔白的哈達，撒滿花瓣。靈柩的四周煨起桑煙，點起了酥油燈，敬上了炷香，以藏民族的傳統禮儀厚葬仁那。聞訊而來的當地印度教徒也參加了仁那的葬禮，為他的亡靈祈禱。這讓我感受到，巴基斯坦人民無論信仰何種宗教、加入何種黨派，都十分珍惜中巴友誼。

經過一週的治療，邊巴扎西的傷勢得到明顯好轉，已能乘坐國際航班回國繼續治療。六月五日，西藏登山隊及慰問小組一行乘飛機回國，登機前，隊長桑珠表示：雖然這次遭受了挫折失敗，但是他們會重返巴基斯坦，完成英烈未竟的事業。

經過近兩年的休整，二〇〇七年五月，中國西藏登山隊在桑珠的率領下再次來到巴基斯坦。經過精心治療的邊巴扎西已經痊癒，隊員中還增加了烈士仁那的妻子吉吉。他們的到來不僅是為了征服世界上最後一座海拔在八千米以上的高峰，完成隊

阿齊茲總理在接見中國西藏登山隊時與單寶祥參贊握手。

友、丈夫的遺願，更重要的是用自己的實際行動報答巴基斯坦人民的救命之恩，為中巴友誼大廈添磚加瓦。登山隊員和巴方協助隊員齊心協力，奮力拚搏，終於在七月十二日九點二十分成功登頂，創造了世界紀錄，為祖國贏得了榮譽，也為中巴兩國人民之間的友誼譜寫了新的篇章。

七月二十八日，時任巴基斯坦總理阿齊茲在官邸接見了全體登山隊員，向中國登山健兒表示祝賀，並希望進一步加強兩國人文及登山方面的交流與合作。巴聯邦政府文化體育與旅遊部、中國駐巴使館分別為他們舉行了慶功會，讚揚中國西藏登山隊和巴協助隊不怕困難、不怕犧牲的大無畏精神以及中巴友誼。

羅照輝大使在慶功會上說：中巴兩國登山隊和協作人員經歷了登頂的喜悅，同樣也承受了挫折和失敗考驗。二〇〇二年在攀登世界第二高峰喬戈裡峰時，隨隊聯絡官伊克巴爾上尉不幸罹難，獻出了他年輕的生命。二〇〇五年中國西藏登山隊遇險後，如果沒有巴政府和軍方的全力搶救，邊巴扎西就不可能全面康復並重返前線，也就不可能有今天登頂的成功。中國西藏登山隊的成功凝聚了中巴兩國登山健兒的鮮血和生命，我們所取得的成績和榮譽不僅是屬於中國人民的，而且也是屬於巴基斯坦人民的。

為配合周邊外交和公共外交，特別為配合二〇
一五中巴友好交流年，五洲傳播出版社協同外交筆
會策劃出版《我們和你們：中國和巴基斯坦的故
事》，是一件十分有意義的事。這對讀者了解中巴
友誼的歷史，了解中巴關係為什麼這樣「鐵」、為
什麼成為不同社會制度國家關係的典範是有助益
的。

本書的二十多位作者都在巴基斯坦長期工作
過，深切體驗過巴基斯坦人民對中國人民的深情厚
誼，都願為中巴友誼添磚加瓦。他們中有中國前駐
巴基斯坦大使、總領事、參贊、秘書，有駐外記
者，有公司代表，有詩人、學者，具有廣泛的代表
性。作者中最年長的已九十九歲高齡，他們都積極
認真地寫稿，以自己親身經歷的生動故事，從多個
側面和視角描述、讚頌中巴友誼，使這本書具有很
高的趣味性、可讀性。這也反映了中國人民對巴基
斯坦人民的深情厚誼。

這裡我必須特別提到，巴基斯坦領導人對本書
也特別關心和支持。巴基斯坦總統馬姆努恩·侯賽
因閣下在百忙之中抽時間親自為本書寫了序言，充
分體現了巴基斯坦領導人對傳承和發展中巴全天候
友誼的高度重視。對此，我們表示由衷的感謝。

本書在編輯出版的過程中得到了五洲傳播出版
社的大力支持和指導，他們對編輯工作高度認真負
責，為全書的完美作了很大的努力。外交部亞洲
司、巴基斯坦駐華大使館、中國駐巴基斯坦大使館

和外交筆會都給予了大力支持，現任中國駐巴大使孫衛東還為本書寫了序言。在此，我們一併表示誠摯的感謝。

　　這本書是獻給中巴兩國的廣大讀者，尤其是兩國友誼的傳承者和發揚光大者——兩國的年輕一代的。願中巴友誼薪火相傳、萬古長青！

陸樹林
二〇一四年十一月

帶一路研究叢刊　AA301003

ロ國和巴基斯坦的故事

者	陸樹林
權策畫	李煥芹
任編輯	呂玉姍
行　人	陳滿銘
經　理	梁錦興
編　輯	陳滿銘
總編輯	張晏瑞
輯　所	萬卷樓圖書股份有限公司
版	菩薩蠻數位文化有限公司
刷	維中科技有限公司
面設計	菩薩蠻數位文化有限公司
版	昌明文化有限公司

園市龜山區中原街 32 號

話 (02)23216565

　行　萬卷樓圖書股份有限公司

北市羅斯福路二段 41 號 6 樓之 3

話 (02)23216565

真 (02)23218698

郵 SERVICE@WANJUAN.COM.TW

陸經銷

門外圖臺灣書店有限公司

　電郵 JKB188@188.COM

BN 978-986-496-443-7

19 年 3 月初版

價：新臺幣 500 元

如何購買本書：

1. 轉帳購書，請透過以下帳戶

　合作金庫銀行 古亭分行

　戶名：萬卷樓圖書股份有限公司

　帳號：0877717092596

2. 網路購書，請透過萬卷樓網站

　網址 WWW.WANJUAN.COM.TW

大量購書，請直接聯繫我們，將有專人為您

服務。客服：(02)23216565 分機 610

如有缺頁、破損或裝訂錯誤，請寄回更換

版權所有・翻印必究

Copyright©2016 by WanJuanLou Books CO., Ltd.

All Right Reserved　　　　Printed in Taiwan

國家圖書館出版品預行編目資料

中國和巴基斯坦的故事 / 陸樹林著.-- 初版.
-- 桃園市：昌明文化出版；臺北市：萬卷
樓發行, 2019.03
　面；　公分
ISBN 978-986-496-443-7(平裝)

1.中國外交 2.巴基斯坦

574.18372　　　　　　　108003185

著作由五洲傳播出版社授權大龍樹（廈門）文化傳媒有限公司和萬卷樓圖書股份有

公司（臺灣）共同出版、發行中文繁體字版版權。